四川社科普及读物
Popular Sichuan Academy of
Social Sciences

四川大学史话

Sichuan Daxue Shihua

党跃武　主编

四川大学出版社

责任编辑:李勇军
责任校对:孙滨蓉
封面设计:徐著林
责任印制:王　炜

图书在版编目(CIP)数据

四川大学史话 / 党跃武主编. —成都：四川大学
出版社，2016.4
　　ISBN 978－7－5690－0537－0

Ⅰ.①四…　Ⅱ.①党…　Ⅲ.①四川大学－校史
Ⅳ.①G649.287.11

中国版本图书馆 CIP 数据核字（2017）第 071660 号

书名　四川大学史话
—————————————————————————
主　　编　党跃武
出　　版　四川大学出版社
地　　址　成都市一环路南一段 24 号 (610065)
发　　行　四川大学出版社
书　　号　ISBN 978－7－5690－0537－0
印　　刷　四川盛图彩色印刷有限公司
成品尺寸　170 mm×240 mm
印　　张　20.5
字　　数　306 千字
版　　次　2017 年 4 月第 1 版
印　　次　2017 年 10 月第 2 次印刷
定　　价　68.00 元
—————————————————————————
版权所有◆侵权必究

◆读者邮购本书,请与本社发行科联系。
　电话:(028)85408408/(028)85401670/
　(028)85408023　邮政编码:610065
◆本社图书如有印装质量问题,请
　寄回出版社调换。
◆网址:http://www.scupress.net

第一章　文翁石室化巴蜀，锦江尊经烁古今

文翁治水 ·· 003

石室讲经 ·· 004

蜀学比于齐鲁 ·· 005

相如为之师 ··· 006

"不务正业"刘德芳 ··· 007

锦江春色来天地 ·· 008

天下事有难易乎 ·· 009

一副楹联镇巴蜀 ·· 009

李调元"四川百科全书" ··· 010

一死以醒国人 ·· 012

有精神之谓富 ·· 013

风多窗纸破 ··· 014

四川学政张之洞 ·· 014

尊经书院新开 ·· 015

"能吏"薛焕 ·· 017

要取芳编阅书香 ·· 018

"穷状元"骆成骧 ·· 020

尊经五少年 ··· 021

不开时文四书课 ·· 022

《輶轩语》和《书目答问》 ··· 023

惓惓不忘尊经书院 ·· 024

十六少年歌 ··· 024

王闿运来川 ··· 026

四川睁眼看世界第一人 ·················· 028

煤变油 ·································· 029

士之渊薮 ······························ 030

风同齐鲁 ······························ 032

第二章　中西学堂开新意，两院入堂奠业基

新任四川总督鹿传霖 ···················· 035

"先上车后买票" ························ 036

中西学堂正式创办 ······················ 037

首任校长何维棣 ························ 039

新式学堂典范 ·························· 041

命运多舛钱为善 ························ 043

与文正文襄同志 ························ 045

第一次三强合并 ························ 046

目录方家 ······························ 049

张澜见证两院入堂 ······················ 051

擦肩而过的"怪才" ···················· 052

首任总理 ······························ 053

贵州第一位留美学生 ···················· 055

名落孙山 ······························ 056

体育学堂朱德 ·························· 057

开办铁路学堂 ·························· 060

免费教育的半日学堂 ···················· 061

郭沫若和他的同学们 ···················· 062

日本教育的影响 ························ 065

外教那爱德 ···································· 067

四川学务处 ···································· 069

第三章　道一风同为协合，五洋学堂名华西

The Eden of Flowery Republic ············· 073

大学筹建 ····································· 074

华西坝由来 ···································· 076

"死活之争""天地之斗" ····················· 078

大学开张 ····································· 080

"代拉磨" ····································· 082

失而复得的文化信物 ···························· 084

五老七贤 ····································· 085

漂洋过海十数次 ······························· 086

协合不是协和 ································· 089

五洋学堂 ····································· 091

中国式新建筑 ································· 093

沈高人和丁矮子 ······························· 097

办学的风险 ···································· 099

第四章　各校并立分途进，复地翻天一时极

师范学堂 ····································· 105

忧时卫道徐子休 ······························· 106

五大专门学堂 ································· 108

天下惟公 ····································· 111

辛亥惊雷 ····································· 112

"成都血案"和"水电报" ……………………… 114

首义实先天下 ……………………………………… 115

朕即国家 …………………………………………… 116

厚黑教主并不厚黑 ………………………………… 118

国立之始 …………………………………………… 119

吴玉章掌校 ………………………………………… 121

新教育家舒新城 …………………………………… 125

国学浩瀚胜大海 …………………………………… 127

时代弄潮 …………………………………………… 129

睁开眼睛的巴金 …………………………………… 131

四川地区党团组织的创建 ………………………… 134

杨尚昆在学校 ……………………………………… 137

第五章　更唱叠和斩荆棘，三水汇流成统一

三大并立 …………………………………………… 141

张澜与国立成都大学 ……………………………… 143

芳吉知春 …………………………………………… 145

国立成都师大 ……………………………………… 146

公立四川大学 ……………………………………… 147

暴风骤雨中 ………………………………………… 148

三水汇流 …………………………………………… 149

独木难撑 …………………………………………… 152

叠溪地震与四川大学 ……………………………… 155

任鸿隽复兴川大 …………………………………… 159

任规张随 …………………………………………… 163

第六章 医牙尤著冠中外,立案之后开新篇

医科的创办 …………………………………………………… 167

解剖室的故事 ………………………………………………… 169

一门三代成都缘 ……………………………………………… 170

先进的教学模式 ……………………………………………… 172

林则与华西牙科 ……………………………………………… 174

和平战士文幼章 ……………………………………………… 176

男女合校与五月节 …………………………………………… 177

双枪老太婆 …………………………………………………… 178

中美双文凭 …………………………………………………… 180

医牙成绩特著 ………………………………………………… 181

向中国政府立案 ……………………………………………… 182

首任华人校长 ………………………………………………… 184

大学新发展 …………………………………………………… 185

三星堆与潘达 ………………………………………………… 187

第七章 弦歌铿锵峨眉山,望江楼畔再扬帆

战时教育 ……………………………………………………… 193

战时科研 ……………………………………………………… 194

最强的农学 …………………………………………………… 195

抗日救亡运动 ………………………………………………… 197

从拒程到驱孟 ………………………………………………… 201

一生情债一生还 ……………………………………………… 203

南迁峨眉 ……………………………………………………… 204

莫嫌破屋一间小 ························· 206

千秋共唱和 ····························· 207

半路截胡 ······························· 209

千里扶灵 ······························· 211

两书一生 ······························· 213

同年毕业两院士 ······················· 214

群贤毕至 ······························· 215

万人大学 ······························· 216

最完备之实习工厂 ····················· 218

高校航空第一馆 ······················· 220

川大输了 ······························· 221

老童生高中 ····························· 221

血荐轩辕 ······························· 222

江姐在川大 ····························· 223

红色恋人 ······························· 224

把眉毛放低些 ························· 225

朴实敦厚之风 ························· 226

第八章　五大学校风云会，华西坝上钟鼓鸣

五大学盛况 ····························· 231

华西时景 ······························· 234

内迁大学的麦加 ······················· 236

中国公共卫生之父 ····················· 237

中西平等 ······························· 238

教授之教授 ····························· 240

三大学联合医院……………………………………241

罗忠恕与东西文化学社………………………………242

War Baby ……………………………………………245

十字花行草亦红………………………………………248

BIG 5 ………………………………………………249

战后华西……………………………………………250

华人校长方叔轩………………………………………252

钻坚研微……………………………………………254

铅球美女……………………………………………254

华西之爱……………………………………………255

第九章　满座风生三校立，文理工医川大兴

人民新大学…………………………………………261

生物学家新校长………………………………………263

抗美援朝……………………………………………264

洋人归国……………………………………………265

天宝之乱……………………………………………267

院系调整中…………………………………………268

工院新成……………………………………………270

"飞机楼"无关梁思成…………………………………273

人才大流动…………………………………………277

新的三大学…………………………………………278

我是一颗螺丝钉………………………………………281

柯召就是质量…………………………………………281

寡然无味……………………………………………282

魏晋风骨 ……………………………………… 284

四大美髯公 …………………………………… 284

工学双子座 …………………………………… 287

良医医德 ……………………………………… 290

吃百家饭 ……………………………………… 291

考古小说 ……………………………………… 300

布什在川大 …………………………………… 302

改革先锋 ……………………………………… 302

从文化路到文华大道 ………………………… 304

年轻的梦想 …………………………………… 305

今日川大 ……………………………………… 307

江安新校区 …………………………………… 308

长桥故事 ……………………………………… 309

海纳百川 ……………………………………… 311

再上新程 ……………………………………… 313

附　录

四川大学历史沿革 …………………………… 315

四川大学校歌 ………………………………… 316

后记 …………………………………………… 317

第一章

文翁石室化巴蜀，锦江尊经炼古今

　　自古以来，成都就享有"天府之国"的美誉。1896年，中国名校四川大学就诞生在这片山川雄秀、人杰地灵、民殷物阜的紫色土地上。作为四川大学历史源头之一的锦江书院是在西汉文翁石室的原址上兴办的，因此，四川大学的历史文脉可以上溯至2100多年前的汉朝时期。

文翁治水

　　在四川成都都江堰二王庙，立有以治水而扬名立万的秦国蜀郡太守李冰父子的塑像。前面的乐楼还有两座塑像，一座羽扇纶巾的智者是三国时期的诸葛亮，另一座诲尔谆谆的老者塑像同样引人注目——他就是西汉蜀郡太守文翁。为什么这里有文翁和诸葛亮的塑像呢？因为，文翁和诸葛亮同样是都江堰水利工程建设和发展的重要贡献者。在都江堰城内和彭州湔江河畔，曾专门建有文翁祠。文翁姓文名党，字仲翁，是安徽庐江人。他自幼好学，博通春秋，在汉景帝末年担任了蜀郡太守。

四川古称"四塞之国"，连年的战争更是对当时的经济和文化发展造成了巨大的破坏。秦国丞相张仪曾说："今夫蜀，西辟之国，而戎狄之长也。弊兵劳众不足以成名；得其地，不足

图1-1　都江堰二王庙文翁塑像和文翁画像

以为利。"蜀地经济社会和文化教育发展之状可见一斑。

面对"蜀地辟陋，有蛮夷风"的社会现状，文翁的第一大举措就是大兴水利，以发展经济为首要任务。在李冰等人治水成果的基础上，他凿通了湔江口，灌溉了郫县、新繁一带的田地一千七百多顷，让更多的地方因都江堰而享受到"水旱从人，不知饥馑"的便利。于是，蜀郡很快呈现出一片"世平道治，民物阜康"的繁荣景象。曾有诗："秦时明月汉时风，雍江作堋水分流。牛心寿阳彭州阙，望断关山入九陇。""天府之国"原来多指关中平原是富庶之地，四川真正被称为"天府之国"是蜀汉以后的事情了，李冰父子、文翁和诸葛亮等人治水兴利功不可没。

石室讲经

不仅治水有方，文翁在汉景帝末年（公元前157年至公元前141年）创办了中国第一所地方官办学校。他是四川大学文脉一系锦江书院的前身——文翁石室的创建者，与李冰被世人共称为"李冰治水，文翁化蜀"。因此，文翁治理蜀郡的第二大措施就是重视教育，率先开办了地方官学。文翁深知"为政之要，在于育才"的道理，选派聪颖好学的张叔文等18人到京都长安，进入太学学习。这些学生有的向五经博士学习儒家经典，有的跟着行政官员学习律令。文翁削减了蜀郡的行政开销，把省下来的钱跟蜀地特产一起送到京师，交给导师们，作为学生的培养费用。这些人学成返回蜀地后，被文翁委以重任，"高者以补郡县吏，次为

图1-2 文翁石室讲经图

孝悌力田"。可是去京城的名额毕竟有限，不能满足大量培养人才的需要，他就在成都的城南建立了官办学校，从长安回来的张叔文等就在这里教书育人。学生们可以学习儒家经书、典章法令和语言文学，还可以参与到各种管理实践之中。由于学校的藏书较多，为了防火而用石料建筑讲堂，所以，这所学校就被称为文翁石室，又被称为玉堂。在地方开办官学，这在当时的全国各郡还是头一家。在成都出土的著名的汉代画像砖《石室讲经图》生动地反映了当时的课堂教学情况。其中，坐在讲席上的应该就是文翁。今天的成都文家场原名安谷场，因文翁的子孙、后蜀御史文谷曾寓居并安葬于此而得名，清代更名为文家场。

蜀学比于齐鲁

除了亲自开展入学教育外，文翁还经常让学生到他处理政务的大堂见习和观摩，也经常让学生随同他到所属各县去巡视。文翁规定，凡进官学求学的蜀郡子弟，可以免除徭役；学成毕业后，根据考核成绩确定留用去向。成绩稍微差些的可以做乡官，成绩好的可以在郡县机关当官吏，有的学生甚至还被推荐到京城做官。开始，很多人并不相信这些，还在观望之中。几年后，他的允诺得以兑现，求学者不多的情况大为改观，甚至出现了蜀中"争欲为学官弟子，富子至出钱以求之"的状况。但是，这所学校并不是有钱有势就能进来的。文翁坚持选拔"开敏有材"的"隽士"才能入学，确保了良好的办学质量。于是，文翁石室成为各地办学的样板。

根据《汉书》记载："至汉武帝时，乃令天下郡国，皆立学校官，自文翁为之始云。"文翁的办学成就最终得到后人的高度认同，因而有晋代常璩"蜀学比于齐鲁"、唐代杜甫"诸葛蜀人爱，文翁儒化成"、宋代陆游"蚕丛角歌吹，石室盛书诗"、元代张雨"石室谈经修俎豆，草堂迎诏树旍旄"、明代张俞"用倡庠学，盛于八区"和清代顾光旭"文翁启石室，教化盛西汉"等赞誉。自开办以来，文翁石室虽然"其间之延而废，废而兴"，但是一直为州学所在地，依然"风同齐鲁"而弦歌不辍。这是中国乃至世界教育事业史上一个辉煌的传奇。

相如为之师

鲁迅在《汉文学史纲要》曾经说："武帝时文人，赋莫若司马相如，文莫若司马迁。"汉代著名文学家司马相如与卓文君的"凤兮凤兮归故乡，遨游四海求其凰"的爱情佳话就发生在成都，而且与文翁石室相关。四川邛崃文君井有一副对联讲的就是"千载文君酒，一曲凤求凰"的故事："君不见豪富王孙，货殖传中，添得几行香史；

图1-3　民国时司马相如抚琴台和文君井旧址

停车寻故迹，问何处美人芳草，空留断井斜阳；天涯知己本难逢，最堪怜绿绮传情，白头兴怨。我亦是倦游司马，临邛道上，惹来多少闲愁；把酒倚栏杆，叹当年名士风流，消尽茂陵秋雨；从古文章憎命达，再休说长门卖赋，封禅遗书。"

图1-4　《文君当炉》图画和上海新文化书社《当炉艳》书影

其实，司马相如并非真的一贫如洗，因为他曾在石室授课多时，据说学生有数千人之多。史书中曾记载："文翁倡其教，相如为之师，汉家得士，盛于其世矣。"作为石室授业之师，司马相如应该有不错的收入。但与大富人家相比，司马相如竟也被认为是"家居徒四壁立"。或许，文君"当垆卖酒"和相如"涤器市中"只是做给老丈人看的一种姿态吧。同时，司马相如"与庸保杂作，涤器于市中"，既表现司马相如"大不拘"的"名士风度"，又说明他们的"酒舍"还雇佣了相当多酿酒卖酒的小工，并不是小规模的夫妻店。

"不务正业"刘德芳

明清相交之时，四川教育已近衰退，各地书院趋于破败。康熙年间，清政府的统治日渐稳定，全国各地书院开始逐步得以恢复重建。1704年，四川按察使刘德芳在文翁石室原址，也就是今天的成都市文庙前街，奉旨创办了锦江书院，成为四川大学主要的历史源头之一。

锦江书院有一幅106字长联，全面地表现了从文翁石室到锦江书院的发展历程："由汉晋唐宋元明，以迄于今，蚕丛西辟，棘路南通，想当年文翁居守，石室藏经，千百祀学校宏开，固知岷峨钟毓，世载其英，允矣光联井络；溯邹鲁濂洛关闽，相沿而后，鹿洞云封，鹅湖月冷，幸此地胥鼓悬堂，绛纱列帐，二三子弦歌不辍，惟参性道渊源，教惭无术，敢云远绍心传。"锦江书院的创办者刘德芳，字纯庵，辽宁辽阳人，康熙四十三年（1704）任四川按察使，本是负责司法刑狱和考察官吏的官员。当时的四川巡抚都御史是贝和诺（1647-1721），姓富察，满洲正黄旗人，历任陕西巡抚、云贵总督、礼部尚书等职务。由于贝和诺刚到四川三年多，希望在文化教育事业方面有所作为，于是，特命刘德芳在文翁石室旧址专门兴办锦江书院。在《锦江书院记》中，刘德芳说，"今建此书院，延访贤士，可为人师者主其席。"他强调，书院不是"声利之场"，不是"以

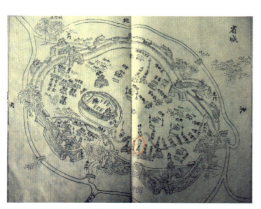

图1-5　锦江书院在成都的位置

誉声相慕悦"的地方，因此，要"继石室之流风于无穷，俾后之周贤学舍。"当时的成都令田轩来和温江令邱璋亲自监工，因此，五个月就恢复重建了一所新的书院。锦江书院曾供有"汉蜀郡太守文公党神位""汉蜀郡太守高公眹神位""四川按察使刘公德芳神位"，刘德芳与汉景帝时初创石室的蜀郡太守文党和汉献帝兴平元年（公元194年）重建汉安帝永初年间被毁石室的蜀郡太守高眹（一作眜）并祀，足见世人对他的尊重。

锦江春色来天地

作为"通省作育人才之所"和"全川书院之首"，锦江书院"规制崇宏，它无比拟，名师较多，人才辈出"，是当时融官学和书院为一体的四川地区最高学府。锦江书院采取北宋王安石设立的中央太学三舍之法，实行正课、附课和外课办法，初期只有学生百余名。到1721年，书院又增修学舍，增招学生，扩大了办学规模。1733年，锦江书院被御定为全国22所最著名的省级书院之一，学生的生活费一律由清朝政府拨给的学田供给。

锦江书院藏书比较多，经费比较宽裕。每年由省中在任各大官员按月轮流课试一次。每课试以时文一篇和试帖诗一首，称之为官课。官课之外，每月又由山长考课一次。考试方法与官课同，称之为堂课。官课时，正课每名奖金一两五钱，米一石；附课每名奖金七钱五分，米五斗。不愿领米者，可照市价折成现金。由于考试官员还有加奖，因此，得到第一名的，差不多可以得到二十两左右银子，其余的则依次递减。堂课只有例奖，没有加奖。

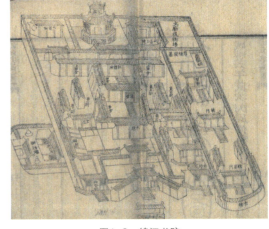

图1-6 锦江书院

天下事有难易乎

　　锦江书院的学生是全省范围内挑选出来的青年才俊，书院聘请了许多名流学者前来主讲。其中，最有名的当属担任山长近二十年的四川丹棱人彭端淑（1699-1779）。他在《寒食》一诗中，用"锦江栖迟二十年，每逢寒食一清然"概括自己的办学生涯。

图1-7　彭端淑

　　在书院时，彭端淑所作的《为学一首示子侄》讲述了四川一穷一富两个和尚朝圣南海的故事，成为激励学生努力向学的励志之作。在文中，穷和尚对富和尚说："我想到南海朝圣。"富和尚问："你凭什么前去？"穷和尚回答说："我带一瓶一钵就够了。"富和尚说："几年来我想雇船去，还未能实现呢，你凭什么去得了！"第二年，坚忍不拔的穷和尚果然从南海朝圣回来。为此，养尊处优的富和尚深感惭愧。彭端淑虽然与李调元、张问陶并称为清代四川三才子，但他的成就并不是靠先天的才气，而是得力于后天的踏实勤学。《为学一首示子侄》就是他为学经验的总结。在这篇文章中，彭端淑留下了"天下事有难易乎？为之，则难者亦易矣；不为，则易者亦难矣。人之为学有难易乎？学之，则难者亦易矣；不学，则易者亦难矣"的名句。彭端淑晚年曾有《赠僧》诗一首："有僧远自蜀中至，赤足蓬头向我鸣。欲刻韦驮镇佛寺，为求巧匠到京城。一瓶一钵随缘募，万水千山背负行。志士苦行能若此，人间何事尚难成。"他在诗题下注解："四十年前在京师，有僧自眉州至京，刻韦驮一尊背回。苦行如此，用以示警。"显然，这个眉州和尚就是朝圣南海的穷和尚的"原型"。

一副楹联镇巴蜀

　　担任锦江书院山长十多年的伍肇龄，字崧生，翰林院编修，做过同治皇帝的侍讲。著名学者俞樾于道光三十年（1850）入翰林时，因为只有伍肇龄可以称为前辈，于是自刻印章，称自己是"海内翰林第二"。在《茋楚斋随笔》"伍肇龄掌教事"中，提到一则怪异的故事："相传太史在京，寓某寺，狐仙欲以女妻之，辞以已聘妻。又欲以为妾，太史坚辞，致触狐仙之怒，谓汝不肯，终身莫想再入京。言时声色俱厉，太史为之胆寒，是以自十七岁入词林后，并未入都。"类似志怪小说的传闻，或许隐喻的是伍肇龄在1861年辛酉政变中的遭遇。他的政治仕途可说是因此戛然而止。

在当年，有一副被称为威震巴蜀的楹联与伍肇龄有关。伍肇龄办学成就突出，"每乡闱揭晓，至泥金报者，贴书院内外殆遍，墙壁几无隙也"。然而有一次，伍肇龄与某地方大员有隙，担心遭受弹压，于是专门写信给当朝权臣李鸿章求助。李鸿章并没有直接回信，而是亲自撰写了一副楹联寄来。联语为："天下翰林皆后进，蜀中佳士半门生"。上款称"崧生吾兄"，下款称"愚弟李鸿章"。伍肇龄当即将其高悬中堂，他一度担心的许多问题自然迎刃而解。其实，就其学识和才干等方面而言，伍肇龄绝非浪得虚名。德高望重的他一身正气，令人敬佩。在1911年保路运动时期，他领衔上书，"申述蒲殿俊等保路非倡乱"。85岁高龄的他作为士绅代表在别人的搀扶下，亲临四川保路同志会成立大会。他激动地说："此事关系四川的存亡，走不动，抬起也得来呀！"

图1-8 伍肇龄致郭嵩焘信札

李调元"四川百科全书"

在长达近200年的办学生涯中，在"石室云霞思古梦，锦江风雨读书灯"的雍雅之气中，锦江书院培养了李调元等著名学者。据说李调元7岁时所作的诗歌《疏雨滴梧桐》就一时传抄乡里："浮云来万里，

窗外雨霖霖。滴在梧桐上，高低各自吟。"李调元自幼善对，留下了不少的逸闻趣对。他既有"书临汉帖翰林书"对"画上荷花和尚画（唐伯虎）"之雅，也有"屙屎打屁，胯下雷雨交加"对"吸烟摇扇，目前风云聚会"之俗；既有"蚯蚓无鳞欲变龙"对"蜘蛛有网难罗雀"之敏，也有"李调元一时无对"对"曹子建七步成诗"之拙。

在1759年的乡试中，当时的四川学政史贻谟看到他的文章后，连连称奇，立马把他定为第一名，安排他就读于锦江书院。在锦江书院，他与崇庆何希颜、成都张鹤林、内江姜尔常、中江孟鹭洲、汉州张云谷，因文章而著称，时称"锦江六杰"。李调元毕生最为重要的贡献就是编刻了《函海》，这部收录一百五十种以上有关巴蜀著作的文化巨典。堪称"四川百科全书"的《函海》弥补了《永乐大典》和《四库全书》有关四川地方文献的不足，被称为"天下奇观"。今天的四川大学正联合各界学人鼎立实施《巴蜀全书》工程，在某种意义上是对《函海》的续编和补正。同时，因工于烹饪和戏曲，

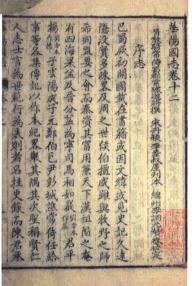

图1-9　李调元塑像和《函海》书影

李调元又被称为川菜之父和川剧之父。

据说作为李调元同科进士的浙江人冯应榴自命不凡，来四川作主考时，居然出了一道题目叫《井蛙赋》。似有讽刺四川考生是井底之蛙之嫌，四川考生愤而罢考。李调元从青年时起，就怀有振兴四川文化的雄心壮志，时常留意收集乡邦文献。他历经千辛万苦，使《函海》得以印行问世。当"随园老人"袁枚看到李调元的《函海》之后，当即赠诗："正想其人如白玉，高吟大作似黄钟。童山集著山中业，《函海》书写海内宗。"试想，谁会对井底之蛙给予如此高的评价呢？

一死以醒国人

戊戌变法殉难的"六君子"之一的刘光第，曾在锦江书院就读。本来就办学宗旨而言，尊经书院比锦江书院似乎更为刘光第所心仪。但是，因为锦江书院学习条件和经济待遇之好，甚至超过了同为省级书院的尊经书院。所以，家境贫寒的刘光第迫于经济压力，还是在1881年和他的弟弟刘光筑选择就读于锦江书院。刘光第在四川学政谭宗浚亲自主持的"岁试"中，名列一等，成为"廪生"。他每年可以从官府拿到一笔可观的生活费。1883年，他离开锦江书院赴京，中癸未科殿试二甲第八十八名进士，由此开始了他不平凡的政治生涯。

一生清廉的刘光第，一身袍服穿了十来年，也没有做过新的。他在京做官多年，时常在家自己挖地种植蔬菜。他的弟弟刘光筑编了一段顺口溜："早饭吃了喊补锅，夜饭吃了响更锣；既汤斗，莫奈何，忍饥挨饿把书摸。"他听后，笑着说："不成材的子弟提砂锅。"1894年中日战争爆发，深感于"隐忧在外夷，虎狼中国覥"的刘光第向光绪皇帝提出条陈，抨击时政，主张改革。1898年春，他在京与杨锐等成立蜀学会，创办蜀学堂。由于戊戌政变失败，他被捕遇害。在被捕前，曾有人催促他离京避祸。他坦言："天祸中国，吾等岂惜一死以醒国人。"行刑前，他"神气冲夷，淡定如平日"。他的头被刽

图1-10　刘光第遗作书影

子手砍掉后，"热血喷空丈余"，身躯屹立而不倒。

有精神之谓富

锦江书院为后人留下了许多精美绝伦的艺文，名对佳联甚多，颇发人深省，仅举数例如后："字水汇三巴，涌地词源倾井络；笔峰联七曲，凌云逵路入文昌。""稽古在平生，可信锦囊无俗物；论文或不愧，试看江水有源头。""求根柢于文林，天府名材储石室；富波澜于学海，源头活水出岷江。""国家需桢干之才，不徒词赋夸扬马；圣贤重道义之学，幸际昌明启魏张。""近圣人之居，秀映环林，七十子宗风共仰；入文翁之室，名题石柱，八百人讲席同升。""萃巴蜀奇英，能诗能赋能文艺，须养立朝气节；沐朴莪雅化，为孝为忠为贤良，难宽尔室功修。""溯前贤遗迹，登其堂，长慕其人，敢谓弦歌继美；俾多士同风，教以学，先兴以艺，期为桢朴储材。"

最有名的"功名富贵"楹联是由1816年嘉庆二十一年（1816年）至道光元年（1821年）任书院山长的于德培撰写。"有补于天地曰功，有益于世教曰名，有精神之谓富，有廉耻之谓贵；不涉鄙陋斯为文，不入暧昧斯为章，溯乎始之谓道，信乎己之谓德。"用今天的话说，这幅楹联的主要意思就是："对社会有所裨益可称为功，能促进人文教化可称为名，充满精力和活力可称为富，廉洁而知道羞耻可称为贵；无庸俗浅薄举止可称为文，无不清不楚行为可称为章，探究事物的根源可称为道，为人诚实而守信可称为德。"

于德培，字修吉，号子朴，四川营山人。这幅楹联是他刚上任时题写，既可看成是其个人价值追求的一种体现，又可看成是对书院生徒的劝勉之辞，更是四川大学人的崇高精神和洋洋风范的真实写照。尤其关于"富"和"贵"的注解，对于今人仍然具有重要的启示作用。

风多窗纸破

从嘉庆到道光、咸丰年间，锦江书院规模一直在扩大，但因为各种条例日久生弊，已经不能适应历史发展的需要。在锦江书院创办之前，一些有识之士对四川的书院已经颇有微辞，认为书院的课程"皆纸上空言，而不适于实用"，主张"举凡兵农礼乐，皆能深通其变化而习知其器数"。锦江书院要求诸生"先经义而后时文，先行谊而后进取"，试图与专门研习制艺的书院有所区别，但是由于种种限制，并没有起到真正改变四川士林风气的作用。1819年，四川总督蒋攸铦曾极力整顿书院，有针对性地制定《锦江书院条规十条》，对师生严加管束，但收效也不大。到清道光时期，竟出现"住院诸生，有不谒见山长者，且来去自由，并不通知监院，日多在外游荡，夜深方归，甚至招留友朋，视书院作旅寓"等情形。1852年，湖南人何绍基任四川学政，以锦江书院为重点，整顿四川教育，初见成效。但由于他很快去职，以至于依靠锦江书院重振巴蜀文化的想法半途而废。

难怪后来李调元在《过锦江书院观旧日读书屋》中难以掩饰一种失落的心情："当年读书屋，依旧隔双间。四十年如梦，三千里早还。风多窗纸破，雨溜壁泥斑。不为烽烟逼，重来岂有闲？"锦江书院作为传统书院的代表在江河日下的清末开始走向衰落，一点也不奇怪。

四川学政张之洞

在锦江书院竭力维持的同时，1873年著名洋务派代表人物张之洞出任四川学政。他一生注重开办实业和创办新学，其教育思想的核心是"中学为体，西学为用"。在湖北，他先后创办两湖书院、经心书院、农务学堂、工艺学堂、武备学堂、自强学堂、商务学堂等。在南京，他先后创办了储才学堂、铁路学堂、陆军学堂、水师学堂、三江师范学堂等。当然，这都是在他创建尊经书院之后的事情。

图1-11　张之洞

张之洞的到来，似乎给四川和四川教育带来新的风气，也给锦江书院带来新的机会。甫抵四川，张之洞在着力纠正四川科考弊政的同时，十分注意调查研究四川教育的现状。从他当时的一些诗句中，我们可以看出一种失望的心情："乾隆下诏访蜀故，礼堂石室均渺茫"，"经术道德皆寂灭，世人所爱徒文章"。

在考察锦江书院后，他指出了锦江书院的致命弱点是空说奢谈，只重功名："或空谈讲学，或溺志词章，即皆无裨实用。其下者专摹帖括，注意膏奖，志趣卑陋，安望有所成就？"当时锦江书院的课业以八股文为主，主要是为了培养科举人才。在近代中国大变革的格局下，作为传统书院代表的锦江书院终究积习难改，使得作为一省教育主管的张之洞不得不另辟蹊径，力促"另开洋务进取一格，以资造就。"

尊经书院新开

正好川籍洋务派官僚、工部侍郎薛焕和翰林院编修伍肇龄等15人以"通经学古课蜀士"为目的，倡议在锦江书院外再办书院。因此，1874年，四川总督吴棠奏报清廷，"为讲求实学，造就真才起见，有俾作人雅化"，"另建尊经书院讲习经义，并镌刻经史善本"。在张之洞的亲自筹划下，尊经书院在成都南门石犀寺附近今天的四川成都市文庙前街开始修建。

为了矫正学界风气，张之洞首先确立了"首励以廉耻，次勉以读有用之书"的原则，亲自为书院制定了十八条学规章程。他把这十八条写进了《创建尊经书院记》。为表明书院旨在培养"通博之士，致用之才"，张之洞对办学方针、师生关系、学生奖惩、课程设置、教学方法等，都提出了明确的要求。

1875年春，尊经书院基本落成。看起来，书院规模颇大，堂宇宏

图1-12 四川总督吴棠给同治皇帝请建尊经书院的奏折

深。特别是中厅"石室重开"匾额更显得庄严肃穆。既然锦江书院自称是文翁石室的继承人,尊经书院的这幅匾额显然有分庭抗礼之意。两个书院相距不远,竞争之势尤盛。

尊经书院后面建有尊经阁,是张之洞特别吩咐修建的,相当于书院的藏书楼。这可称为四川大学图书馆的主要起源。这里不但收藏有丰富的图书典籍,还有关于中西时务的书报以及各种挂图、仪器、标本等,师生借阅也很方便。鉴于当时四川风气闭塞,缺少参考书籍和学习资料,张之洞个人慷慨捐资,为尊经阁添置了经、史、子、集各种图书1000多卷。尊经书院第一任山长由薛焕担任,他聘请了江浙名士钱铁江、钱徐山二人为主讲。

图1-13 尊经书院内景

"能吏" 薛焕

薛焕（1815-1880），字觐堂，四川兴文人，是尊经书院的发起人和首任山长，与李鸿章是儿女亲家。1859年，御史蒋志章保奏"薛焕胆识过人，令洋人畏服，应加重用。"1860年，担任江宁布政使的薛焕临危受命，以"兵无可集，将无可选"的江苏巡抚兼署两江总督的空名，在"江浙各城沦陷"之时，招募美国人华尔等，成功地创建了晚清第一支使用先进武器的部队——洋枪队，号"常胜军"，与太平军李秀成等部作战。中国军队由此逐步告别冷兵器时代。

1864年，葡萄牙国（时称大西洋国）派澳门总督阿穆恩为公使前来互换两年前签署的大清国与大西洋国《和好贸易条约》。薛焕作为特命大臣，识破了葡萄牙国在条约"仍由大清国大皇帝任凭设立官员驻扎澳门"一款后"此等官员与法、英、美诸国领事等官无异"等语，坚持"澳门乃大皇帝（中国）之地"，最终双方换约未成。薛焕被清廷视为"干练之才"和"能吏"。

一生"终其所怀，己溺己饥"的薛焕在上海办理洋务多年。在与太平军作战的过程中，薛焕收复松江、嘉定、太仓、清浦等府州县。清廷特赏头品顶戴，命其办理广州、福州、厦门、宁波、上海、潮州、琼州、台湾、淡水各口通商事务，并兼全权办理比利时国通商事务，以钦差大臣留居上海。在促使上海由经济落后县城发展为经济繁荣大埠的过程中，薛焕可谓功勋卓著，因而他深知"坚船利炮"之实和创兴西学之用。1875

图1-14　薛焕与洋枪队

年，返乡后的薛焕率众"投牒于总督、学政，建书院，以通经学古课蜀士"。世人评价他："创办尊经书院，有关吏治及人才学校之原，其功尤伟"。尊经书院成就四川大学重要一脉，其首任山长正可谓"高瞻旷览，归画远利"。

要取芳编阅书香

与锦江书院相同的是，尊经书院也是一所省级官办书院，更是直接得到最高地方长官吴棠和最高教育行政长官张之洞的双重支持。与锦江书院不同的是，尊经书院更注重培养学生的真才实学，贯彻"中学为体，西学为用"为主张，以求"一人学战，教成十人；万人学战，教成三军"。尊经书院原拟增设"声、光、电、化、格致之学"，以领传统教育转型之先。但因风气未开，师资不够，尊经书院只分经术、词章两科，最终还是成为主要培养经史、词章人才的地方。

尊经书院极为重视古代经典的研习，自己还开设了专门的书局，方便刻版印书。尊经书局不仅刊印大量的经史典籍，也刊印部分西洋图书。这在当时的国内各书院中，实属佼佼者。1892年，近代著名的维新思想家唐才常从湖南长沙来到成都，大大称赞："四川尊经书院书籍甚好"。

尊经书局的雕版尚有数百块至今还保留在四川大学图书馆。在第二次世界大战中，这些饱经风霜的雕版更是承受了战争的洗礼，辗转于成都和峨眉山之间，有不少散佚于滔滔江水之中。1942年7月，时任校长程天放曾经遴选其中的25种而成尊经书局"抗战刻本"。在刊刻之时，程天放详细地记录了这次抗战期间最大规模的古籍刻印活动："蜀之刊人以善刻书著。清季王湘漪先生主讲尊经书院，伍肇龄先生主讲锦江书院，先后择国学书籍若干种，付之剞劂，以惠学子。及存古学堂成立，两书院及官书局之书版均归焉，并加镌若干种，精印行世，一时称盛。其后存古学堂递嬗而为国学院、国学专门学校，公立四川大学，复与成都大学、成都师范大学合并而为国立四川大学，此项书版遂为川大校产。民国二十七年冬，余奉命长川大，公余检视，见书版凡四万余块，经史子集均有。惜庋置一室，多年未加整理，或就残缺，或遭虫蛀，恧焉伤之。拟招工补刻重印，以广流传。因校歉支绌，有志未逮，仅移置旧皇城门楼下以防空袭，施行煮晒，以去虫害而已。抗战既历数

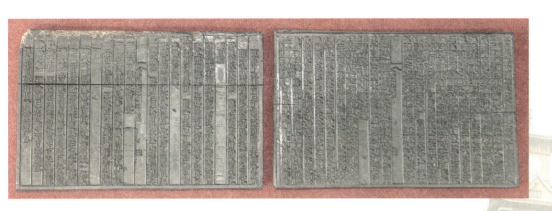

图1-15　保存至今的尊经书局雕版《荀子》（部分）

载，海岸线悉遭敌寇封锁，西洋科学书籍几不复能输入，东南各都会沦陷敌手，官书局及印书业均受摧残，故虽国学书籍亦感缺乏。川大有此版本，而弃置不加利用，实至为可惜。余乃就集会中枢之便，言于总裁兼行政院院长蒋公，副院长兼财政部长孔庸之先生，教育部部长陈立夫先生，请拨款整理印刷，以救坊间书籍之穷。蒋公及孔陈二先生慨然允诺，遂于民国三十年冬拨十六万元以办理此事。惟以工价物价之高昂，未能悉行整理，爰择学子需用最切之书，若五经四史之类，凡二十五种先行付印。其余则稍缓时日，期能一一重印也。补刻工作始于二月，随刻随印至七月，而书成。余乃志其经过于简端，世之学子溜览诸书时，对蒋公及孔陈二先生阐扬国学，提倡文化之至意，当永矢勿忘也。"

"穷状元"骆成骧

尊经书院学生的选拔极其严格，通常由学政亲自在四川省内各府按比例选送的秀才、贡生中，择优录取。不足额的话，再由书院举行甄别考试来补充。例如，在1879年甄别考试中，骆成骧为词章第一，郭圻为经学第一。

这里的四川资中人骆成骧就是后来大名鼎鼎的骆状元。1874年，他先进入锦江书院学习，1879年再考入尊经书院。1895年，在殿试中，他本来是传胪即二甲第一名。由于在《殿试策》中引用"殷忧所以启圣，多难所以兴邦"和"主忧臣辱，主辱臣死"等名句，因甲午战争失利而郁闷至极

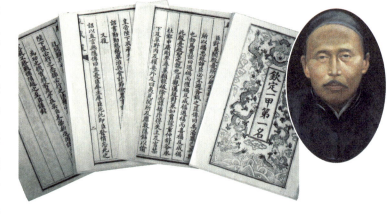

图1-16　清朝四川唯一的状元骆成骧及其《殿试策》

的光绪皇帝被当场打动，立即钦点他为状元。正由于这样，清朝四川才有了唯一的一名状元公。

后来，他担任京师大学堂首席提调、四川大学的前身四川官立高等学校校长和四川大学筹备处处长等职务。骆成骧虽然是文状元，晚年却热衷于讲求武学，提倡开展"强国强种"的体育运动。1921年，他任四川武士总会会长，后募集资金建立了国术馆。他一生清廉自守，不求高官厚禄，家用贫困，厨灶屡空。他常常手持一长烟杆，身着土兰布长衫，一顶瓜皮帽，一双圆口青布鞋，扎着裤脚，走在路上俨如一位乡村塾师，因而有"穷状元"之称。

尊经五少年

图1-17　廖平遗像

尊经书院第一届学生是由张之洞亲自挑选的，他特地从全省3万余名生员中择优选拔了100名高材生。其中就有绵竹杨锐、井研廖平、汉州张祥龄、宜宾彭毓嵩、仁寿毛瀚丰五人。这五个人最为他所器重，"召之从行读书，亲与讲论，使研经学"，人称"尊经五少年"。其中的杨锐，后来成了他最信任、最得力的幕僚和心腹，也是著名的"戊戌六君子"之一。

在选录学生时，张之洞不拘一格，注重经史根柢，考察综合素质，尽可能做到量才录用。当年廖平参加院试时，答卷不符八股文的格式。由于"破题"按格式例为二句，廖平文章却偏偏写了三句，试卷被作为废卷处理。在复核检查时，张之洞发现廖平文章的解题数语不同寻常，便细加披阅，亲自确定为第一名。正由于在尊经书院的经历，为廖平后来成为中国近代著名的经学大师奠定了基础。廖平在中国近代学术界占有极其重要的地位，被章太炎称为"学不纯德，而行乎纯儒"。1898年，廖平与宋育仁、吴之英等人在成都创办

《蜀学报》，宣传变法维新思想。其托古改制观点为变法维新提供了一定的理论基础。钱穆在《近三百年中国学术史》中认为，康有为的《新学伪经考》直接继承了廖平的思想。1911年，他任《铁路月刊》主笔，支持四川保路运动。四川军政府成立，他受聘任枢密院院长。其后，他任教四川大学前身之一的四川国学学校并担任校长，还兼任国立成都高等师范学校和华西协合大学教授。廖平去世后，曾任公立四川外国语专门学校校长的冯元勋在挽联中称赞他："蜀学本今文，说易荄滋标汉史；谈经成政变，维新改革启康梁。"

不开时文四书课

在选取了优秀学生后，1875年，张之洞对课程设置和教学方法进行了全新改革，他提出"通经致用"的治学思想，即要求学生精修儒家经典，通晓经学、史学、小学、地理、经济、算术、诗词、古文等科目，然后做到学以致用，紧密结合实际。

尊经书院的院生通常每月有膏火银三两，按月有堂课、官课考试。其中，堂课由书院主考，第一名可得奖金三两；官课由总督藩司和成都府轮番主考，第一名可得奖金十余两。尊经书院的课程设置与众不同，共四题，经解一题、史论一题、杂文或赋一题、诗一题。

值得注意的是，尊经书院没有开设其他书院必开的时文课、四书课。张之洞解释说，不设四书课，是因为府、县二级学馆已经开设过了；不设时文课，是因时文无用。时文是科试的程式文章，四书是钦定的科试标准答案。张之洞身为清廷学政，敢于如此作为，确实是极有胆识的表现。

对于张之洞来说，尊经书院不仅是一所学校，更是社会教化的策源地。他表示："欲治川省之民，必先治川省之士"。因此，尊经书院始终提倡厚植经史根基。按照张之洞的要求，学生必须熟读《皇清经解》《说文解字注》《史记》《汉书》《三国志》等基本典籍。从内容上看，这些典籍突破了科举考试教科书的范围，体现出"通经学古"，也就是"通经致用"的思想。这直接导致了尊经书院学生对于现实的强烈关注，成为尊经书院的许多学生后来在四川乃至全国性的革新运动中都能起到重要贡献的主要原因。

《輶轩语》和《书目答问》

为了指导学生学习，张之洞专门编写了《輶轩语》和《书目答问》两本书。《輶轩语》是他为学生所写的训诫之言，主要是他的治学经验和心得。其中，他要求学生，在行为方面，要努力做到"德行谨厚，人品高峻，立志远大，砥厉气节，出门求师，讲求经济，习尚简朴，读书期于有成，戒早开笔为文，戒早出考，戒侥幸，戒滥保，戒好讼。戒孳孳为利，戒轻言著书刻籍，戒讲学误入迷途，戒自居才子佳士，戒食洋烟"。

张之洞在近代文化史上极负盛名的《书目答问》一书原本也是专门为尊经书院的学生"提示治学门径"而作的。为了使初学者面对浩如烟海的典籍，能够迅速地得其"要领"而不至于"劳而无功"，他开具了一部学生的"应读书目"。在每本书下，他详列了当时若干重要和常见的版本和注本，简洁扼要，便于一般读者的需要。因此，《书

图1-18 《輶轩语》和《书目答问》书影

目答问》很快流行开来，成为清末新式书院和学堂的必读之物，至今仍是国学研究者和目录学研究者的重要参考书。

惓惓不忘尊经书院

张之洞对尊经书院寄望甚高。他说，虽然尊经书院并未能把"通省佳士"都"搜拔"进去，但至少"就目力所及者言之，大率心志者尽在书院"。当年任满卸职时，张之洞连朝廷按例给付的两万两差费银都没有领取，而是捐给那些贫寒学子，以供他们在四川读书或进京赶考。虽然他1876年调离四川，却对尊经书院的发展产生了不可忽视的影响。张之洞曾经多次告诫尊经书院学生、后任四川大学前身之一四川国学学校校长廖平："风疾马良，去道愈远；解铃系铃，惟在自悟。"由此可见张之洞对生徒的劝勉之心和师生之谊，更见他对书院的眷顾之情和厚望之意。1909年张之洞逝世后，四川总督赵尔巽转呈四川在籍翰林伍肇龄的奏折，对其振兴蜀学的功绩作了实事求是的评价："教泽所及，全川化之。迄今学校大兴，人才蔚起，文化之程，翘然为西南各省最。盖非该大学士陶熔诱掖之力，断不及此。"

在调任回京的路上，张之洞给继任四川学政谭宗浚写信说："身虽去蜀，独一尊经书院，惓惓不忘。"后来，两人有幸在西安见面，他对谭宗浚说："蜀才甚盛，当以尊经五少年为最。"

十六少年歌

谭宗浚就任后，立刻对尊经书院学生进行了全面的考核，在"尊经五少年"之外，又发现了十一位青年才俊。于是，他仿唐杜甫《饮中八仙歌》和清吴伟业《画中九友歌》写成了《尊经书院十六少年歌》，以资励进。这首诗歌盛传一时，还被选入《道咸同光四朝诗史》，从而成为蜀学中的一段佳话。

尊经书院十六少年歌并序

余甫至蜀，张香涛前辈语余云：蜀才甚盛，当以五少年为最，谓绵竹杨锐、井研廖登廷、汉州张祥龄、仁寿毛瀚丰、宜宾彭毓嵩也。嗣余校阅所及，又得十一人。因仿古人八仙、九友之例，为《尊经书院十六少年歌》。其有绩学能文而年过三十者，均不在此数。凡诸生所作文字，具见余近刻《蜀秀集》中。

宏农博赡谁与侔？手披七略函九流，房星降精骋骅骝，蹴踏要到昆仑丘。（绵竹杨锐）

廖子朴学追服刘，校勘审碻刊谬悠，森森腕底攒戈矛。（井研廖登廷）

张生烂烂双电眸，曹仓杜库一览收。读书欲遍秦与周，崭然笔力回万牛。（汉州张祥龄）

小毛词翰扬马俦，如驾青翰凌沧洲，珊瑚炫耀珠玑浮。（仁寿毛瀚丰）

范君渊雅文藻优，长离宛宛升云游。（华阳范溶）

鹡鸰之孙内衍修，笃志坟典兼索邱，问事不休贾长头。（华阳傅世洵）

邱郎静谧勤呷嚘，文学穰穰囷仓稠。（宜宾邱晋成）

老籛词笔雄九州，字里隐跃腾蛟蚪。（宜宾彭毓嵩）清河才调万斛舟，余事笔札追鹄鹣。（乐山张肇文）

乐安傲骨轻王侯，神峰峻立恨少道，稍加淬炼成纯钩。（忠州任国铨）

濂溪经学穷微幽，远媲孟喜兼施雠。（成都周道洽）

短宋笔工雕搜，华熳五色垂旃斿。（富顺宋育仁）

南丰诗卷清而浏，独鹤矫矫鸣霜秋。（成都曾培）

延陵门内交唱酬，如彼荣郁兼谈彪，振缢词囿扶轮辀。

（犍为吴昌基）

东吴文学春华抽，若琢瑚簋铿琳璆。（成都顾印愚）

戴侯嗜古剧珍馐，翩翩下笔难自休，看汝追逐登凤楼。

（江津戴孟恂）

王闿运来川

张之洞离开四川后，四川总督丁宝桢邀请王闿运来川主讲尊经书院。湖南湘潭人王闿运，又称为湘绮先生，是著名的文学家和经学家。早在1875年，尊经书院的第一任山长薛焕就准备聘请他担任书院主讲，因故未能成行。1879年，在四川总督丁宝桢的力邀下，王闿运担任尊经书院山长，长达八年之久。

王闿运为尊经书院留下了两幅极其有名的楹联。其中，一幅"石室重开"联是他的集句联："考四海而为儁，纬群龙之所经"。前句出自晋代文学家左思的《蜀都赋》，后句出自汉代史学家班固的《幽通赋》。尽管只有短短的十二个字，却气势磅礴，豁达睿智，包涵着汇四海于一家的博大气

图1-19　王闿运

象。这幅楹联一直镌刻在尊经书院的大门。后来的四川省城高等学堂本来打算另外选择一副楹联，但是选来选去也没有比这合适的。于是，王闿运集句、郭嵩焘书丹的墨宝得以长期保存在大门口。后来的华西协合中学会议室也请人题写了这幅对联。在1881年1月22日的日记中，王闿运写到："请郭健安写春帖，集班、左二句。""颇与此书院相称。"书院二门还有一副集句联"尊德乐义见于世，经天纬地谓之文"，被称之为"洙泗岷峨"联，典出《孟子·尽心上》和《逸周书·谥法解》。这幅楹联虽然没有前面一副那么有名，曾误传为王闿运作，实际上是郭嵩焘所作。这两幅楹联集中地反映了王闿运力图传教化于巴蜀而注重学生全面发展的教育理念。

图1-20　四川高等学堂大门和华西协合中学会议室

虽然王闿运所长主要在词章方面，他的经学造诣相对有限，但是，却对尊经书院乃至整个近代蜀学产生了重要影响。他以经、史、词章等教育学生，规定学生每日读书必记下心得体会。为了提高学生的理解能力，他提倡"以抄助读"的方法，让学生抄书，但规定不得抄袭陈文，不得吸食洋烟。由于要求严格，尊经书院"日有记，月有课，暇则习礼，若乡饮投壶之类，三年士风丕变"。就经学流派而言，王氏本人属于今文学家。在他的推动下，今文经学在四川盛极一时，产生了许多大学者。重国学的传统一直是四川大学人文社科的学科建设的亮点。

为了鼓励学生学习，谭宗浚和王闿运把学生们在经、史、词章方面的优秀论文，汇为《蜀秀集》等刊刻版印。今天，这些文集仍然收藏在四川大学图书馆中。它们不仅留下了当年书院师生的教学成果，也留下了继承和弘扬优秀传统文化的珍贵文献。1885年，王闿运在留下《四川尊经书院举贡题名碑序》后，从望江楼外玉女津匆匆登船结束了六年的杏坛春秋。其序文中有"宋儒立书院，将待不志于科举者，而功令课其效，以养人材，裨国用为职。国家取士，科举为正，故士之不志科举而能得科举者，斯足尚

图1-21　《四川尊经书院举贡题名碑》（王闿运撰，吴之英书）和《四川尊经书院记》（张之洞撰，范溶书，局部）

也"等句。虽然不注重应试却能科考无敌，当年的尊经书院培养了多少"学霸"啊。不知为何，2014年在四川大学望江校区出土、由吴之英书丹的《四川尊经书院举贡题名碑》居然是在刻有范溶所书的《四川尊经书院记》的石头上打磨后重刻的。

四川睁眼看世界第一人

新学在四川的兴起也激烈地冲击着尊经书院。1898年，翰林院翰林宋育仁接任书院山长。宋育仁本为尊经书院"十六少年"之一，是著名的维新派人士。在尊经书院学生中，王闿运最为欣赏的就是宋育仁和杨锐，称两人为尊经书院的"宋玉"和"扬雄"。宋育仁1894年任英国、法国、意大利、比利时四国公使参赞，考察西方社会、经济、政治制度，积极策划维新大计。中日甲午战争时，他曾经秘密约见美国退役海军少将夹甫士和英国康敌克特银行经理格林，由康敌克特银行借款购买兵船快舰10艘，招募水兵1旅，由原北洋水师提督琅威里率领，从菲律宾北上，直攻日本长崎。因北洋水师迅速失败，这一计划未能得以实施。

1897年，他创办了四川近代最早的报纸《渝报》，也是中国资产阶级最早创办的白话报纸之一，树起了四川维新宣传的旗帜，兴起了四川近代史上第一次思想解放的潮流。因著有《时务论》《采风记》等著作，他被誉为四川历史上"睁眼看世界"第一人。

由他来执掌尊经书院，主事者自然有其深意。宋育仁接掌尊经书院后，在书院组织了维新团体"蜀学会"，发行《蜀学报》，以著名学者吴之英为主笔和

图1-22　宋育仁和尊经书院发行的成都第一报《蜀学报》

廖平为总纂，对戊戌变法在四川的推行起到了不可磨灭的作用。"蜀学会"的宗旨是"发扬圣道，讲求实学"，"以通经致用为主，以扶圣教而济时艰"，带有浓厚的"中体西用"色彩，与尊经书院的宗旨一脉相承，也是尊经书院影响近代四川社会的一个重要表现。以蜀学会名义出版的《蜀学报》"为开蜀中风气而设"，"意在昌明蜀学，开通邻省"，报馆也设在尊经书院内。

煤变油

1896年，宋育仁曾受四川总督鹿传霖委任管理商务局。他发现进口煤油成本很高，要先运到上海港，再从上海走长江水路运到重庆。他误听传言，以为煤油是从煤炭中榨出来的。于是，他在重庆开设煤油公司局，弄了几万两股金，打算向国外购买机器，准备用煤炭来炼制煤油。当然，这一计划以失败而告终。这一件事被吴趼人添油加醋地写进《二十年目睹之怪现状》一书中大加讽刺。

书中写道："领事愕然道：'甚么煤油？'重庆道道：'就是点洋油灯的煤油。'领事听了稀奇得不得了，问道：'不知宋观察的这个提油新法，是哪一国人哪一个发明的？用的是哪一国哪一个厂家的机器？倒要请教请教。'重庆道道：'这个本道也不甚了了，贵领事既然问到这一层，本道再向宋观察问明白。或者他的机器没有买定，本道叫他向贵国厂家购买也使得。'领事摇头到：'鄙国没有这种厂家，也没有这种机器，还是费心贵道台去问问宋观察是从哪一国得来的新法子，好叫本领事也长长见识。'重庆道到了此时，才有点惊讶，问道：'照贵领事那么说，贵国用的煤油，不是在煤里提出来的么？'领事道：'岂但鄙国，就是欧美各国，都没有提油之说。所有的煤油都是在油田里穿井数百丈，开采石油得来的。煤里哪里提得出油来？'"

其实，在1869年，国外已经开始研究煤液化技术。煤直接液化技术是由德国人1913年发现的，并于二战期间实现了工业化生产。我国在直接液化方面的试验研究开始于20世纪50年代。目前，中国神华集团公司已经开发有自主知识产权的煤炭直接液化工艺。在煤炭间接液化方面，德国科学家1923年首先开发相关技术。目前，中国科学院山西煤化所、山东兖矿集团等均在积极研发具有我国自主知识产权的煤炭间接液化技术。这是否在冥冥之中，说明宋育仁还有那么一点远见呢？

士之渊薮

在短短二十几年的办学生涯中，尊经书院汇集巴蜀才俊，除了培养张森楷、颜楷、邵从恩、顾印愚、林思进、方鹤斋、徐炯等一批著名学者外，涌现了许多对近代四川乃至全国都产生了重要影响的人才。例如，为推翻清朝、建立民国舍身炸死宗社党党首的良弼、迫使清帝退位的民国大将军彭家珍，保路运动领袖人物蒲殿俊、罗纶，老一辈无产阶级革命家吴玉章，中华人民共和国第一届中央人民政府副主席张澜，"只手打倒孔家店的老英雄"吴虞等。

彭家珍，四川金堂人，辛亥革命烈士。1898-1902年，他就读于四川大学的前身之一的尊经书院，1903年考入成都陆军武备学堂。1906年，他被派赴日本考察军事并购军火，回国后任四川新军第六十一标一营左队排长、队官等职，暗中掩护革命党人活动。1909年，他入云南任新军第十九镇随营学堂管带兼教练官。1910年他入东三省，任奉天学兵营队官兼教习。1911年，他任天津兵站司令部副官，用军火、资金接济南方革命党。遭缉捕后，他化名在京、津等地联络起义。京津同盟会成立后，他被推为军事部长。为扫清革命障碍，1912年1月25日，他舍身炸死清廷重臣宗社党首领良弼，因弹片伤头牺牲。向楚曾经称赞他是"壮烈真堪泣鬼神，要离聂政是前身"。

图1-23　民国大将军彭家珍

图1-24 蒲殿俊

中华民国成立后，他被孙中山追增为"大将军"。

蒲殿俊，四川广安人，清光绪进士，清朝末年立宪派重要人物。他年少入四川大学前身之一的尊经书院学习，后留学日本法政大学。1909年回国后，他任四川谘议局议长，利用《蜀报》等舆论工具，针砭弊政，提倡改良。1911年夏，他任四川保路同志会会长，掀起了震惊全国的四川保路运动。武昌起义后，他在成都成立大汉四川军政府并自任都督。"五四"运动时期，他担任北京《晨报》主编，为"五四"运动和新文化运动作出了重要贡献，鲁迅的名作《阿Q正传》最早就是在《晨报》上连载发表的。

张森楷用毕生精力研究整理二十四史，留下了包括三大史学巨著《通史人表》《二十四史校勘记》和《史记新校注》在内的著作共1284卷。他自幼聪颖好学，12岁到重庆府应童子试时，购得《史记菁华录》《日知录》残本，从此走上研究历史的道路。1876年，张森楷被录取为州学生，并被张之洞赠以《輶轩语》《书目答问》二书，后进入锦江书院。1877年，张森楷经两场考试，成绩均为优等，被录取为重庆府生员，不久调入尊经书院。入尊经书院后，某次由乡入省，有乡人携带土产，冒充张森楷的官学行李进入成都东门，被税吏查阻。张森楷因此与税吏产生争执。尊经书院山长王闿运正力戒诸生勿言利、勿干法纪，立即开除了张森楷的学籍。这时，伍肇龄还在锦江书院任事，非常赞赏张森楷的学问，于是邀请他再入锦江书院并担任襄校。张森楷一直景仰顾炎武治学立业并重的行为，在家乡等地开办了蚕桑公社，力图开通风气而富国利民。数年后，张森楷在实业方面颇有建树，但他嗜学日深，中年以后就放弃了实业，以研究史学、著书立说为己任。他每天均伏案达18小时，从未中断。1928年8月8日，张森楷手握《史记新校注》书稿病逝在床上，以身殉学。

风同齐鲁

　　1894年，光绪皇帝分别为锦江书院和尊经书院御赐"大雅修明"和"风同齐鲁"匾额。其时，作为尊经书院的首倡者之一的伍肇龄身兼两院山长，自然对两个书院是不偏不倚。尊经书院学生曾国才在《御赐匾额尊经书院纪恩诗二十韵》中，几乎是用诚惶诚恐的笔调记录了当时的情景："讲院尊经辟，于今二十年。东西排学舍，甲乙富陈编。旌节皇华使，衣冠弟子员。选才崇汉制，给俸仿唐贤。敢谓同齐鲁，惟期习诵弦。庇寒千万厦，颁惠九重天。龙轴黄金榜，鸾书翰墨缘。云霞翻四字，日月照全川。玉玺端中押，香炉拜下然。宠荣邀孝秀，砥砺勖丹铅。盛典稽前史，瑶草重列仙。考亭文久宝，岳麓笔犹传。何幸儒风邑，高瞻圣藻悬。岱宗分秀气，洙泗挹灵渊。字水三巴比，星精七曲穿。碧鸡重振响，白凤再联翩。矧以恩纶贲，攸兹石室连。锦江堂洞启，芝殿诏齐宣。章草双钩峙，桐花五色鲜。神京依斗望，多士荫奎躔。"

　　十多年后，锦江书院"大雅修明"匾额已经不知所终，而尊经书院"风同齐鲁"匾额仍然高悬于四川省城高等学堂。在《临江仙·过尊经书院》词中，伍肇龄写道："忆创鸿规民力借，巍巍建阁储经。心期江汉有英灵。博文能约礼，邹鲁绍仪型。"这可以说是对中西文化的激烈碰撞中，尊经书院勉力支撑的极好的总结。

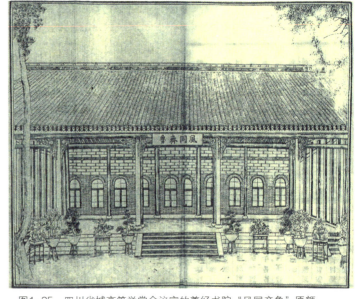

图1-25　四川省城高等学堂会议室的尊经书院"风同齐鲁"匾额

第二章

中西学堂开新意，两院入堂奠业基

图2-1　中西文明的强烈碰撞

1840年的鸦片战争使中国一步步沦为半封建半殖民地社会。晚清洋务运动的改良派以"中学为体，西学为用"作指导思想，"师夷之长技以制夷"作方针，掀起了中国近、现代化的浪潮。在文化教育方面，一大批新派的知识分子开始主张变法自强，提倡办洋务，兴西学。四川虽地处内陆蜀中，也受到了这股风潮的强烈冲击。

新任四川总督鹿传霖

鹿传霖，1836年生于河北定兴县，字润万，一字滋轩。1862年，中进士，授翰林院庶吉士。来四川前，他曾在广西、福建任按察使等职。鹿传霖做官的五十余年，正值清朝末年，贪官污吏满天下。他自幼读书之时起，就知道有诸葛孔明，一心奉为修身立德的榜样。在南阳武侯祠，他题写的"吾师"匾额至今庙堂高挂。因此，他正人先正其身，对于属下严格要求，对贪污受贿者一律黜革，不讲任何情面。在当年给子侄的信中，他曾经严厉批评他们无偿利用族人修建祠堂的行为。有人曾说，鹿传霖要求属下颇严，贪吏却多。这正好说明他敢于揭短，不徇私情，对任何人都不手软。

鹿传霖一生为官清廉，生活节俭。他的后人曾经保留下来一张鹿传霖当年用过的手绢，上边有很深的折皱，可是他仍然坚持使用。他洗脸用的面巾也是他的如夫人亲手用布缝制的。他坚持"每饭一菜一汤"，也没有什么不良嗜好。他每每退朝后，唯手执一卷，危坐竟日。官至极品的他实在是将节俭作为一种习惯。

鹿传霖后来官至军机大臣。史学家胡光麃在《大世纪观变集》中有一副给鹿传霖的挽联："是武侯后身，蜀道讴思韦节度；留文贞故笏，召棠遗爱魏司空。"在这里，他被比作唐朝治理蜀地二十余年的韦皋和三国时辅佐曹操和曹丕的陈群，甚至与诸葛亮和魏征相提并论，的确不同凡响。

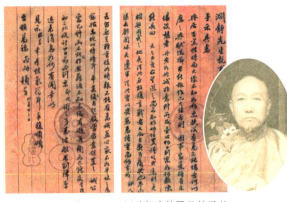

图2-2　四川总督鹿传霖及其手书

他在慈禧太后寿辰日上表中有"举案齐眉"之语，引得太后不快。但是，由于在八国联军入京之时他曾带兵北上勤王，而深受太后器重，此事就不了了之。他因年老听觉不灵而重听。或许是假借重听，他经常在朝廷上直言朝政，而对他人的言论不加理会。

"先上车后买票"

1895年，踌躇满志的鹿传霖就任一品地方大员的四川总督。作为清末洋务派的代表人物之一，鹿传霖一到任，立即任命宋育仁为管辖招商事务的道员，创办了重庆招商局，极大地促进了四川工商业的发展。同时，他赞同停书院、办学堂、颁学制、停科举、设学部等教育改革。于是，他未得清廷批准，决定在省城试办四川中西学堂。

古人藏书往往自用，故常常要晒书以防霉变。民间曾有农历六月初六"晒书节"或"曝书会"的习俗。清代潘弈隽有诗："三伏乘朝爽，闲庭散旧编。如游千载上，与结半生缘。读喜年非耋，题惊岁又迁。呼儿勤检点，家世只青毡。"尤其是在成都这种气候条件下，文化人晒晒书，普通人晒晒被，去除潮湿之气也是极好的。但是，所谓晒书节并非真的晒书。相传清朱彝尊在六月初六露着大肚皮晒太阳，被微服私访的康熙看见。康熙问他为何露着肚皮晒太阳，他说一肚皮的书派不上用场，快发霉了，所以要晒。康熙招朱彝尊进宫，发现他满腹经纶，于是令其撰修《明史》。此后读书人都在这一天晒诗书字画，以示学问高深，因成"晒书节"。

1895农历六月初六刚过，就在六月初八即公历7月29日这天，在成都东门水码头（旧时金河与府河交汇处，主要为炭码头，即今天的东门大桥附近）的铁板桥旁暂借的学堂馆所里，30名年幼聪颖的年轻子弟在英文副教习长德、法文记名副教习恩禧和中文教习林有庆的带领下，开始系统地学习所谓的西文西艺。这群对西学几乎一无所知的学子，

图2-3 曾经的成都东门水码头

迎来了完全不同于传统书院的学习生活。中西学堂的暂借地与明代所称的散花楼相距不太远，此处的散花楼和唐代摩诃池旁与黄鹤楼、岳阳楼、滕王阁几乎齐名的散花楼并不是同一个地方，但至少还是让学子们霑润了一点大诗人李白"今来一登望，如上九天游"的文气。在鹿传霖的指示下，学堂一面派人前往上海，购买各种西洋书籍和实验设备；一面积极筹集款项，购买土地并修建学堂房舍。中西学堂是新生事物，由四川洋务总局主管，于是，他责成四川洋务总局尽快委派人员全面监管学堂建设和发展。

中西学堂正式创办

1895年12月22日，鹿传霖上奏光绪皇帝。他首先陈述了创办四川中西学堂的缘由："讲求西学，兴设学堂，实为今日力图富强之基。川省僻在西南，囿于闻见，尤宜创兴学习，以开风气"。接着，他详细奏报了四川中西学堂师资等办学条件基本到位，房舍正在修建将在8个月内完工，并且已经借馆招收30名学生开始试办的具体情况。最后，他请求光绪皇帝"仰恳天恩敕下总理衙门立案，议定章程，饬行遵照"。

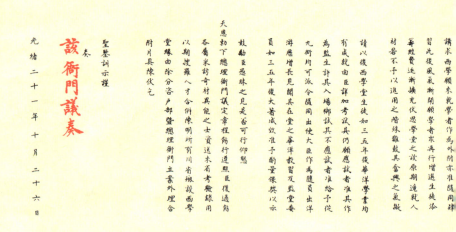

图2-4　1895年四川总督鹿传霖给光绪皇帝奏报四川中西学堂试办情况

奉光绪皇帝特旨和总理各国事务衙门移文，光绪二十二年五月初八（1896年6月18日），四川中西学堂在今成都市三圣祠街附近正式开学了，新校址实际上紧邻以奉祀三国人物刘、关、张而知名的三圣祠大殿。首批在校的内外堂学生48人。他们是内堂英文学长曾纪云、马国桢、李蒟园、陈正贵；内堂英文专业学生肇禄、王作皋、林国华、钱为善、贺秉钧、刘楚卿、朱开府、刘兆元、德禄、文开铸、刘亚元、冯元柱、黄秉中、狄蔚夔、张钧；内堂法文专业学生刘廷栋、李际熙、张义新、陈大猷、徐熙椿、关尚志、赵世荣、任峄、任崧、游汉章、李祖毅、张维垣、炳禄、毛席丰、刘明谕；外堂学生陈海龄、伍鼎、余炳烈、黄循、高寿恺、武尔埔、何鲁、唐济铎、

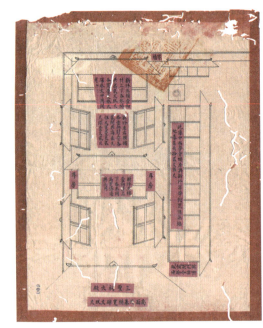

图2-5　中西学堂平面图

再查游永西学共设学堂似为分日乃成当须
之基川省伴在西南固於咨见九益版與学习
以闻风气目前於议震陈陈时梧内素观具
奏在案随即咨请总理衙门遴派熟谙英法语言
文字者各一员咨送来川完富教习益南北
洋谷取学堂应用书籍并委员赴上海洽购各
种洋书以备拣习一面购觅地基建修学堂房
舍惟款项虽繁固筋成数道在於土堂项下先
购买书籍亦陵续运到惟建修学堂约须八日
始可竣工现已先行选择生徒借地开馆肄习
以光聪课当即议立章程遴取年幼聪颖子弟
益派客通西学之员监督学堂聪可督察楷其
文义清通者三十八日於六月初八日开堂教授
兹由京遴派英文副教习长德智作根办体费
习思谙现已随带洋书来川其南北洋谷送及
勤惰虽讲永西法仍以经史之学为本益查有
中江诸生林有庆精於算学因延聘为华文教
并习互相後明期庆有用之书如各属生童有
请求西学愿永就学者作为外附亦雅随同肄
习俾讲找鲤史算法一切有用之村如名属生童亦雅随同肄

图2-6　四川中西学堂内景

李载荣、许文光、段应祥、杨汝霖、谭德浚、何国璜。

　　在四川中西学堂成立之前，国内已有类似的一些新式学堂出现，如湖北自强学堂、天津中西学堂、上海南洋公学等。这些学堂差不多同时成了中国最早一批按照西方高等教育规制，实行分科教学的近现代高等学校。其中，湖北自强学堂是今天的武汉大学的前身，是由尊经书院的创办人张之洞1893年建立的。鹿传霖刚好是张之洞的姐夫，他还专门向张之洞传授十六字为官真诀："启沃君心，恪守臣节，力行新政，不背旧章"。

首任校长何维棣

　　作为四川引进西学的急先锋，四川中西学堂可以说是领文化转型之先，是四川当时唯一的省级新式学堂，也是西南地区最早的近代高等学校之一。作为四川中西学堂继承者的四川大学成为四川古代和近代高等教育的结合点，由此生生不息。

首位管理四川中西学堂委员即四川大学首任校长是由四川洋务总局委派的刚刚年届40的何维棣。何维棣出生于"诗文书画兼工，四代十人盛名"的湖南道州何氏世家，是著名文学家、书画家、教育家、四川学政何绍基的孙子和著名文学家、藏书家、两江总督李星沅的外孙。他的父亲何庆涵和母亲李楣都是非常有名的书画家和文学家。

何维棣曾经集苏东坡的诗句"身行万里半天下，当时四海一子由"以自励。他后来任四川印刷局总办时，因为拒绝四川总督赵尔巽的亲属采买印刷货物虚报款项而自请辞职。光绪初年，他曾经与易实甫、程颂万等人在长沙蜕园组织湘社。他本人也是有名的文学家和书画家，所著有《潜颖文》《潜颖诗》和《煮冰词》等。对于四川中西学堂来说，何维棣最大的贡献在于勤力创办算学馆。即使不再担任学堂管理学堂委员，他依然关心学堂的发展，还打算为学堂推荐优秀师资。1898年在《答李邕轩书》中，他认为四川中西学堂"地杂华离，制犹草创。或当路广开精舍，延访大师"，希望能够"剪烛巴山之雨，寻碑石室之春"。

图2-7　何维棣书画作品

当年，他的祖父在四川学政任上曾经聊发感叹："江山此台高，问坡颖而还，千载读书人几个；蜀中游迹遍，信嘉峨特秀，扁舟载酒我重来。"他对苏轼和苏辙以来四川有多少真正的读书人的疑问，实际上蕴涵着对巴蜀学子的殷殷厚望和激励之情。不知他是否想到，他的后人竟是四川创办新学、作育人才的亲历者和见证者。后来，国立成都高师教授朱青长来到乐山东坡楼。当他读到这副楹联后，另题一联，也算是对何绍基的疑问的回答："杰阁瞰双津，锁领源头，略放余波衍江汉；雄才横百代，扫空千古，长留风月管岷峨。"这或许可称为四川教育史上的"何绍基之问"吧。

新式学堂典范

四川中西学堂以培养"通达时务之才"为目标，初设英文科和法文科，以学习英、法语言文字为主。1897年，四川洋务总局行文确认，在四川中西学堂增设算学馆即算学科。按照今天的说法，四川中西学堂最早的三个专业就是英文、法文和算学。

四川中西学堂按照西方"分科立学"的教学制度，对学生按科类、分程度编班定级。从当时的办学章程和课程设置来看，四川中西学堂实行的是学年学分制。在开设的课程中，学堂大量安排近代自然科学方面的课程，有数学、几何学、平等代数学、平等三角学、平等重学、高等代数学、高等三角学、高等重学、测地学、测天学等10类27门之多。在教学上，中西学堂采用当时流行的赫尔巴特教学法，分科分班授课，要求读满一定的学分才能毕业。

四川中西学堂根据生员入学时的文化程度，分为学长、学生、附学三个层次。学长程度最高，为"资性颖悟，易于造就"的有举人以上功

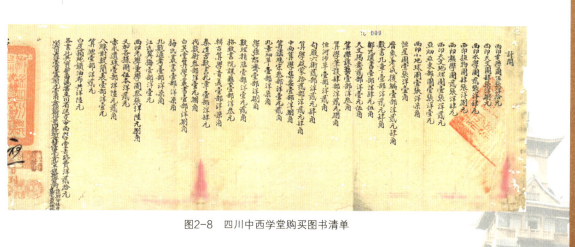

图2-8　四川中西学堂购买图书清单

名的人士。从学生籍贯看，川籍人士占56%，来自直隶、顺天、江苏、浙江、江西、湖南、山西、陕西、河南、湖北、山东等地的学生和旗人子弟占44%。这说明四川中西学堂一开始在教习、生员方面就是面向全国的。

据1902年统计，四川中西学堂收藏中外图书达一万余册。其种类之多，数量之大，品种之齐，堪称当时四川之最。其中藏有大量外文原版自然科学书刊和教本，也收藏了西方资产阶级革命的启蒙读物的原版本和近人中译本。四川中西学堂成为当时中国西部一个重要的外国科技文献和图书的收藏中心。

1900年，四川中西学堂有了第一届毕业学生。学堂规定，考得一半学分者发给三等执照即毕业文凭，考及三分之二学分者发给二等执照，考得六分之五学分者发给头等执照。二、三等执照由四川洋务总局转报四川总督署备案后发给。头等执照则还须呈报四川总督亲自核准。获得二、三等毕业执照的学生，原则上到川内或原籍省、区当中学堂教习，也可自费出洋留学。获得头等执照

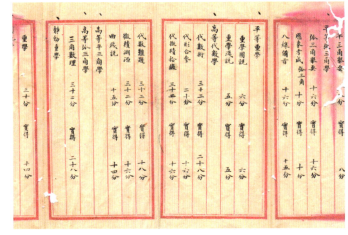

图2-9 四川中西学堂学生1900年成绩单（部分）

者，在经过严格考核后，公费派送出洋留学或授以功名。

1901年，四川总督奎俊从四川中西学堂毕业生中选拔18人，从尊经书院选拔4人，由候补知府李立元带队到日本"国家公学堂肄业"。这是四川学生第一次公派出国。当时规定，留学时间一般为三年。要等前一批学生毕业后，再安排下一批学生出国学习。从选派留学生的生源结构来看，锦江书院无人入选，可见其与西学之差距日盛。留学生回国后，大多从事教育或实业。

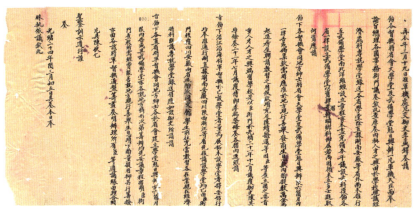
图2-10　清廷军机处以火票形式表彰各省会学堂办学情形

四川中西学堂成立之初，就以先进的课程设置和教学模式成为当时国内新学堂中的佼佼者。两年后，清廷军机处以火票形式，点名表彰了包括四川在内的一些省份，要求各省督抚"已设学堂者量为拓展，未设学堂者择要仿行"。而在1898年谭嗣同等发起、熊希龄任提调的湖南时务学堂，其办学章程即《湖南开办时务学堂大概章程》中，其学制和学生管理条款就明确指出："照四川中西学堂例"。

命运多舛钱为善

原籍江苏的四川中西学堂英文科首届毕业生钱为善，1905年至1910年留学英国伦敦芬炘伯大学电学工科，与房东的女儿阿黛拉·罗比娜·沃伯顿（Adele Robina Warburton）相识相爱。1911年，他们的第一个孩子埃尔西在伦敦出生了。归国后，虽然家人不太满意，但父母还是只好推掉了先前包办的婚约。他被清廷赐进士出身，授翰林院庶吉士，历任四川法政学堂教员、四川都督府实业司技正兼四川电话局局长、北洋政府外交部四川特派交涉员兼第二科科长、四川工业学堂总理等职务。

钱为善曾留下《题芙蓉白猫》等诗，颇有趣旨："秋花石上玉狻猊，金尾鯈鯈敛四蹄。零落旧时宫女扇，扑萤曾见画阑西。"他一共有四个女儿，分别是埃尔西、希尔达、伊莎贝尔和克拉拉。在四女儿出生后不久，他和妻子都染上急病去世。埃尔西和希尔达被送到上海方济会的一个寄宿学校，据传是一个比利时的女传教士收留了她们。伊莎贝尔和克拉拉（中文名钱淑玉和钱淑华）来到湖北宜昌，被钱家参与投资的川江轮船航运公司蜀通轮和蜀亨轮的英国船长蒲兰田收养。

萨缪尔·康奈尔·蒲兰田（Samuel Cornell Plant）不仅是第一个驾驶商业汽轮通过三峡的船长，还在1915年至1920年任中国海关长江上游巡江工司，负责助航设施建设和航道管理。然而两年后，蒲兰田夫妇在返国途中也因病去世。伊莎贝尔和克拉拉回到宜昌，由新西兰籍的传教士玛丽·爱弥利亚·穆尔（Mary Emelia Moore，穆秉谦）抚养。两姐妹都受到良好的教育，结婚生子。伊莎贝尔的丈夫二战期间在重庆任职，后来被派到美国学习海军造船技术，再后来到联合国工作，一家人定居美国。克拉拉和她的医生丈夫在成都则像普通中国人一样平静地生活。

图2-11 蒲兰田赠送给钱氏姐妹的帆船模型至今还保留在新西兰一家博物馆中

图2-12 学校档案中的钱为善

与文正文襄同志

历来地理环境闭塞的四川，办起了得风气之先，与东部沿海京津地区、长江三角洲并驾齐驱的中国最早的高等学校之一。其中很重要的因素是鹿传霖的大力推动。鹿传霖对四川中西学堂关爱有加，他亲自审定了《四川中西学堂章程》二十条，并且对办学有功者和学习有成者予以表彰。针对部分学生出现的不思进取而任意告退状况，他亲自发布《严禁中西学堂学生任意告退示》，明确了管理制度，要求他们谨守堂规，争相奋勉。

然而就在中西学堂创办两年后，鹿传霖因在川藏边区积极推行改土归流遭反对而离开了四川。之后，他再任两江总督、两广总督和军机大臣等职。1901年，他被提升为办理新政的汇统中枢的督办政务处的六名大臣之一，其中包括庆亲王奕劻、李鸿章、昆冈、荣禄和王文韶等人，张之洞和刘坤一为参预大臣。由此可知，鹿传霖在清末洋务派和新政中具有重要的地位。1904年，清廷户部拟设立银行，鹿传霖带头表示入股而出资一万两。1909年，鹿传霖与摄政王载沣同受遗诏，辅佐幼帝，拜体仁阁、东阁大学士，加太子太保衔。1910年，鹿传霖病逝，谥"文端"。在鹿传霖辞世后，清廷表彰他是"一事不苟，一语不欺，公而忘私，始终如一"。上海《神州日报》专门在纪念他的文章中说："自州县以至封疆，咸以勤能廉洁著称。且公虽峻丰裁，而无人诋之者，则其生平无暇可指，概可知矣。"

在鹿传霖病逝后，与张之洞、张百熙等厘定大学堂章程的荣庆送给他的挽联评价到："继忠节壮节家声，允称无愧。与文正文襄同志，胡又云徂。"上联评价的是鹿传霖的政绩，下联则称赞他办新学堪与"文正"（即京师大学堂的创办人，管学大臣孙家鼐）、"文襄"（即张之洞）并列。在某种意义上，这是把四川中西学堂与京师大学堂相类比，同样可以说是对四川中西学堂的极大褒奖。

第一次三强合并

就在四川中西学堂正在走上正轨的时候，1902年和1903年，清政府参照西方标准分别发布了壬寅学制和癸卯学制，开始推行高等教育学制改革。根据1901年11月15日清廷"饬各省速办学堂"的指示，时任四川总督的奎俊积极筹备在成都建立大学堂。

1902年3月，奎俊颁发"四川通省大学堂"关防。4月，他上奏光绪皇帝，请求将四川中西学堂与尊经书院合并，组建四川通省大学堂。他报告清廷："省垣旧有尊经书院，专课经史、策论，由学政选列高等生送院肄业，于中国学问颇有可观。又前督臣鹿传霖任内，创设中西学堂，以算学、英法文分门教授。数年以来，尽有通晓天算及英、法文字语言者。今拟即将尊经书院作为四川省城大学堂，而以中西学堂并入其内，庶中西两种学问均有涉猎。"

接到光绪"著即督饬认真举办，务收实效"的朱批后，四川通省大学堂正式成立。同年12月，四川总督岑春煊转发清廷旨令，规定除京师大学堂外，各省的大学堂一律改称高等学堂。于是，四川通省大学堂于次年1月正式改名为四川省城高等学堂。

1903年2月，署理四川总督岑春煊在奏报清廷后，用饬令的形式照

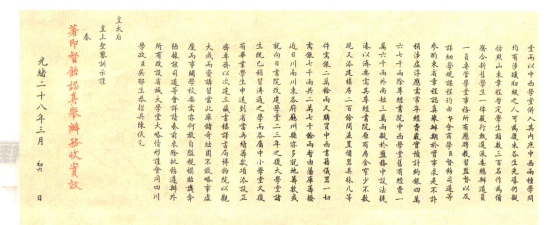

图2-13　四川总督奎俊给光绪皇帝奏报四川大学堂办理情况

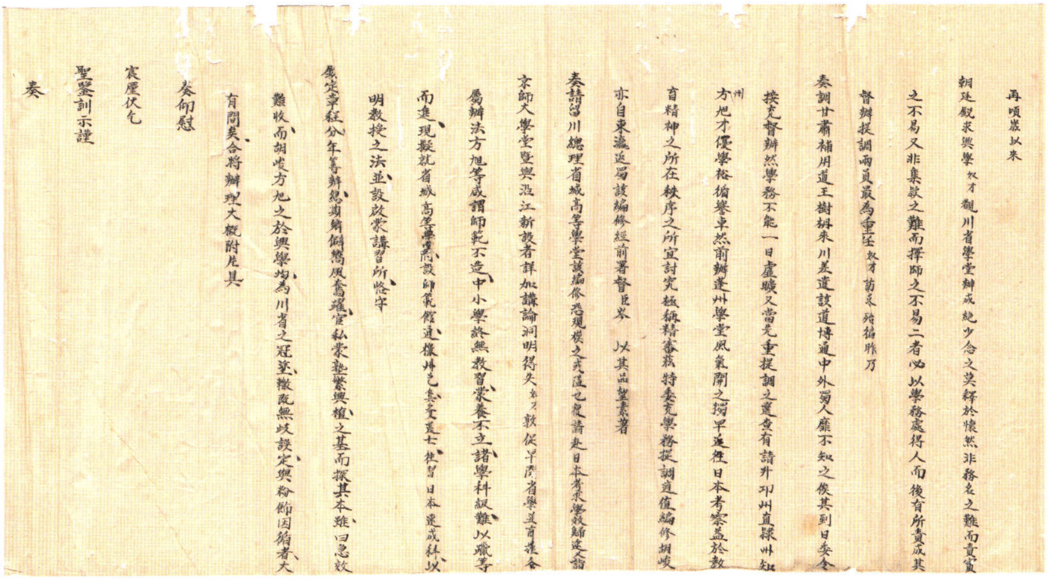
再頃歲以來
朝廷殷求興學奴才覩川省學堂辦成絕少念之莫釋於懷然非務名之難而責實
之不易又非集款之難而擇師之不易二者必以學務處得人而後有所責成其
督辦提調兩員最為重任奴才前承殆循職乃
奏調甘肅補用道王樹枏來川差遣該道博通中外蜀人靡不知之候其到日委令
接充督辦然學務不能一日虛曠又當先重提調之選查有請升邛州直隸州知
州方旭才優學裕循聲卓然前辦達州學堂風氣開之獨早途經日本考察益於教
育精神之所在秩序之所宜討究極稱精審兹特委充學務提調適值編修胡峻
亦自東瀛返蜀該編修經前署督臣岑 以其品望素著
奏請留川總理省城高等學堂該編修恐規模之或隘也復請赴日本考求學校師範之旨
京師大學堂暨興湟江新設者詳加講論洞明得失奴才敦促早歸省學並商催各
屬辦法方旭等咸謂師範不造中小學終無教習蒙養不立諸學科級難以躐等
而進現擬就省城高等學堂内設師範館速撥州邑高足七十生習日本速成科以
明教授之法並設啟蒙講習所恪守
欽定章程分年籌辦總期辦法儲備厰舊躍宜私蒙塾繁興植之基而探其本雖曰急效
難收而胡峻方旭之於興學均為川省之冠冕撤既無歧設定興務飭因循者大
有間矣合將辦理大概附片具
奏仰慰
宸懷伏乞
聖鑒訓示謹
奏

图2-14　四川总督岑春煊给光绪皇帝奏报四川高等学堂办理情况底稿

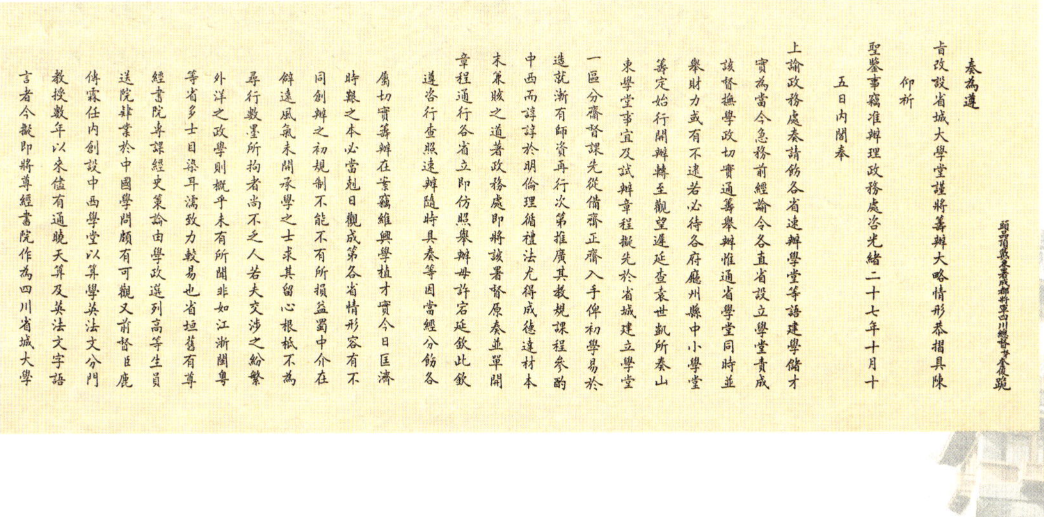
頭品頂戴兼署成都將軍四川總督奎俊跪
奏為遵
旨改設省城大學堂謹將籌辦大略情形恭摺具陳
仰祈
聖鑒事竊准辦理政務處咨光緒二十七年十月十
五日内閣奉
上諭政務處奏請飭各省速辦學堂等語建學儲才
實為當今急務前經諭令各直省設立學堂責成
該督撫學政切實通籌舉辦惟通省學堂同時並
舉財力或有不逮若必待各府廳州縣中小學堂
籌定始行開辦轉至觀望遲延查袁世凱所奏山
東學堂事宜及試辦章程擬先於省城建立學堂
一區分齋督課先從備齋正齋入手俾初學易於
造就漸有師資再行次第推廣其教規課程參酌
中西而諄諄於明倫理循禮法尤得成德達材本
末兼賅之道著政務處即將該署督原奏並單開
章程通行各省立即仿照舉辦毋許宕延欽此欽
遵咨行查照速辦隨時具奏等因當經分飭各
屬切實籌辦在案竊維興學植才實今日匡濟
時艱之本必當剋日觀成第各省情形容有不
同創辦之初規制不能不有所損益蜀中介在
僻遠風氣未開承學之士求其留心根柢不為
尋行數墨所拘者尚不乏人若夫交涉之紛繁
外洋之政學則概乎未有所聞非如江浙閩粵
等省多士目染耳濡致力較易也省垣舊有尊
經書院專課經史策論由學政選列高等生員
送院肄業於中國學問頗有可觀又前督臣鹿
傳霖任內創設中西學堂以算學英法文分門
教授數年以來儘有通曉天算及英法文字語
言者今擬即將尊經書院作為四川省城大學

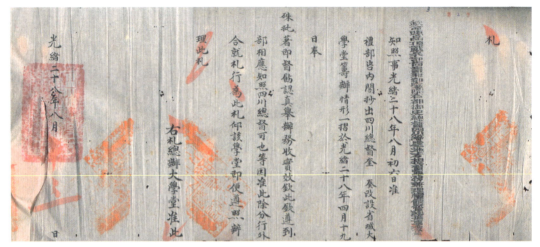

图2-15　四川总督岑春煊转发硃批关于改设省城大学堂筹办情形的奏折

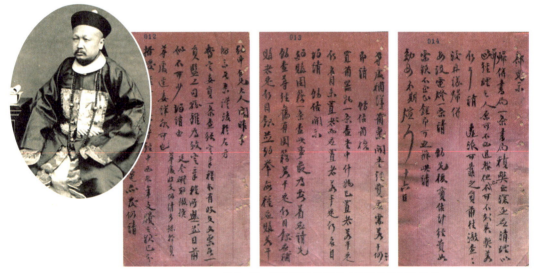

图2-16　岑春煊及给四川中西学堂批示的手书

会四川学务处和四川省城高等学堂："遵改书院为学堂之谕旨，即将锦江书院裁撤，经费田产尽数拨入高等学堂。""住院诸人于五日内即行移寓，不准延留。"岑春煊将锦江书院并入高等学堂后，其原校址由于"房屋基址颇为宏阔，应即改为成都府中学堂"，并亲任校长。这里的成都府中学堂就是今天的成都石室中学的前身。虽然锦江书院的经费、田产和师生尽入四川省城高等学堂即今天的四川大学的前身，成都府中学堂只是在锦江书院的原址上新建的，而锦江书院又是在文翁石室的原址办学，并且四川省城高等学堂附属中学堂后来也并入了成都府中学堂，因而，成都石室中学与文翁石室仍然具有难以割舍的文化联系。至此，四川大学实现了历史上的第一次三强合并，成为当时全川的最高学府和四川新式学堂的范例。

目录方家

翁炯孙虽然只是清末著名政治家、书法艺术家、光绪皇帝的老师翁同龢的侄孙，但两人之间的关系却非同小可。青年时起，翁炯孙就来到北京并长期居住在翁同龢家中，直接侍奉并受业于翁同龢。1894年前后，翁炯孙在北京同文馆学习英语。1896年前后，李鸿章办理中俄等外交事务时，他曾经代为翻译文电。后来，在翁同龢返籍期间，一度代为打理北京的家务。翁同龢曾有律诗《送侄孙炯孙之官四川》，写于1902年2月翁炯孙前往四川赴任四川洋务总局并办理四川通省大学堂之际。其一："少小常怜汝，分飞忽一天。目穷汉阳树，梦系峡江船。形势荆襄控，风云卫藏连。图经勤揽取，余事慎餐眠。"其二："旧学皆新法，民生即利源。艰难通百产，忠信结诸蕃。事事当从实，言言悉有根。此邦系天下，纤屑待平论。"其三："凄恻吾家事，萧条乐志堂。穷儒嗟薄禄，盛集闷幽光。幸汝能传业，他时好显扬。一钱不妄取，彝训是官常。"

翁炯孙是中国近现代有名的目录学家。在目录学领域，他的代表作是《樵孙尔雅检字叙》一卷，现存民国抄本。他对《四库全书简明目录》的校订工作，则更好地体现了他精当的目录学功底力。在翁同龢的指导下，1891年2月，年仅20岁的翁炯孙一边准备科举考试，一边完成了对清代著名学者朱学勤（字修伯）撰写《四库全书简明目录》的校订工作。

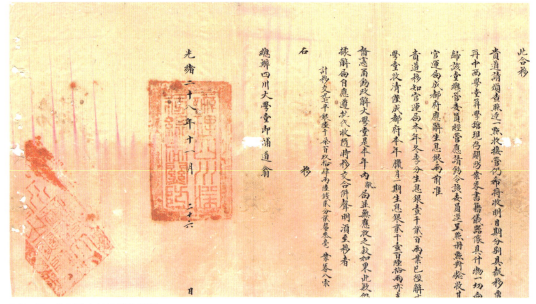

图2-17　翁炯孙在校时期的档案

有趣的是，翁炯孙是燕谷老人（张鸿）著《续孽海花》第五十六回"玉镜画眉沈北山难逃天壤，木天断指龚樵孙坚阻上书人"中的龚樵孙的原型。由于戊戌事变，力主变法图存的翁同龢当时已经罢官回籍。因为有"戊戌六君子"事件在前，翁同龢怜悯人才，于是就让在北京操持家务的翁炯孙前去阻止沈北山即沈鹏上奏朝廷要求改革朝政、弹劾荣禄（华福）、刚毅（耿义）和李莲英（皮小连）的奏折。两人虽为友朋，却大打出手。小说固然夸张，但确实表现了翁炯孙爱友之心甚切。其实，翁炯孙并非贪生怕死之辈。辛亥革命时期，他曾经受江苏都督程德全的委派回到家乡，亲自促成了江苏常

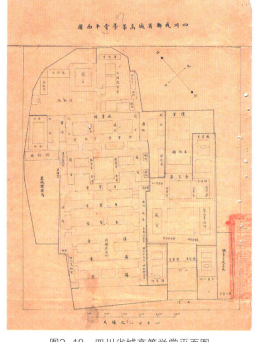

图2-18　四川省城高等学堂平面图

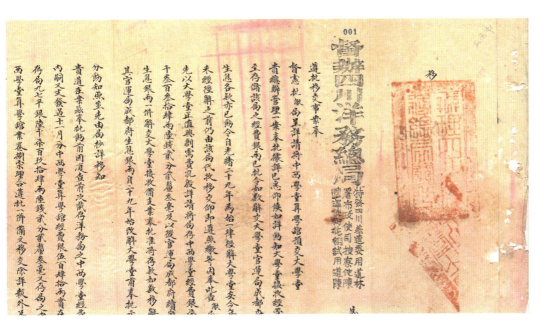

熟、昭文两县独立。1918年，他曾经担任安徽省旌德县知事。

　　1902年3月，四川总督奎俊颁发"四川通省大学堂"关防，任职于四川洋务总局的翁炯孙受命担任四川通省大学堂总办。在担任四川通省大学堂总办即四川大学校长期间，在两任四川总督奎俊和岑春煊的直接支持和领导下，翁炯孙顺利地完成了四川中西学堂和尊经书院的合并以及接收锦江书院的工作，通过明确经费、完善校舍、建立制度等一系列建设措施，为继任校长、翰林院编修、四川省城高等学堂首任总理胡峻奠定了良好的发展基础。1902年12月，蜀中名士胡峻就任校长，翁炯孙完成了他在四川大学的历史使命。

张澜见证两院入堂

　　后担任中央人民政府副主席、全国人大常委会副委员长、全国政协副主席的张澜正好在这样一个转折时期进入了尊经书院学习。1902年，虽然年届而立之年，张澜却抱定"为天地立心，为生民立命"的夙愿，来到当时四川维新变法的重镇尊经书院。在此之前，张澜一直在家乡私馆教书。由于他锐意改革，教学有方，所教学生的成绩迅速提高，思维能力亦不断增强，因而名誉大噪。当时，他不仅受到四邻乡人的称赞，而且还得到顺庆府教谕兼南充县教谕骆文廷的赏识。于是，他被推选到尊经书院学习。

图2-19 出国留学前的张澜（后排右一）

在这里，他正好见证了锦江书院、尊经书院和四川中西学堂的合并，和四川大学一起翻开了两院入堂的新篇章。在校期间，为"拯斯民于水火，扶大厦之将倾"，他关心国事，饱览一切新生事物，如饥似渴地学习一切新的知识。一次讨论到《辛丑条约》时，许多同学声泪俱下。张澜奋而起立，慷慨陈词。他说，哭有何益，当努力学习，"国强才免于受辱。"1903年，他因为成绩优异被学校派往日本东京弘文书院速成师范科学习。他立下"学习欧日以强国"的远大志向，要用自己的真才实学，更好地报效祖国和人民。

对于张澜来说，在成都的学习生涯具有十分重要的历史意义。因为，这里是他摈弃旧观念、追求新知识的新起点，也是他东渡扶桑、寻找新道路的中转站。1926年，张澜回校担任了四川大学前身之一的国立成都大学的校长，这里成为了他为国家培植人才、实现教育救国理想的试验田。

擦肩而过的"怪才"

翁炯孙的大学堂总办职位是前任奎俊安排的，岑春煊更属意的是于式枚来领衔四川通省大学堂。此时的于式枚正以五品京堂，充任政务处帮提调、京师大学堂总办、译学馆监督，办学经验非常丰富。于式枚（1853-1916），字晦若，四川营山人，祖籍广西贺州，历任广东提学使、广西铁路公司总理、出使考察宪政大臣、邮传部侍郎、礼部侍郎、学部侍郎、修订法律大臣、国史馆副总裁、纂修清史稿总阅等职。

于式枚曾被认为是有名的"怪才"。说他怪，因为他见人的时候一定要作揖，先合两掌，由顶至踵，成半月形。说他有才，因为他精通文史，擅长儒术，懂若干门外语。张之洞称他"堪大用"，徐世昌夸他"博极群书"，他还做过袁世凯的老师。在李鸿章幕府多年，他居然有自己的专属小厨房，不知是不是专门请的川菜师傅。在四川营山，至今流传着因于式枚的劝和而成"六尺巷"的佳话美谈。营山县城禹王宫是湖广籍人的会馆，与于氏宗祠仅一墙之隔，双方为争一墙之地，互不相让，差点造成群体事件。于式枚修书一封，以"千封书信为堵墙，让他三尺又何妨。万里长城今犹在，不见当年秦始皇"相劝。于是，大家各自退后三尺，从而和平共处。

要做四川大学堂的总理和总教习，于式枚的资历当然绰绰有余。另外，于式枚虽为四川营山人，祖籍却是广西贺州，与岑春煊算是老乡。郭沫若夫人于立群的父亲于孝侯被于式枚收为继子，于立群的母亲是岑春煊的女儿。所以，于式枚和岑春煊还是儿女亲家。岑春煊专门上奏清廷，请派于式枚返川任职。但是，他的请求并未得到应允，四川大学因而与一代"怪才"擦肩而过。

图2-20　于士枚

首任总理

等来等去，于式枚无法到任，大学堂也改成了高等学堂。于是，岑春煊三次登门，请蜀中名士胡峻出任高等学堂第一任校长，而当时校长称之为总理。胡峻为岑春煊的真情所打动，慨然答应。四川省城高等学堂第一任总理胡峻，字雨岚，是进士出身、翰林院编修和学部二等咨议官。他著有诗文和日记数十册，总编为《苍霞阁日记》。他把教育与国家治乱兴亡联系起来，提出"一国之治乱，系乎人才之盛衰，而人才之盛衰，视乎国家之教育"，实行了"仰副国家，造就通才"的教育方针。胡峻不仅对四川省城高等学堂倾注心力，还积极致力于振兴四川教育、经济和社会发展。他1906年任四川学务公所议长，1907年任川汉铁路有限公司副总理，1908年任驻川铁路总理。1909年2月，他因咯血不止

图2-21　胡峻及其书法

而病逝成都，年仅四十岁。临终之时，胡峻平静地对家人说："室有藏书，可遗弟子；家无积财，不负川人。"

为了办好高等学堂，1903年，四川总督岑春煊派四川省城高等学堂总理胡峻为考察日本学制游历官，率王章祜等人东渡日本考察学务。胡峻等在日本游历四个多月，除了全面考察日本的教育行政、学制规则和学科章程外，也详细了解了日本的国力、民情，同时还为学堂聘请了部分日本教习，购买来一批图书和仪器。回国后，他又考察了北京大学的前身京师大学堂。四川省城高等学堂既借鉴了国外教育的先进经验，又参考了国内最高学府的办学设施，成为当时国内最好的省级高等学堂之

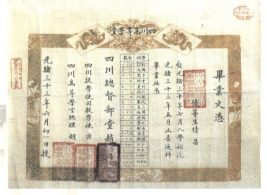
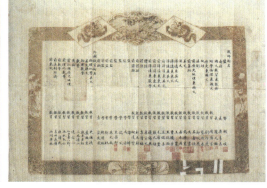

图2-22　1907年的四川高等学堂文凭

一。1905年，他前往美国考察铁路建设，也同时考察了美国教育的发展，并且在回国途经日本时加入了同盟会。

正由于有胡峻这样的当家人，四川省城高等学堂在管理体制、人才培养等方面，充分体现了锐意革新的精神。四川省城高等学堂仿京师大学堂成例，是中西结合、文理兼备的近代综合性的高等学校。其诞生标志着传统的古代书院和作为四川近代高等教育代表的四川中西学堂，逐步向比较完善的近代高等教育的过渡和完善。

学堂的正科是主体，细分为正科一部包括经学、政法、文学、商科；正科二部包括格致、工科、农科；正科三部包括医学。学制都是四年。由于条件限制，医科虽有设置计划，但未能正式开办。四川省城高等学堂课程兼习中学和西学，既有人伦道德、经学大义、中国文学、中国历史，也讲授外国历史、外国政治地理、英语、法语、心理学、法学、理财学、兵学、体操、测量等西式学科。

贵州第一位留美学生

图2-23　许先甲

许先甲，字肇南，号石楠，多以字行，贵州贵阳人。1903年，17岁的许先甲进入四川省城高等学堂，在校期间加入同盟会，是一位具有爱国情怀的科学家、教育家、实业家、文字学家和诗人。1906年，许先甲赴日本留学，两年后转入美国伊利诺大学机械工程系学习，是贵州第一位留美学生。1910年回国后，他考取第二届清华大学公费生，再次赴美国，入威斯康星大学专攻电机工程，获理学士及电汽工程师学位。在美留学期间，他被举为中国留美学生会会长，和胡适、任鸿隽等共同发起成立中国科学社和中国工程师学会。威斯康星大学毕业后，他入哈佛大学学习工业经济和经营管理。1914年，许先甲回国，北洋政府农商总办、全国水利局总裁张謇等创立南京河海工程专门学校（今河海大学），被聘为首任校长，成为中国现代水电工程高等教育的先驱。1915年任南京河海工程专门学校校主任，创建南京下关灯厂，任厂长。1919年"五四"学生爱国运动爆发，他被推为南京学界联合会临时主席。1921年他任鄱东煤矿矿长，后赴广东任国立高等师范学校教授，兼任广东省长廖仲恺的秘书。北伐军入武汉后，他在宜昌海关监督署任监督。此后，他开始钻研中国古文字学，著有《家学古获编》《客敦》《古籀统系论》《继志述事》《札探古董》等。中华人民共和国成立后，许先甲任上海市文史馆馆员，1960年12月26日病逝于上海。他曾写下《六七初度自颂》："瀛海三千界，家山几万重。首搔新岁白，血是少年红。泮涣孤雏泪，明从国士风。寸心输寸草，敢尚论玄同。"在复杂的情绪中，他表达了暮年而少有的自信和激情。

名落孙山

　　"名落孙山"的成语人尽皆知，但或许大家不知道四川大学历史上的"名落孙山"。1905年初，孙中山先生从伦敦坐轮船来到比利时宣传革命，前来迎接的川籍留学生代表是孔庆睿。当时，他写信给朋友说自己"名落孙山"，大家都知道他已经跟随孙中山先生了。孔庆睿，字韦虎，孔子第七十三代孙，是著名围棋国手孔祥明的祖父。1913年，他担任了四川大学前身之一的四川官立高等学校代理校长。孔庆睿早年留学欧洲，毕业于比利时国武备大学。他在巴黎参加兴中会，为国民党左翼人士，辛亥革命时曾是熊克武任司令的蜀军第一团团长。他曾任黄埔军校第三期上校工兵教官、第四期编译处处长、办公厅主任，后任中央大学教授。

图2-24　孔庆睿和他曾经工作的黄埔军校办公厅

图2-25　卢师谛

除了孔庆睿和同在临时大总统府担任秘书的任鸿隽、吴玉章等人之外，四川大学校友中"名落孙山"者众，其中还有巴蜀辛亥革命元勋、积极参与护国和护法运动并参加北伐的卢师谛。卢师谛，字心臣，号真轩，又号锡卿。1905年，卢师谛进入四川省城高等学堂。他与同学刘公潜、张夷伯、黄至祥等入同盟会，参与1907年成都起义。起义失败后，主要领导人谢持逃往陕西，事急未能通知家中。卢师谛步行数百里赶往富顺看望谢持父母，并给予经济资助。1910年，卢师谛从四川高等学堂毕业后，积极联络革命党人，参与保路运动。1911年，他策划组织川东军政府和云阳军政府，任蜀军军政府梯团长。1912年，成都和重庆两地军政府合并，他任川军第五师团长。二次革命失败后，卢师谛流亡日本，在东京拜谒孙中山先生，加入中华革命党。1915年，孙中山委任他为四川中华革命党司令长官，负责四川全省武装斗争。1916年后，卢师谛任四川护国军第四师师长、中华民国军政府四川国民军（四川军靖国联军）副司令、川滇黔靖国联军援鄂第一路军副总司令、元帅府禁烟会办、建国第三军北伐右翼总指挥、建国第三军军长、国民政府军事委员会委员等职。1927年，四川大学校友、四川地区马克思主义先驱杨闇公被四川军阀逮捕后，卢师谛多方营救未果。1930年，卢师谛病逝于上海寓中，被追赠为陆军上将。

体育学堂朱德

四川省城高等学堂根据社会发展的需要附设了体育学堂、铁路学堂等若干专门学堂。其中，体育学堂为培养中小学体育教师而设，是在强身健体才能强国的思想下于1906年开办的。胡峻亲自拟订了《体育学堂简章》13条，他在给四川总督部堂的函中强调"教育以德智为重，而健康以体育为先，盖身强乃能强国"，"体育一科非专立学校，无以开风气"。四川全省学务处进一步强调了体育学堂的办学目的，"其功用非直强健身体而止，实足以训成完固精神"。

体育学堂作为高等学堂的组成部分，"本堂通行规则一律遵守"。体育学堂的学生分本科、附学和附操。学生毕业时，学堂专门请来外校教师进行测试。本科学生毕业实验未完成、毕业实验不合格或不参加毕业实验均不能发给毕业凭证。

体育学堂最为有名的学生就是共和国元帅朱德。1907年初，年已20岁的朱德从穷乡僻壤的仪陇县马鞍场，步行来到成都，以"朱建德"的名字投考了四川省城高等学堂附设体育学堂。他本来想报考四川武备学堂，但是由于家人反对而放弃。最后，朱德被录取为四川省城高等学堂体育科甲班学生。

在离别顺庆府中学堂时，朱德曾经留下了这样的诗句赠予同窗好友："骊歌一曲思无穷，今古兴亡忆记中。污吏岂知清似水，书生便应气如虹。恨他狼虎贪心黑，叹我河山泣泪红。祖国安危人有责，冲天壮志付飞鹏。"来到四川省城高等学堂学习后，青年朱德进入了一个崭新的世界，一个与仪陇县和顺庆府完全不同的世界。

经过两个学期的学习，朱德于1908年1月在四川省城高等学堂顺利毕业。在本科班52名同学中，他名列第10名。在他第二学期的学习成绩中心理98，算术90，教练92，器械100，平均成绩82。从学习成绩来看，他的各门功课都学得相当不错。考试成绩最低的是品行课程，只有65分。作为一个现实的民主主义者和未来的共产主义者，在当时的教育制度下，他得到这样的品行成绩也不足为怪。

图2-26　少年朱德和朱德在校学习成绩单

　　朱德自以为"虽是一个循规蹈矩的学生，但不久对国事比对正规课程还有兴趣"，"尤其喜欢听戴假辫子的教师提倡'自由平等'、批评旧制度的讲课"。朱德在学校注意到的第一件大事，是有些留学回来的教师把长辫子剪掉了。他说："我对于那些人十分崇拜，那些人是革命的。我对于一切革命的事物都很羡慕。"他回忆，在当时的四川省城高等学堂，教师中不仅有很多"蜀学宿儒"，有不少海归的新派人物，还有许多来自日本和美国等国的外籍教师。这些海归教师和洋教师，不但教授外国语言文学、近代自然科学以及西洋兵式队列和体操，还借讲课传播西方近代资产阶级革命的启蒙思潮，介绍《天演论》《原富》《忏悔录》等著作。学校图书馆是当时中国西部地区最大的外文文献中心，藏书逾万册。图书馆和上课的教室里都悬挂着大幅彩色的世界地图，有的地方还摆放着地球仪。这些都使朱德大开眼界，发现世界如此之大，新鲜事物如此之多。朱德兴趣最浓的是教室里挂着的几张外国陆战和海战的彩色图。以至几十年后，在向美国友人史沫特莱女士回忆起这些情况时，他甚至还能精确地讲述这些地图的某些细节。

　　朱德求学期间，强烈感觉到同盟会在学校的存在，秘密阅读别人塞到他枕下的同盟机关刊物《民报》，接触到孙中山的"三民主义与中国命运"学说，接受了民主革命思潮的影响。他曾把一份《民报》一读再读。这份小报抨击了立宪君主派，认为所谓新的改革是"企图维护腐败朝廷的欺骗行为"。他急于参加同盟会，却一时没有找到合适的介绍人。

　　在纪念朱德诞辰130周年的讲话中，习近平同志指出："朱德同志就是这些共产党人

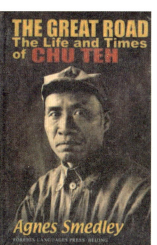 

图2-27　朱德回忆录《伟大的道路》书影

中的杰出代表，是我国民族英雄璀璨群星中的一颗巨星。朱德同志在毕生奋斗中表现出来的思想品德和精神风范，是党和人民的宝贵精神财富。"朱德曾经对史沫特莱说，他在成都的学习经历是"走向革命之路的起点"，四川大学在朱德的一生中留下了不可磨灭的历史印迹。

开办铁路学堂

　　1904年，四川总督锡良筹办川汉铁路公司，在岳府街挂出了官办川汉铁路公司的牌子，请胡峻任驻川总理。由于建设川汉铁路的需要，由胡峻提议，川汉铁路公司出资设立了铁路学堂，主要培养铁路建设的工长、技术员和工人。铁路学堂最早附设在高等学堂，胡峻亲自兼任铁路学堂总理。

　　著名英籍华裔女作家、社会活动家韩素英本名周光瑚，1940年曾在成都华西坝进益产科学校做助产士。1987年9月14日，韩素音来华西医科大学参观并签名留念。她的父亲周映彤，留学时用名周炜，是成都郫县人，也是中国早期的路矿专家。但是，很多人不知道，正是因为修建川汉铁路的缘故，1903年夏天，他被正在筹办铁路学堂的胡骏派往比利时留学，专门学习铁路建设。周映彤在一个早上幸运地与美丽的玛格丽特一见钟情，"她站在那里，站在鹅卵石铺的地面上，阳光正好从她那金红色的头发上反射出来，她浓密的头发就像奔流的长江水一样"。他们的爱情遭到贵族家庭的强烈反对，父母把玛格丽特锁在家里，她踢坏了紧锁的大门，勇敢地与周映彤走到了一起。

　　1906年3月，清政府屈服于

图2-28　川省川汉铁路同志研究会成立

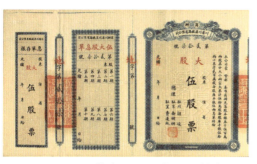

图2-29　川汉铁路股票上胡峻是川汉铁路
　　　　有限公司驻川总理

图2-30　韩素音和父亲周映彤以及韩素音访问华西医
　　　　科大学签名

列强的压力，不断放出川汉铁路将由官绅合办改为官办的风声，使社会各界和学堂师生特别是铁路学堂的学生尤为敏感，时常有抨击当局卖国行径的"越轨"言论。1907年6月，四川总督赵尔巽张榜告示，下令"学生不准干预路政"，更激起许多师生的极大愤怒，从而埋下了作为辛亥革命导火线的1911年四川保路运动的火种。

免费教育的半日学堂

除了体育学堂和铁路学堂之外，学堂还设置有速成师范科、优级师范科、普通科即预科、测绘学堂、半日学堂、附设中学堂等。其中，半日学堂是面向低层社会的完全义务性质的贫民学堂，创办于1905年8月，设在高等学堂墙外的梓桐宫右侧。学程一年，除法定假日外，每天分上午和下午上课，所以称为半日学堂。

学堂简章规定，年龄20岁以下，有志于学者，由亲属具结，即可入学。由于是以"教育贫苦子弟，使有生活必须之知识"为目的，开设的课程无论是做手工，还是做买卖都用得着的，而且是完全免费的成人教育，半日学堂也很受普通百姓的欢迎。半日学堂开设《珠算》《簿记》等课程，是四川大学商学课程教学之始。

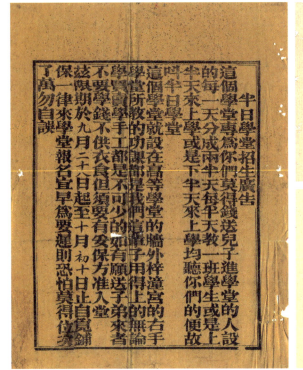

图2-31　半日学堂招生广告和课程设置

郭沫若和他的同学们

　　1908年，四川省城高等学堂开办了附属中学堂。1910年，该校改称分设中学，1912年停办后学生改入成都府中学堂。该校的主要目的是为高等学堂提供学生来源，着重在修身、读经、讲经、国文等课程。在这所附属中学堂，涌现了一批杰出的人物。其中最为有名的当属郭沫若。他在自传《少年时代》里曾经说到："王光祈、魏嗣銮、李劼人、周太玄诸人都是我们当时的同学，前三位是丙班的同班，在当时都要算是同学中的佼佼者。"在书中，他回忆与同学们一起登望江楼远眺，临武侯祠扼腕，沿浣花溪咏怀，赴草堂寺明志的种种情景。

　　1910年在家乡被嘉定中学斥退后，郭沫若来到成都，顺利通过国文题《士先气质而后文艺》的测试，考入四川省城高等学堂分设中学堂，

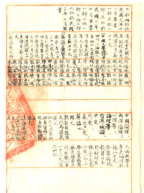

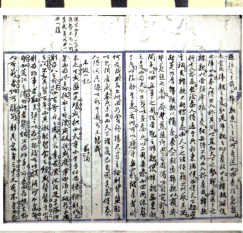

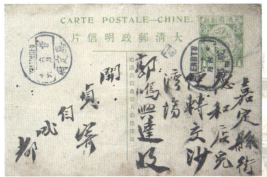

图2-32　郭沫若（二排右图左二，下排左图左四）与同学们以及在校名册（三排左图）、写给家里的明信片（下排右图）和作业本

在校用名郭开贞。1913年2月，他没有听从曾在四川法政学堂执教的长兄郭开文报考法政学堂的建议，执意考入了四川省城高等学堂正科二部九班学习。后来，他离校先赴天津，后赴日留学。在日本，他弃医从文，与成仿吾、郁达夫等组织"创造社"，积极从事新文学运动。1926年他参加北伐，任国民革命军政治部副主任，此后又参加了南昌起义。1937年抗日战争爆发后，他从日本回国，团结进步文化人士从事抗日救亡运动和民主运动。中华人民共和国成立后，历任政务院副总理兼文化教育委员会主任、中国科学院院长、中国科学技术大学校长、全国人大常委会副委员长等职。他著有《中国古代社会研究》《甲骨文字研究》等重要学术著作。诗歌《女神》开拓了中国文学史新一代诗风，是当代最优秀的革命浪漫主义诗作。郭沫若全部作品编成《郭沫若全集》38卷，堪称中国现代文坛的巨擘。

王光祈是著名的音乐学家和历史学家。1914年，他从四川省城高等学堂考入中国大学攻读法律，同时任职于清史馆，并先后担任成都《四川群报》（后改名为《川报》）驻京记者和北京《京华日报》编辑。1919年5月4日，他将有关情况迅速用专电发回成都，推动了"五四运动"在四川地区的蓬勃开展。同年，他与李大钊等创办少年中国学会，被推选为执行部主任，先后推荐毛泽东、赵世炎、张闻天、恽代英等入会。1920年赴德国研习政治经济学，1923年转学音乐，1927年入柏林大学专攻音乐学，1934年以《论中国古典歌剧》一文获波恩大学博士学位。其代表作有《东方民族之音乐》《欧洲音乐进化论》等。

魏嗣銮即魏时珍是著名的数学家。1912年，他由四川高等学堂考入上海同济医工学院，曾参与创办少年中国学会。1920年，赴法国和德国留学。1924年，获德国哥廷

图2-33 魏时珍和当年爱因斯坦赠送给他的照片

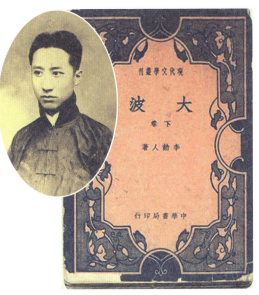

图2-34　李劼人和他的《大波》书影

根大学博士学位，是中国人第一个在哥廷根大学获得的最高荣誉，是四川最早的数学博士。1921年，他与爱因斯坦讨论相对论，是最早向国内介绍相对论的学者之一。1926年回国后，任国立同济大学和国立四川大学理学院院长。1939年创办川康农工学院，后改国立成都理学院，1950年并入四川大学。

李劼人是中国现代具有世界影响的文学大师、文学翻译家、社会活动家、实业家。1912年，在四川省城高等学堂时，他发表处女作白话文小说《游园会》，比鲁迅的《狂人日记》早三年，比陈衡哲的《一日》早两年。他1919年赴法国留学，1924年先任《川报》主编，后任国立成都大学教授。"五四"时期，在成都办报纸并组织少年中国学会成都分会，鼓吹新文化，宣传救国理想。1937年，他完成的"大河三部曲"《死水微澜》《暴风雨前》《大波》，从社会风俗史的角度，以辛亥革命前后的成都为背景，记录了百年前巨变的时代。郭沫若称"大河三部曲"为"小说的近代《华阳国志》"，赞誉李劼人是"中国的左拉"。建国后，他曾任成都市副市长。

日本教育的影响

胡峻等人东渡日本考察学务后较多地学习和借鉴了日本高等教育的办学模式和教学经验，加之留学日本归国者在各学堂任教和在四川的日本教习数量较多，当时的四川教育界受到了日本教育的较大影响。四川省城高等学堂是国内亲自到国外聘请外籍教师最早的学校之一。清末在四川的外籍教师姓名可考者有88名，日本教习就有79名之多。截止

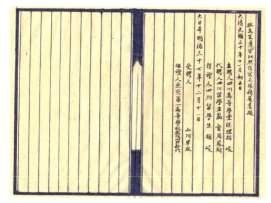

图2-35　日本教习山川早水聘书

1913年，高等学堂就聘任过28名外籍教师，其中16人为日本教习。

四川省城高等学堂对学生非常优待。从预科起，每学期对每个学员的课本、教本、草写本、纸、笔、墨等用具以及有帽顶的遮阳帽、青布马褂、蓝白两套夹单、操衣、青布靴子等服装，都由学堂制备供给。伙食每人吃一钱银子一天，午晚都是六菜一汤，学生的床帐、床单也是学堂供给。当然，学

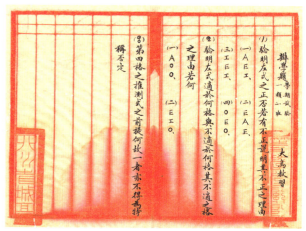

图2-36　日本教习大岛居弃三《辩学（逻辑学）》考试题

堂对待学生的要求非常严格，规定堂内师生员工，严禁吸食鸦片；学生衣服禁用绸缎，务必崇尚质朴，不得好为新异；学生随时随地见校长、教师、监学及堂中各员，都要立正致敬。这些规定体现出学堂求实、朴素、勤勉、敬德的良好风气。

在师资方面，学堂中有不少当时名闻四川乃至全国的知名学者，如谢无量、徐炯、刘咸荥、杨沧白、廖学章等人。由于所设科目多属新学范围，教师中的外籍人士占了很大的比例。1902年，外籍教师约占50%左右。

外教那爱德

在四川省城高等学堂中，有一位美国教师名叫路德·那爱德。1879年出生于美国爱荷华州的那爱德，1902年在美国西北大学获化学和矿物学两个学士学位，1906年在霍普金斯大学获理科硕士学位。据说他曾经是一名杰出的运动员，还保持过田径方面的世界纪录。来中国之前，他曾经担任罗斯科技大学和伊利诺州立大学的教师，还是学校田径队和棒球队的年轻教练。

1910年6月，上一年刚刚卸任四川通省工业学堂监督的任传榜正在美国名校伊利诺州立大学学习铁路管理，后来他担任了京绥铁路局局长、沪宁沪杭甬铁路管理局局长。作为主聘代理人，他与那爱德在伊利诺州立大学签署了《大清国四川省高等学堂总理与美国那爱德君订立合同》。当年9月，那爱德来到成都，在四川省城高等学堂先后教授化学、数学、地质和矿物学等课程，担任过地矿部主任。

在给姐姐的信中，他说："我还是个小孩子的时候，总是梦想着两件事：一是到中国的长城拣一块石头，另一个是到胡夫金字塔拣一块石头。我从上海出发沿扬子江溯源而上，到四川成都约2000英里。成都有80万人，那儿有很多美国人。当然，我会随时写信，把沿途的所见所闻告诉你。"

那爱德每周授课24学时，月薪为360元。他虽然自称经常被雇用的厨师"敲棒棒"，一天所有的生活费约为0.6元，而当时成都一个普通家庭一个月的生活费只要1元就够了。按照他的说法，他"在这里过得很好"，"有许多我从前根本想象不到的机会"。他在给姐姐的信中，还流露出或许在这里结婚生子的打算。

初到成都的那爱德，除了上课，他用自己的眼睛和心爱的相机，花了大量的时间来了解这个城市和人民。半年以后，他甚至总结出一些在成都生活的门道。他的教学是极其认真的，同学们也很喜欢他。他还经常带学生外出实地考察，也随时带着他的照相机。在川期间，那爱德利

图2-37　那爱德（左上图）和他镜头中的四川省城高等学堂

用假期对四川北部和西部进行地质勘探，拍回了许多地质地貌照片。1913年4月，由于带学生外出在彭县白水河铜矿冶炼厂参观实习，他不幸染上伤寒。5天后，年仅34岁的那爱德因公殉职，安葬在成都东门外南台寺墓地即华西协合大学后坝洋坟一处。当时的校长骆成骧专门发布了关于那爱德病故的文告。后来，一家英文报纸刊登了那爱德的死讯。报纸对他的评价是："成都以其公立学堂中聘请有高素质的外籍教师而闻名。这些外籍教师中许多人都有崇高的理想，那爱德先生便是其中之一。"

1991年，那爱德的后人来约翰来到四川大学任教。他说，"我在四川大学任教期间，很快就对四川纯朴的百姓产生了真挚的爱。尽管成都并不总是出太阳，但是人们温暖的心足以弥补日照的不足。我深信，那爱德也同样对四川的百姓怀有深情的爱。我感到我和中国的这片土地有缘份。"2000年，来约翰偶然得到了他的曾叔祖父在中国拍摄的290多张玻璃底片和170多张赛璐珞醋酸胶片。这些照片形象地记录了清末民初中国西部社会的变革。九十多年后，其中的部分作品在中国巡展并且以《回眸历史——20世纪初一个美国人镜头中的成都》的书名在中国出版，并且在四川大学校史展览馆建有专题展览室。

对于外籍教师，学校的管理是严格的。日文教习山川早水是日本熊本县人，在东京二松学舍毕业，1904年12月与四川省城高等学堂签订合同，1905年4月到校，1906年5月解聘。他就是违反了学校与他签订的合同而被解聘的，具体原因在档案中语焉不详。从山川早水在极短的时间内游历四川多处名山大川来看，他很可能由于旅游而耽误了教学活动才被校方解聘。山川早水《巴蜀》记载了他在中国的主要经历和四川的风土人情，该书由日本东京成文馆在1909年出版。其中文译本由四川人民出版社2005年出版。

四川学务处

正由于四川省城高等学堂在四川教育中的龙头地位，学堂一度受权代行四川全省教育主管部门的职能，统一"督办全川学务"。负责包括对外交流和留学生事务的四川学务处（学务公所，类似于今天的四川省教育厅），就设在四川省城高等学堂内，由四川省城高等学堂总理兼任四川学务公所的议长。

1906年，胡峻担任全省学务公所议长，主持全省教育发展事宜。在他的建议下，新任总督锡良又选送大批学生出国深造留学。1906年，四川留学生占全国留学生总数的1/10，出国人数直逼京津、江浙

图2-38　四川省城高等学堂学习生活

图2-39 设在高等学堂的四川学务处

和两广，其中留日学生约800人，掀起了四川近代出国留学的第一次高潮。1909年，四川省的新式学堂数和学生人数均名列全国第一。当时，四川的新式学堂较多，包括高等学堂、实业学堂、师范学堂、军事学堂和中小学堂等类型。当然以四川省城高等学堂办学水平为最高，招收学生也较多，是四川新式学堂的主要代表和中坚力量。所以，几乎四川所有的新式学堂都仿四川省城高等学堂（实际上主要延续了四川中西学堂）的成例，实行了较为规范和严格的组织管理。

第三章

道一风同为协合，五洋学堂名华西

图3-1　外国传教士和他们的孩子溯长江而上前往四川时绘制的图画

鸦片战争后，随着传教士的接踵而至，自成体系的洋学堂逐步进入中国。十九世纪中后期，西方传教士大批进入四川，在传教布道的同时开设医院、兴办学校。清光绪末年，基督教各差会已在四川开办有数十所中小学。此时的英国、美国和加拿大的基督教差会筹划在成都开办一所全新的大学。

The Eden of Flowery Republic

"太阳西冲，风帆正起，故土远去，东西如一"。怀揣着理想和抱负，华西传教士们来到中国成都，来到这个"如花似锦的共和国的伊甸园"。四川成都，从来就是人文荟萃之地，自古"天府之国"。西汉扬雄和西晋左思两位文坛高士各作《蜀都赋》一篇，更是咏叹成都的千古名作。前有"井络储精"美誉，后有"既崇且丽"盛赞。至于李白《上皇西巡南京歌》中，所谓南京指的却是成都，成都因唐玄宗避安史之乱入蜀而改名南京，恐怕今天的许多人都不甚了了。在这首诗中，李白有"九天开出一成都，万户千门入画图。草树云山如锦绣，秦川得及此间无"等句，对成都褒奖有加。

　　对于四川和成都的地位和作用，他们的头脑同样是极其清醒的。"华西（包括甘肃、西藏、贵州、云南、四川）是亚洲角逐场所。四川是中国最大的，人口最多的，最富饶的，最具有战略意义的省份。控制了四川，便控制了全国。"一位传教士是这样描述四川的："湍急的河流，激动人心的高山峡谷，终年积雪的山巅，生长热带植物的灼热高原，红色的猩猩木和棕榈树……这块土地上有熊猫和麝獐；喇嘛教的寺庙和分散各地的布道点；在远远的地平线上，茶树散发芳香，珍稀的药用植物满山遍野；蚕丝、皮毛和桐油都是这里的特产。"作为四川的省会，成都的特别重要性还在于其"对千百万藏民、回民以及其他土著部族的影响。"一位传教士兴奋地提到，成都"自汉代文翁设教至今，教化绵延，势力直达西南各省，宜置高等学府之重镇。"在传教士看来，创办教会学校和开办医院是传播教义和西方文化的重要手段和途经。1875年前后，第一批医学传教士也很快来到了四川。正如他们自己所宣称的那样："科学是基督教的侍女。""我们的学校和大学就是设在中国的西点军校。"西方传教士的办学办医活动客观上起到了传播科学技术、推进文化交流、服务社会人群等作用，但是，其主观上和实践上的文化侵略性等负面影响是显而易见的，必须予以揭露。

大学筹建

　　1904年，曾经开办重庆求精学堂的美国人毕启担任了成都华美学堂的校长。这个美以美会开办的学堂与四川省城高等学堂在同一条街道

图3-2 毕启在重庆办学

即成都文庙街上，但是，这个学堂的教师只有五个人，其中两个中国人，三个西方人。当时在成都设立学堂的还有英美会和公益会等西方教会组织。由于"各教会之分道扬镳，各学校之规划不一"，"若限于中道不使之上达，则本末未赅，终非全才，而于教育前途，难期进步。"毕启认为，如果不联合起来的话，教会学校无法与中国人自己开办的学堂竞争，生存将会十分困难。因此，他期望建立一所"壮丽的东方大学"。于是，当英美会的启尔德博士来华美学堂访问时，两人以创办大学为谈资，包括土地购买、修建建筑和设立系科等问题，站着商谈了两个多小时。联合办学的观念在他们分手时就自然而然地形成了。

"让我们创建一所大学来满足需要！"毕启和启尔德说。差不多三十年后，毕启在一次演讲中拿出一个包着拳头大一团泥土的纸包。他说："这就是我与启尔德博士第一次谈到华西协合大学时所站的地方一块泥土，是我当时保存起来的"。这团泥土可以说是见证了华西协合大学创办的最初历史。

在西南地区最早传教的加拿大传教士赫斐秋说："我们传教士很懂得，如要使中国人信道，就必须加强教育工作。"1905年，"华西基督教教育协会"（West China Christian Education Union）即"华西教育会"正式成立，拉开了华西协合大学筹建的序幕。1905年11月，在美国人毕启、加拿大人启尔德和英国人陶

图3-3 毕启和他获得的勋章

维新等人的努力下，三个国家的教会组织初步同意了在成都建立大学的计划。华西协合大学临时管理部正式成立并负责了大学的筹建工作。在成都开办一所教会大学，已让传教士们急不可耐。

图3-4 毕启The Eden of Flowery Republic书影

筹建时期，华西协合大学得到了来自教会以外各方的帮助和支持，包括中国政府和地方当局的许可和支持。大学的捐赠者包括四川都督胡景伊和省长陈廷杰，美国铝业大王霍尔，民生公司总经理卢作孚，重庆大银行家杨开甲、杨璨三，重庆胜家公司总经理刘子如等人。作为对大学的智力支持，芝加哥大学的教育家波尔顿教授和张伯伦教授受到教会组织的派遣曾经亲自来到成都考察和指导，提出了大学建设的基本蓝图。

图3-5 1909年在中国考察教育并指导华西协合大学办学的波尔顿和张伯伦

华西坝由来

经过一番寻访，他们终于在成都南郊南台寺附近选定了锦江南岸一大片空旷地带，按照毕启的说法："在既无大学托事部的资助，大学银行账户上也分文没有的情况下，我们已开始在成都寻觅大学的理想地址了。我们最初是从地图上搜寻。1906年时我们曾着意过城西河边的雷公庙地域。到1907年早期，我们聚焦到了城南目前校址附近的60英亩土地。在加拿大差会预付了购地的头款之后，构建大学城的工作就正式拉开了序幕。"作为未来大学的校址，这里距城中心仅二里左右，相传是古代的中园和五代时的梅苑，是五代时前蜀皇帝王建的蜀宫别苑。这里曾经是梅林花海和香风古城，锦江穿流而渔歌唱晚，占地面积大约有二百亩。这里的周边也颇有些历史文化气息，东有张献忠练兵的御营坝，西有祭奉宋代范缜、范祖禹、张栻、魏了翁的四先生祠，南有诸葛孔明南征点将的三台山。

当年，宋朝著名诗人陆游曾经策马梅林之中，留下了"微风故为作妩媚，一片吹入黄金罍"的诗

图3-6　四川大学博物馆馆藏《张问陶南台寺饮酒图轴》

句。著名文学家林思进题诗唱吟："中园旧说梅林胜，今日梅花双作林。尚缓邀头送芳骑，早惊偷眼下霜禽。照天香雪真成海，满地虬龙会自吟。寄语酒人勤买醉，放园已是五分深。"

一眼望去，这里的土地平坦而清旷，既与城中心靠近，又有足够的空地作为大学将来的发展。传教士们兴奋地期待着新的大学的诞生，"大学将建立在拥挤的成都城墙之外，那里有大量的空闲土地用于发展。它的课程将发展科学研究和实业教育、医学教育，甚至牙科和公共

图3-7　在成都贡院废墟和城墙上的外国人

卫生学等等。该大学将是超国籍的，将由各基督教差会合作组建这大学。"

"死活之争" "天地之斗"

　　为收购这片土地，传教士通常开出高出市价二倍或三倍的价钱。毕启说："土地的购置充满了'死活之争'和'天地之斗'。为准备事务所大楼的地基，我们必须移走成百的无主坟地里的'死'尸；而要移除事务所大楼门前的'钉子户'，我们不得不得动用数倍于地价的'银山'去移走这些'活'障。为购得建设必需的土'地'，我们又从'天'降神兵，发动了高至胡省督在内的高官去帮我们打压和强买那些顽固的行会的地产。"1907年，华西协合大学开始兴建校舍。大规模地修建则是在学校正式成立之后。按照1912年英国著名建筑师罗楚礼的规划，华西协合大学建筑将西式园林、西式建筑风格与中国传统风格相结合，成为在全国为数不多的中西合璧建筑群落。正是由于华西协合大学的兴建，这里开始有了"华西坝"的名称，并且一直沿用至今。

　　1908年，分别由美国、英国和加拿大三国教会组织开办的华英学堂、华美学堂和广益学堂都集中搬迁到了华西坝，成立了华西协合中学堂。这所中学堂先于大学开办，并且在1909年就正式开学了。不知道

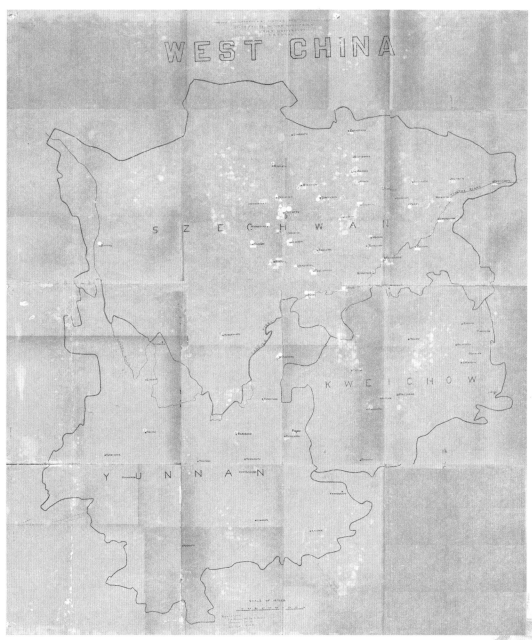

图3-8 20世纪初年西方教会组织在中国西南三省办学分布图

为什么，四川洋务总局竟然在正式文书中把这所学堂称之为"南台寺书院"。这实际上就是华西协合大学的附中，在某种意义上也有一点大学预科的味道，因而又曾被称为华西高等预备学堂。

图3-9 最早一批华西协合大学教师宿舍

在大学的创办者中，客士伦和他的夫人首先搬进了他们在华西坝的新家。他们清楚地记得，那是1909年2月26日下午，天上一直下着雨。当时客士伦夫人坐在轿子里，手上抱着才七个月大的婴儿。他们首先担心的当然是害怕轿夫摇摇晃晃地走在泥泞的田间小路上，会把他们从轿子里颠出来。"在每个人的生活中都会遇到雨，有时日子就是这样昏暗而阴郁。"但是，"几天之后我们安居在新家，我们非常地喜欢它，农田里大豆花散发出令人喜爱的芳香。"客士伦夫人在

图3-10 华西的传教士和他们的家属

日记中掩饰不住她的喜悦之情。继客士伦夫妇之后，罗成锦夫妇、麦尔生夫妇、杜焕然夫妇、班勤夫妇、周芝德夫妇、启尔德夫妇、石恒励、柯理尔小姐、约斯特夫妇等成为这里最早一批"歪果仁"。1909年10月16日，洋人们第一次在场地上打网球。

大学开张

1910年3月11日，在没有铺张渲染的情形下，在非常简陋的条件下，开学典礼举行了，学校正式定名为华西协合大学（West China Union University）。在一些地方政府的官方文件中，这个学校被称为华西高等学堂，与当时的四川大学即四川省城高等学堂相对应。按照客士伦的说法："我们地基没有打好，就把房顶盖起来了。"由此可见，

办学者有着十分急迫的心情。客士伦夫人在日记中写到："华西协合大学正式开学了，没有敲敲打打，老实地讲，只有11名学生。"办学者们从100多名华西协合中学堂中挑选了11名学生，他们成为华西协合大学的首批文理科新生。按照主要当时公布的教学计划，最早开设的课程有《英文》《化学》《代数》《西洋史》《中文》《中国文学》《中国历史》《宗教知识》《体育》等，教师主要有客士伦、嘉尔生、戴谦和、罗成锦、石恒励、周忠信、卫廉士、吴忠儒、叶德明、约斯特和丁克生等。

关于大学的宗旨，创办者们是心中有数的。1908年拟订的《华西成都基督教大学筹办方案》正式确立的办学宗旨是："借助教育为手段以促进基督事业"。在后来制订的章程中，学校的办学宗旨更为详细地得到描述："为与华西各差会有关系的中国或其他国家人士提供教育设施"，"为所有其他阶层青年提供受教育的手段。"

当时担任大学理事部的书记客士伦对此解释说："这个大学是要发展为一个最完备的高等学府，使西部各省的学生不必远到外国去留学，就可以学得他们所需要的任何科

图3-11 第一届华西协合大学理事会成员

图3-12 当年华西协合大学手绘建筑图

学。这些科学都将在这所大学里面被基督教精神所渗透，……人们将受到这高尚理想的灌输。这就是创立者们的宗旨。"

开学典礼后两个月左右，在会上发言的三人中的两位麦尔生和叶德明就因病去世。一年前订购的仪器和设备，也在川江中两次翻船。由于校址原来多为墓地和农田，搬迁工作实属不易。但是，无论条件多么艰难，他们必须为其办学宗旨而努力。华西协合大学的创建者们坚信，他们将用"持续的热情、高度的希望和对未来坚定的信仰弥补所有的不足。"学校早期的办学经费主要来自差会的拨款和传教士的募捐。最早创办学校的四个教会组织是美以美会（卫理公会）、浸礼会、英美会（中华基督教会）和公谊会，1918年圣公会也加入其中。

华西协合大学的成立，宣告成为全国十三所教会大学之一。与上海圣约翰大学、杭州之江大学、武昌华中大学、南京金陵大学、福州华南女子文理学院、湘雅医科大学、南京金陵女子文理学院、上海沪江大学、广州岭南大学、北京燕京大学、山东齐鲁大学、福建协和大学等教会大学一样，它具有基督化、西方化、国际化的特点。

当时四川教育正处于重大的转折时期，封建书院的衰落和新式学堂的成型，是这一时期的发展主线。因此，四川出现了两种性质迥异的高等学府：一是以四川省城高等学堂为标志的四川近代高等学府，一是以华西协合大学为标志的西式教会大学。它们共同成为近代四川高等教育的先驱和主力。

"代拉磨"

开始时，华西协合大学实施的教育主要以西学、神学为重，教职员主要来自加拿大、美国、英国和中国，许多外籍教师都有一个中国名字，都会说中国话甚至四川话，而且大多数人都用中国人的姓氏作为他们中文名字的开头。1917年，学校还专门出版了启尔德编写的《华西第一年学生用中文教材》，实际上是一本四川话教程。例如，"今天落雨，路烂，又溜（It is raining today, the roads are muddy and slippery.）""来帮我买的时候，手脚要干净（If you come to work for us, you must not pilfer.）"和"跟到就抹灰（Then proceed to dust immediately after）"。

美国传教士戴谦和（Daniel Sheets Dye），是华西坝上工作最久的一位外教，曾五次出任理学院院长，且是华西博物馆的主要创建者。1884年2月7日，戴谦和生于美国俄亥俄州，从美国康乃尔大学毕业以后，他在美国威斯康辛大学教了一年书，受教会派遣远涉重洋于1908年10月26日来到了中国。在上海沪江大学教了一年书后，他来到了成都，参与华西协合大学的创办。戴谦和待人如同他的名字一样非常谦和，由于缺乏语言天分，戴谦和的中文总是说得结结巴巴。但是，他又特别喜欢说中文，尤其是是一些过时的土语，比如将"辫子"说成"毛根儿"。有一次授课，他用中文反复讲解"滚、推、捎、浮"时，同学们再怎样听，也好象是英文的"1-2-3-4"。戴谦和曾依据本名音译为戴拉谟，后来却被调皮的学生传为"代拉磨"。抗战时，他参加师生暑期边疆服务团。某日，他们住在一位当地人家，主人的玉米不够吃，需要碾磨。一帮子出生于大城市的学生都不会拉磨，而戴谦和说他会。于是，他挽起衣袖，卖力地干起来。因此，"戴拉谟"就成了学生口中的"代拉磨"。

1948年，戴谦和写下了《四十年来之回忆》："四十年来，我生活在充满回忆的戏剧里，这戏剧是由中外人士通力演出的，莎士比亚所写的剧本里的人物的生动，远不如我四十年里见到的那些有血有肉的真实人物。"他将自己所了解的中国分为满清时代、反正时代、军阀时代、传教时代、国民政府统一时代、抗战时代、中美合作时代和通货膨涨时代等八个时代。他写道："人类的进步，我们可以从中国常用字典的部首中找到他的线索，康熙字

图3-13 戴谦和及其*A GRAMMAR OF CHINESE LATTICE*书影

典中用的最多的部首是草部，其次为手部，近代字典中最常见的则有气字头、斜金旁、心部、病字头等，由此可知近代医学、工业、科学的进步迹象。"

失而复得的文化信物

一个大学的大门是学校的标志，也是文化的信物。新创之时，华西协合大学的校门就是一座青砖黑瓦的"品"字形中式门楼。门楼共分三层，第一层中间为巨大圆拱，二三层交界处有红砂石牌匾，正反面分别刻有"华西协合大学校1910""WEST CHINA UNION UNIVERSITY A.D. 1910."字样，中文校名面朝锦江，英文校名正对校园。门楼有中国传统建筑的飞檐、吻兽和宝顶，约六、七米高，位于广益学舍靠锦江河边。不幸的是，门楼1954年4月被拆除，根据一位老人的回忆："当时大门左边是英国的徐洋人的房子（化学系教授徐维理），右边是美国人白天宝的房子（博物馆馆长）。徐洋人走后第三年的4月份，学校修建队来拆老校门，把拆下的砖拿去修房子了。很多家属为了挣钱都去砍砖，我也去了。砖砍下来卖给学校5厘钱一块。那些砖很好，黑色的，比现在的砖要薄一些"。校名石碑竟然不知所踪。

图3-14 华西协合大学校门

　　1996年3月28日，成都府南河工程施工时在原校门附近一口水井上发现英文校名石碑。碑身为红砂石，重约800斤。碑面完好，正方形，长1.25米，宽1.2米，上镌英文，如今存放在在四川大学校史展览馆一楼"润万厅"中。

　　失而复得的文化信物承载了当年办学者的艰辛和快乐。它不仅是华西百年发展历史和四川大学文化融合的直接见证，而且是"欧亚交通，文轨新同"的华西精神文化的重要体现。经过岁月的洗刷，曾经镏金的英文校名石碑已经没有旧时那么耀眼夺目，正悄悄地等待自己的"孪生兄弟"——至今不知在何处的那块中文校名石碑。

五老七贤

　　与其他学校不同的是，办学伊始，它就宣称将同时使用汉语和英语进行教学，还聘请教师开设了专门的中文课程。毕启说："在混乱时期，华西协合大学可以作为一道屏障，挡住对传统价值破坏和抛弃"。成都的文教名流如"五老七贤"大多在成都各大学校任教，他们也陆续应聘来校任教。清末民初，成都有一批著述宏富且敢于仗义执言的通儒博学之士，大多是前清状元、进士、举人、知府、翰林、御史，受到主持川政者的礼遇。其中的佼佼者被尊称为"五老七贤"，并无定数之说。主要人物有赵熙、颜楷、骆成骧、方旭、宋育仁、庞石帚、徐炯、林思进、邵从恩、刘咸荣、曾鉴、吴之英、文龙等。

图3-15　五老七贤在华西

　　据说某年，军阀在四川荣县打仗，当时赵熙住在东门。双方军官以赵熙德高望重，未开战之前先定下"君子协定"，不在东门开火，以免使老先生受惊吓。由于东汉末年，经学家、教育家郑玄因学问和德行名天下，故黄巾军不敢扰乱其乡。因此，川中人感其事，把荣县城东称为"郑公乡"。黄炎培当年在诗中赞道："劫后民劳未息肩，每闻政论出耆年。蜀人敬老尊贤意，五老当头配七贤。"能请到他们进入一所西式大学，足见办学者的人脉，也可见其融汇中西的胆识。

漂洋过海十数次

主持并创办华西协合大学的毕启是美国卫斯理大学文学博士、神学博士，长期担任了校长和校务长的职务。生在英国吉斯斐尔德市，长在美国宾夕法尼亚的毕启于1898年作为传教士第一次来到中国。

后来有一次，他对即将毕业的学生这样解释自己的中文名字。他说："你们今天是不是就算毕业了？在我看来，你们不是毕业而是始业。你们看看我的名字叫毕启，毕是毕业，而启的意思是开始，因此，毕业就是事业才开始。"毕启认为，办大学的第一要素是"广大的校地"，第二要素是"坚实的建筑"，第三要素是"充实的设备"。只有这样，人才才能源源而出。因此，他非常关心大学的经费投入和基础建设。

自1913年到1942年近三十年间，毕启十五次横渡大西洋回美国为学校筹款100万美元，为华西协合大学的兴办贡献了毕生的精力。其中最大的一笔募捐，是毕启向在中国赚了钱的美国资本家、铝业大王霍尔募得的50万美元基金。在谈判这笔捐款时，基金管理人德伟士同意给毕启25分钟的谈话时间。他们的对话极为直白而精彩。毕启说："我要一百万元。"德伟士说："你得不到。"毕启说："我相信能得到。"德伟士说："我不相信。"毕启说："我们应得到。"德伟士说："那么给你十万元。"毕启说："十万元不够。"德伟士说："你不知道十万元是好大一笔巨款么？"于是，德伟士一口气问了毕启好几十个问题，毕启对答如流。这时，时钟显示已到了会客的25分钟。德伟士说：

图3-16　毕启镜头中的四川乡村

"时间到了"。一个月后，霍尔基金决定给华西协合大学捐款50万美元。毕启曾经向四川都督胡景伊、省长陈宧各募得银圆3千元。1913年10月6日四川总督胡景伊称赞他："联合英美名彦创办华西协合大学于四川成都之南门城外，其救世济人之宏愿精进不已，至足倾佩，顾建筑校舍造端宏大乃更发大愿回国募集巨资期成厥事……又深感博士不惮艰难始终其事，故敢以一言介绍于世之热心救世济人之事业者。……异日环球大通，风同道一，和平之庆洽必将以此举为嚆矢也。"1914年11

月20日，他面见大总统袁世凯，不仅得到"美国毕启博士为宗教大家，寓吾国四川境，凡十有五年，与其贤士大夫相习。自蜀至京者，咸乐道之。比集英美士人，在成都创立华西协合大学校。愿力宏大，至可钦佩。方今环球棣通，学术思想，日趋大同，充博士之志，愿同文同伦，不难企及，兹之设教犹先河也"的褒扬，还获得个人捐赠4千大洋。

1919年，在华西协合大学事务所的奠基典礼上，毕启走向大楼右侧的一根柱子基石的空穴，放入了当月出版的大学校刊、筹建大学的原始协议文件和一块普通的本地的石头。其以教育实现文化融合的寓意颇为深长。

抗战期间，有一次，毕启曾经负责督运一支运输队从昆明回成都，车上装载有他在美国募集的价值两万美金的医药、医疗设备和建筑材料十余吨。这批物资先期运到昆明后，由于没有车辆滞留达两个月。无奈之下，他到香港去联系车辆。待他将车辆带到昆明，正值日寇飞机不断袭击，为免遭日机轰炸，毕启将车队分为三个小队，次第前进。其间必须经过有著名的二十四道拐的滇黔线，才能达到当时中国的"陪都"重庆。当车队到达重庆后，已是七旬老人的他连日腹泻，身体虚弱之极，后来经过半年的调养才得以复原。

图3-17　著名的"二十四道拐"和华西协合大学抗战车队

在《发展四川省工业及改良经济状况的商榷》一文中，毕启曾经提出："兹积极提倡实业教育，以利本省天然出产，增进人民殷富。"他认为，为了发展种桑、养蚕、缫丝、造林教育、皮毛生产、制革工业、矿业开发、五金制作等方面的事业，必须培养人才。因此，他在文章中详细论述了办学的准则、条件、方法、经费自力来源，以及现代工厂管理、技工培养等。在办学过程中，毕启一直强调，要从中国发展的实际需要出发，突出技术科学、应用科学，注重学生毕业后的职业出路，使各学科专业体现出实业性的特点。他要求华西协合大学培养"学生真正实用于社会"，因为"在一个农业人口与绝大多数的地区，帮助大多数农民提高他们的生活水平显然是我们最迫切的任务。"可以说，华西协合大学的实践教育和实业教育思想完全得益于毕启。

1946年，当毕启离开中国时，刘咸荥以诗相赠："万里云山归国路，廿载风雨故人情。礼堂种树枝柯老，回首知君旧梦萦。"同时，当时的中国政府比照美国哲学家杜威博士、哥伦比亚大学校长勃兰克博士的先例，授予毕启红蓝镶绶四等彩玉勋章。这是授予外籍人士特殊功绩的荣誉奖，也是对他为中国教育事业所作贡献的最高肯定。同时，国民政府教育部给他颁发"捐资兴学"一等奖，蒋介石为其书写了"热心教育"的匾额。

协合不是协和

由于华西协合大学是由英、美、加拿大三国基督教会的五个差会共同开办的学校，故名"协合"（Union）。其实，"Union"一词通常被翻译成联合、联盟等。北京协和医学院的英文名字为"Peking Union Medical College"，其中的"Union"就被翻译成"协和"。华西协合大学名为"协合"而不是"协和"，或许有约定俗成之意，恐怕更多的是要突出和强调协同和合作的寓意。毕启曾说："协合就是力量（Union is strength）。"成都华西协合中学首任华人校长杨少荃则说："所谓协合者，即集合英美、美以美、公谊、浸礼会四宣教会至精神，协赞而成者也。"今天，如果在网络上，无论用什么搜索引擎，用

"华西协和大学"检索得到的结果，居然比用"华西协合大学"检索得到的结果多很多。错谬之甚，由此可见。

图3-18 文焕章一家（前排中为文幼章）

自然，协合的思想在大学的各个方面得到了充分的体现。在管理体制上，华西协合大学仿英国牛津大学体制，由董事会、理事会、校长行政会（内阁）构成。按照协合的原则，华西协合大学中央行政由各差会"举代表三人，更请在西国者数人、相与囊办会务，曰：董事部。岁在西国聚集，大家出力，遥相维持。凡属筹款事宜，俱由此会担任。"首任主席是高基尔，书记是霍德敬、文焕章。文焕章有一个非常有名的儿子，就是被誉为世界和平战士，曾经被毛泽东主席和周恩来总理多次接见的"中国人民的老朋友"文幼章。

对于大学的管理组织，筹建时叫临时管理部，1910年改称理事部，每年差会"各举二人，曰：理事会，监督学务，经理校具。此外更在各教员中遴选数人，并聘四川办学素有经验者数人，相与赞助，以匡不逮。"首任主席是周忠信，书记是客士伦。大学行政机构设校长、副校长、文牍，"大学校长由董事部聘任，为行政首长和评议会主席。"

图3-19 华美大学舍落成仪式

学校实行的学舍制同样体现了协合的思想，即按参加大学组织的差会划分区域，各教会分别建造和管理一组学舍，并共同担负

图3-20 开放的大学校门

大学行政一定经费。其中，美以美会建华美大学舍，浸礼会建明德大学舍，英美会建华英大学舍，公谊会建广益大学舍，圣公会建育德大学舍。学生入学时，除在大学注册外，还必须在所住的学舍注册，并接受该差会所派的舍长和舍监的管理。学校则集中精力负责规划建设、教学计划的制定和实施以及教学科研的后勤保障工作。

五洋学堂

当年的成都市民称华西协合大学为"五洋学堂"，不仅是因为这所大学是由5个洋人的差会共同兴办的，而且因为在他们眼中，华西坝的一切都如同看西洋镜一般。

短短几年间，城南那片土地完全变成了另一番景象。每天清晨，外国"洋娃娃"，从玩泥浆、捉泥鳅的农村小孩身边跑过，到城边上的"加拿大小学"上课。每到周末，精力过剩的外国男女，常常做出让当时的普通成都市民百思不解的古怪行为。他们在刚刚修好的道路上来回狂奔，在草坪上拍打网球……虽然，四川省城高等学堂的洋人也曾经在学堂里打打网球。但是，学堂的大门毕竟是关起来的，而今天的五洋学堂大门是敞开着的。有的身穿长袍马褂的老乡绅路过网球场时，看见说着英文夹杂四川话的洋人精力充沛地来回奔忙，感到非常奇怪。他们甚至发出了疑问：如果洋人必须把球从网的一边打到另一边去，为什么不雇苦力来拍打呢？

为节约起见，除了办公室和书房的小壁炉外，早期的建筑中并没有考虑自来水、电灯和暖气等设施设备。但是，由于生活和工作的需要，电话这样的奢侈品也很快地进入了校园，至少先把三个院坝联系起来了。虽然安装了电话，线路却经常地出现问题。人们在几次三番地试着打电话之后，不得不走出房间对着另一方大声地喊话，重新回到"通讯基本靠喊"的阶段。

各个差会都把学舍看着自己的脸面，所以尽心经营学舍的一草一木，使之愈加优雅完备。华美大学舍具有美国风味，而广益大学舍则带有英国情调，其他学舍也都独具韵味。每幢学舍都有一个小花园、一个网球场和单双杠等。内设一个装修精美的大房间，为住宿学生会客室和文娱活动场所。

图3-21　洋人、洋娃儿和洋马儿

　　1910年华西协合大学开办时设立了文理两科。学制为三年预科，三年正科，毕业后授学士学位。由于当时的中国没有实行学位制度，通常授予高等学堂的毕业生进士或举人出身，或直接授予相应的官职，1935年国家才正式颁布《学位授予法》，因此，采用西方教育体制的华西协合大学是四川乃至西南最早实行学位制度的学校。

图3-22　华西协合大学五大学舍

　　虽然学生不多，但是专业设置确实非常完备。文科设哲学、教育、英文、西洋史学和综合文科5个系。理科设生物学、化学、数学、物理学4个系。大学教材除中国文史外，大都采用国外教材。

　　在教学活动中，外国老师发现，这些中国学生比较习惯背背写写，却不太适应西式教学中对科学方法的训练。尤其是在最初的化学课中，学生们更是显得很敷衍。而学生们参加体育锻炼时，也总是穿着长衫。那时候，在任何公共场合，不穿蓝色长衫都被认为是不礼貌的行为。当他们排成一个圆圈，斯斯文文地一位向另一位踢足球或扔篮球时，真的让老师们哭笑不得。

　　由于对学生的要求太严厉，有的转学到其他学堂，有的被勒令退学。加上有的因病退学，不到一年，学生走失了三分之一。1915年，第一批学生毕业时，仅有胡海云获得哲学学士，吴树成获得教育学学士。

中国式新建筑

　　华西协合大学位处锦江之滨，其建筑颇具特色，被称为中国式新建筑。这不仅归功于英国建筑设计师罗楚礼（又称荣杜易），也得益于李克忠、叶溶清、石享德，尤其是人称"苏木匠"的苏继贤等多位加拿大建筑师。苏木匠的儿子苏约翰后来长期在华西协合大学执教，1972年担任了加拿大驻华大使。华西坝上，一条建筑的中轴线呈南北向，横穿整个校园：南起钟楼，中间经一宽阔的河渠，止于北校门。大学的主要建筑物平衡对称地排列在这条中轴线左右。南北向的中轴线又与东西向的大路相交，俨然安放在华西坝上的十字架。

　　1912年，华西协合大学创办者在加拿大、美国和英国等国专门举办了一次设计竞赛。当年11月18日，英国建筑师罗楚礼以综合中西方建筑工艺元素的方案被选中。1913年，罗楚礼来到中国，在天津上岸后又专门去了北京，特意考察了中国风格的建筑，专门收集故宫等处的建筑资料。同时，在成都，罗楚礼看到了干栏式建筑、屋顶脊饰等具有川西风味的建筑形式。这些在日后的华西协合大学建筑物中都有具体的体现。最初规划设计的华西协合大学，校园的朝向没有按中国传统习惯修建，建成的是坐南朝北的格局。这是因为这块校址的南边是城郊，而北边临锦江。如果坐北朝南，背靠一条河，不仅不符合中国传统建筑的风水理论，而且也不利于大学与城市的交往以及今后学校的发展。因此，罗楚礼把大学的校门朝向锦江和城区，门楼成为大学校园中轴线的起点。

这批来自西方的洋人，没有照搬西方建筑模式，没有模仿希腊神庙或哥特式教堂，而是颇有远见、颇得人心地依照中国传统的平衡和对称的建筑原理，尤其是在外观上着力表现出中国特色。他们借鉴了川西地区庙宇与民居屋顶，使用的是青砖黑瓦，间以大红柱、大红封檐板。许多建筑都是清一色的歇山式大屋顶，两坡、四坡、攒尖、腰檐运用自如。屋脊和飞檐上点缀着远古的神兽、龙凤、怪鸟，檐下以斗拱为装饰，给人以神秘古朴的东方之美。当然，其中也有许多不中不西、表情怪异，似乎是臆造出来的神兽排放在一些建筑物的门口，让人不明究里的同时，又增添了不少意趣。

在尽力渲染东方色彩之后，华西协合大学建筑物灵活地融入了西式风格，如楼基、墙柱、砖墙、玻璃门窗、拱廊以及西式浮雕装饰等。在事务所里，如同一个西式的教堂。在钟塔上，中式的楼顶又配以西式的时钟……正是这样，建筑设计达成了东西方和谐与统一的美感，显示了中西合璧的文化价值。时人对华西坝的西洋风景赞叹不已："坝上小楼房星罗棋布，全是西式小别墅，往往还自带小草坪，围以花木藤蔓。洋教士、洋婆子、洋娃娃一把逍遥椅坐在草坪上，看书报，晒太阳，真够惬意。"

然而，在校园中部，有一小片土地却无论学校出多高的价钱也无法买到。于是，华西坝上的这户人家，用今天的话说就成为了典型的"钉子户"，有茅屋数间和林竹数垄，还有猪圈、粪池和烟囱等农家必备。他们时而在水沟边洗锅涮坛，时而在桠枝上晒衣晾被。他们与坝上的洋气，颇有些不协调。有人说，这是洋中有土，倒是增添了不少野趣，是

图3-23　万德门、图书馆、事务所和钟楼

华西坝风光的"缺陷美"。

在当时，华西协合大学建筑物的样式和风格就被奉为典范。成都相继建成了一些中西结合的新建筑，包括一些官邸、民用住宅等，最著名的当属至今保留在暑袜街的邮政大楼等。邮政大楼等建筑的设计和建造者有叶溶清等加拿大建筑师，他们本身也是华西坝建筑的建设者。将中式屋顶盖于西式墙体，的确有比华西协合大学更早的建筑，如圣约翰大学的怀施堂和岭南大学的马丁堂。但是，以"中西合式"作为学校的整体风格，华西协合大学应称得上开先河，引领了"中国式新建筑"的潮流。

在修建过程中，大部分建筑材料都取自当地，例如在成都三瓦窑一带定制的砖瓦，来自四川西部高山的木材，从岷江上游河岸采集的石灰石等。然而，建筑用的铁钉和玻璃等，主要是从从汉口和上海甚至是国外购买而来。经过多年的精心经营，华西建筑已颇具规模，最盛时大大小小达70幢。保留至今并被列为成都市文物建筑的华西坝建筑主要有：1919年建成的事务所，又名怀德堂；1926年竣工的图书馆和博物

图3-24 事务所（怀德堂）设计图

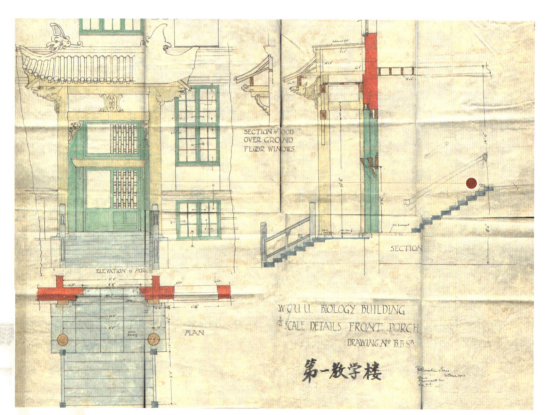

图3-25 嘉德堂（一教楼）设计图

馆，又名懋德堂；建于1920年的万德堂，又名万德门和明德学舍；建于1925年的钟塔，又名钟楼，原名柯里斯纪念楼；1941年建成的苏道璞纪念堂，又名化学楼；1920年建成的赫斐院，又名合德堂；1928年竣工的教育学院；1924年竣工的生物楼，又名嘉德堂。其中，万德堂被誉为华西坝上最具"生命活力"的建筑，由于20世纪50年代成都人民南路建设而搬迁到今天的位置，一砖一瓦都是按原貌重建的。

曾受聘于华西协合大学的缪钺，是中文系教授兼中国文化研究所研究员。数年后，他回忆说，"广益学舍是旧华西协合大学的一部分，在大学本部之北，隔马路相对。广益学舍环境幽静，有一幢教学楼，后面是教师住宅，其中有数幢洋房。"他有《念奴娇》词一首，咏赞广益学舍的梅花："疏红艳白，倚危崖，曾赏环山千树。匝地胡尘迷海暗，蔓草沾衣多露。灵琐交疏，星槎路断，哀绝江南赋。仙云娇好，除非魂梦相遇。谁料十载栖栖，天涯重见，玉蕊还如故。未许寒风吹便落，轻逐江波流去。月影浮香，霜华侵袂，且共殷勤语。孀人凄怨，待教裁入诗句。"对于融合中西的"中国式新建筑"，毕启曾自豪地咏叹校园景色："放眼四望，田畴阡陌，连绵不断，景色真可算美丽之极。"

沈高人和丁矮子

当年华西坝上，加拿大教师沈克莹身高约二米，成都人称他为"沈高人"。有一次他一走进教室，就十分悲伤地说："今天早晨，我家养的鸡娃子，不晓得被哪个人'走'死了。"同学们听后都很纳闷，他连说了两遍大家才明白。原来他的小鸡被人踩死了，他把"踩死"说成"走死"了。为反抗日本帝国主义，各校开展了经常性学生军事训练。文幼章、云从龙、费尔朴等都积极支持大家，就只有沈高人反对。他认为，中国人武装抗日是错误，几十年都打不赢。1936年春，华西协合中学规定，学生穿军训服装上课。在校任教的沈高人在讲台上宣布：愿意听课的，把制服脱了，不脱的就出去。这项宣布的结果可想而知，全班同学都马上走出了教室。几天后，他自己独自动身回国，因为书实在教不下去了。

美国人丁克生才一米五左右，诨名丁矮子。丁矮子在成都却更为出名一些，除了他的矮和满口成都话以及很会"展言子"外，他对华西协合大学的农学的发展功不可没。他从上海引进荷斯坦血统的公牛和瑞士吐肯堡山羊，还带来一些新的蔬菜品种如西红柿、玉米、甜瓜、德肯葡萄、爱尔波特桃树、华盛顿无核橙和加利福尼亚依阿卡柠檬等。

图3-26　丁克生（右一）

图3-27　前往中国

办学的风险

华西坝逐步成为中西文化交汇的大染缸。然而，文化的融合是艰难的。对于大学的创建者来说，问题还不完全来自教学活动和学校硬件建设本身，更大的风险也在考验着远道而来的创办者的热情和信念。对成都人来说，这所大学口口声声宣布要"以高等教育为手段，促进天国的事业"，一些人认为他们有"不可告人之隐衷"，另一些人则斥责他们"是帝国主义对于中国的文化侵略的大本营"。

大学的宗教色彩是浓郁的，至少在学校创办的早期。第一批两名毕业学生中的胡海云最后成为了一名牧师，他一直服务于成都英美会（后更名美道会，中华基督教四川协会）直到逝世。四川成都人干如松，1908至1911年在四川省城高等学堂学习，是学堂的优等毕业生。1913至1917年，他在华西协合大学文学院哲学系学习。毕业时，他更名为干小峰。因此，他或许可以说是目前所知道的中国大学双文凭第一人。最后，他也成为一名牧师，曾经在重庆弹子石神道学校和重庆求精中学等教会学校任职，还是1933年校董会成员和1934年中华基督教四川协

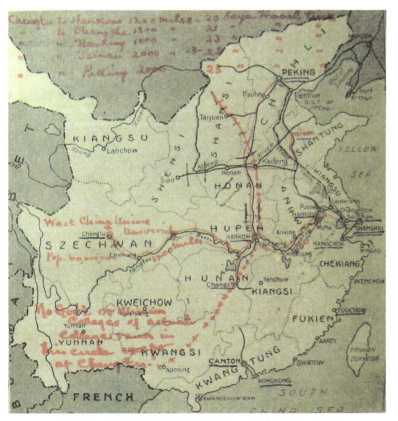

图3-28 华西创办人在地图上记录下他们来成都的艰难行程

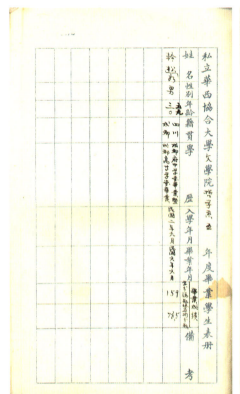

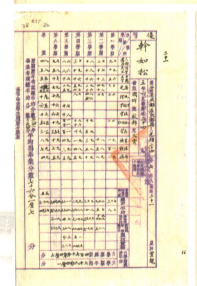

图3-29　在四川高等学堂和华西协合大学获得双文凭的干如松（干小峰）

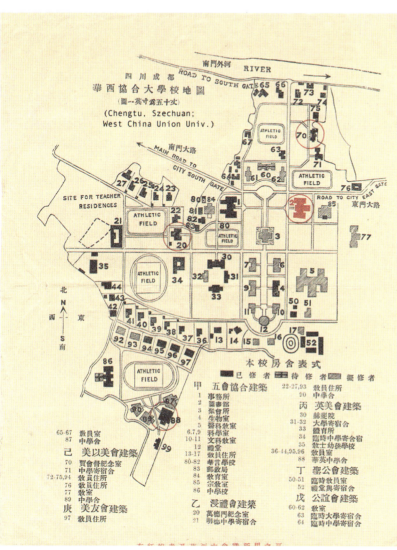

图3-30　华西协合大学示意图

会副会长。

就在大学开办的第二年，成都爆发了著名的保路运动。大多数外籍教师迅即离开成都前往上海，学生一度在教堂里上课，最后不得不停课。1912年启尔德、沈克莹和杜焕然等回到成都。1913年春季，华西协合大学才全面恢复了正常的教学活动，并且在次年开始创办医学院和三年制预科班。

在时局动荡中，由于其教会大学的性质，华西协合大学多次被推上波风浪谷。直到后来向国民政府教育部正式立案，华西协合大学才渐渐走向风平浪静的稳定发展阶段。

虽然有如此严峻的挑战，华西协合大学仍然在剧烈的社会变革中继续坚持着。"由芽而苗，由花而实"，华西协合大学迅速发展壮大起来，并且以大学为核心，将各式教会学校（包括幼稚园、小学、中学、师范、神道）团聚于周围，在华西坝上构筑了一套相对"完整的基督教教育系统"。在传教士们看来，他们力图通过构建这样的教育系统，将心目中的"东方的地狱（Eastern Hell）"改变成为理想的"西方的天堂（The Western Heaven）"。

1916年，蔡锷督军兼省长应邀为学校题词《敬祝华西协合大学校》，高度评价了华西

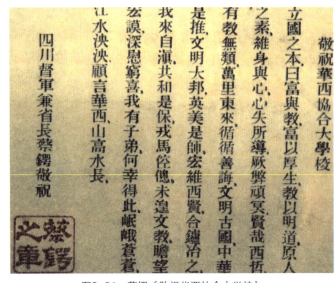

图3-31　蔡锷《敬祝华西协合大学校》

协合大学对促进中西文化教育事业发展所起到的独特作用：

"立国之本，曰富与教。富以厚生，教以明道。原人之素，维身与心。心失所导，厥弊玩冥。贤哉西哲，有教无类。万里东来，循循善诲。文明古国，中华是推。文明大邦，英美是师。宏维西贤，合炉冶之。我来自滇，共和是保。戎马倥偬，未遑文教。瞻望宏谟，深慰穷喜。我有子弟，何幸得此。岷峨苍苍，江水泱泱。顾言华西，山高水长。"

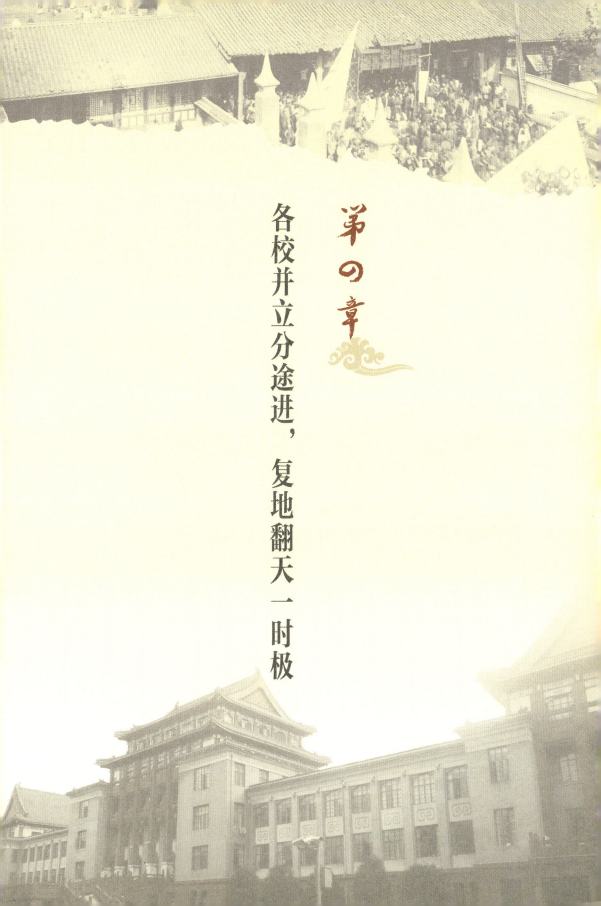

第四章

各校并立分途进，复地翻天一时极

20世纪初年，由于官府督办、士绅热心和各界支持，四川和全国各省一样，大力推广新式教育。在这期间，四川先后设立了师范学堂、法政学堂、藏文学堂、农政学堂、工业学堂、存古学堂等专门学堂。这些学堂与四川省城高等学堂和华西协合大学等共同构成清末四川高等教育主阵容。四川教育在秉持传统的同时，"奉欧西为先"而"蔚若云兴"。

师范学堂

由于新学师资极其缺乏，四川省城高等学堂一开始就设立了优级师范科，但仍不能满足当时四川教育发展的需求。为此，1905年，四川总督锡良在成都皇城贡院东偏的府试院（今成都四川省科技馆东侧）设立了四川通省师范学堂，以后迁到了盐道街。

四川通省师范学堂设监督，相当于校长。四川通省师范学堂的第一任监督是四川教育总会首任会长徐炯。学堂监督下设教务长、庶务长、斋务长及学监主任等。学堂的教师主要有三类，一类是近代四川文化名流，如出任过监督的徐炯、方旭等，主要承担中国文史方面的教学；一类是日本学者，主要承担理科教习；一类是留日学生，主要担任助教职务。1909年学堂共有26名教师，其中就有7名日本籍教师，几乎担任了所有理科课程的教学活动。四川通省师范学堂的学生来自各府县，由其定额申送。学堂分为初级、简易和优级三部。初级部和简易部都相当于初级师范。其中，简易部是速成性质，主要为年龄较大的学生开办。优级部相当于本科。

1908年后，随着实际情况的变化，四川通省师范学堂将招生重点转向了各地初级师范学堂、中学堂和高等小学堂的毕业生，不再招收22岁以上的学生，招生条件也有了较为严格的规定。简易部也相应地改为预科。1908年，为了研究和指导高等小学教育，学校开办

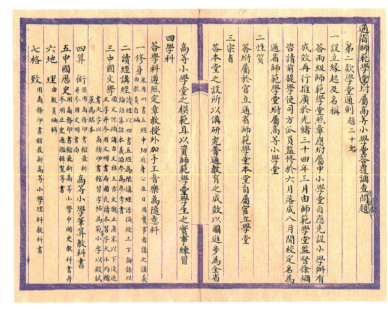

图4-1　四川通省师范学堂附属高等小学堂概况

附设高等小学堂并由徐炯亲任监督。1909年，为了满足省内新学堂对手工教员的需求，学校增设手工专修科。

四川通省师范学堂以造就中等学堂和初级师范学堂教学和管理人员为宗旨。学生不分专业，学习课程包括人伦道德、教育学、心理学、国文（包括习字、作文）、算学（包括几何）、博物、物理、化学、中外历史、中外舆地、外国文（包括日语、英语）、经济法制、体操、图画等，基本上涵盖了现代基础教育的各个学科。

忧时卫道徐子休

徐炯，字子休，号蜕翁，别号霁园。他在蜀中很有威望，号称"徐三爷"。每每聚会，一听说徐三爷驾到，在座者立即起身致意。作为"戊戌六君子"中杨锐和刘光第的好友，得知他们身首异处，他悲愤地说："一刀砍下去的不是他们的头颅，而是满清的国脉啊！"辛亥革命后，他依然要坚持"尊孔读经"，在成都创办"孔圣堂"。其做派虽

图4-2 徐炯

与时代脱节，倒也体现他一以贯之的思想。1916年春，陈毅在成都省立甲种工业职业学校学习。在该校兼课的国文教员徐子休在课堂上感慨："四川没有出过皇帝，没出过大将，只出了几个文人，很可惜呀！"陈毅当即起身反驳："现在是民国了，无须出皇帝。况孟子早就说过，民为贵，君为轻。现在要是多出几个科学家就好了。"其实，多以"卫道士"身份示人的徐炯虽然精通程朱理学，仍然力主学习自然科学，曾多次率学生赴日本各地考察，并非顽固到底的迂腐之人。

赵尔巽自命不凡，在四川总督任上，常常看不顺眼，言语刻薄。徐炯不以为意，敢于直言。有一次，徐炯正短扎衣衫，带领师范学堂附小学生劳动，忽报总督赵尔巽来堂视察。徐炯让属下回禀：监督外出，留下名片即可。他认为，率学生操劳事大，不能中辍以见达官贵人。又有一次，赵尔巽要到胡峻任总理的四川省城高等学堂视察。事前有人说，每个学生制服为公家发放，尚且可观，但是床帐被褥形形色色，不好看，提议让学堂统一制备。胡峻怕赵尔巽"挑漏眼"，忍痛答应。当日，赵尔巽和赵尔丰一番视察，称赞高等学堂办得好，更称四川是大省，人民殷富，学生才有这样的待遇。然后，他似有不乐地说，学生不可染外国的奢风，如食肉不食马肝，未为不知味等等。老师和学生听后，心有不悦。徐炯被公推致答词。他说：大恭主今天诚饬学生力

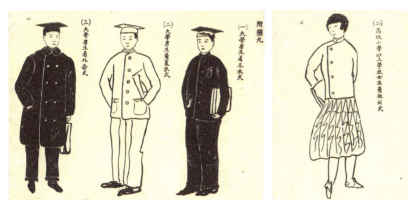

图4-3 清末民初学堂学生服装

求实学，不染奢风，这是一针见血的话。但是，胸有千秋、衣无点尘、风格俊整与断齑画粥两不相妨。过去竹林七贤面垢忌浣、衣垢忌洗，是有所激而然。在座诸位先生一定赞许今天中国新学堂学生的气象光昌，一定不赞许旧书院秀才的颓堕萎靡。这才配得上与海通波，一定是大恭主为国育才的希望。徐炯的话虽与赵尔巽针锋相对，但言辞妥帖，大家都无话可说。

五大专门学堂

　　1906年8月成立的四川法政学堂一开始就设立了官、绅两班。校址初设成都皇城贡院西偏和成都五世同堂街清财政署内，后皇城校址迁总府街清内务司署内。官班的学生主要是已取得功名的人和世家子弟，绅班主要招收无功名的人士。学校体制主要模仿日本，采用日本教材，主要聘用留日学生为教师。四川通省法政学堂首任监督邵从恩是四川青神人，他积极支持团结抗日、实行民主的主张，1947年出席国民参政会被气得中风进入医院，

图4-4　邓绍昌和"川大林"

以颤抖的手写下"内战不停我不乐"七字。因此，他被国人称为"和平老人"。

　　中国改革开放的总设计师——邓小平的父亲邓绍昌也曾经在四川通省法政学堂学习。在今天的四川广安邓小平故里纪念园区左侧，一片郁郁葱葱的"川大林"寄托着四川大学师生的深情厚谊，而校友邓绍昌的陵墓就静静地座落在"川大林"的旁边。

　　辛亥革命后，学堂更名为四川公立法政专门学校，同时，还设别科和讲习科，设有人伦道德、日语、算术、大清律例、大清会典、法学通

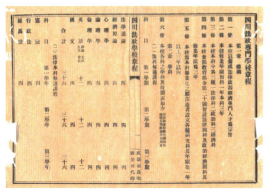
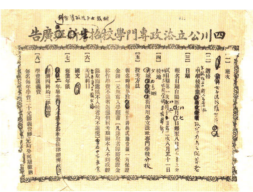

图4-5 四川法政专门学校章程和女子法政专修科招生广告

论、民法、国际公法、国际私法、商法、刑法、行政法、宪法泛论、城
乡地方自治章程、政治学、经济学、财政学、法院编制法等课程。1916
年，学校还专门招收了女子法政讲习科，虽然是专为女子开设，不一定
是男女同班学习，但也算得上是四川地区最早的女子专门高等教育了。

四川藏文学堂成立于1906年7月，是当时的四川总督赵尔丰为培养
办理康藏边务的翻译人才而设立的。校址初在成都昭忠祠街，后迁成都
东马棚街。学生由康藏地区选送，共120多人，主要学习藏语、藏文、
文书等课程，也有一定的军事训练。学制两年。不过，专修藏文，范围
过于狭窄。因此，1907年，学校改名为四川省城官立方言学堂，目标转
向外国语（主要是英语）人才的培养。

图4-6 四川公立农业专门学校教员职务表

四川通省农政学堂也是在1906年由许涵度设立的，初设成都皇城后宰门宝川局旧址，后迁成都东门外白塔寺，今四川大学望江校区附近。学堂初期以培养农政官员为目标，学生由各县按额度选送，分为农、蚕等科，1911年增设林科。后期，学校目标转向培养农业技术人才，致力于推广新的农业技术和开发川边。

图4-7　1927年四川工业专门学校第四次工业考察团
经过上海

四川工业学堂是1908年2月在原四川游学豫备学堂的基础上改办的。原在成都皇城至公堂右侧四川游学预备学堂旧址，后迁至成都学道街清提学使署。1910年改称四川高等工业学堂，以培养工业专门人才为宗旨，分为采矿冶金、应用化学、机械等6个班，除开设普通学校的课程外，还开设机械、制图等专业课。

四川存古学堂在1910年7月由四川提学使赵启霖创办，是当时国内"国粹主义"思潮的产物，以保存国学为宗旨。校址在成都外南簧门街

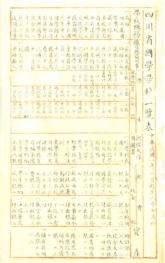

图4-8　四川省国学学校一览表及其平面图

国学巷。学堂分经学、史学、词章三门，设有理学、经学、史学、词章、声韵、小学等课程。学生选定一门后，即从事专门研习，不得随意更改，具有十分浓郁的传统书院的色彩。由于存古学堂对国学根底要求很高，因此，学生的年龄普遍很大，大都在22至40岁之间。其学制也长达6年。学生毕业后，可担任中等以上学堂教习，也可升入京师大学堂或通儒院进一步深造。

天下惟公

长期以来，作为四川大学前身的四川省城高等学堂和各个专门学堂是四川地区早期同盟会活动的重镇。1906年，四川省城高等学堂已有同盟会的组织，校长胡峻及其继任者周翔都是坚定的同盟会会员。根据不完全统计，在早期同盟会中，四川大学各个时期的校友主要有：尊经书院学生彭家珍、吴鼎昌、尹昌衡、吴玉章、胡峻、周翔等，四川省城高等学堂师生杨庶堪、黄圣祥、廖泽宽、刘皑、刘长述、刘公潜、龙鸣剑、卢师谛、彭家骐、魏奉之、张培爵、张夷白、邹杰、李宗吾、李培甫、张颐、杨伯谦等，四川通省师范学堂学堂学生方潮珍、汪子宜、徐堪、张为炯等，四川通省法政学堂教员邓家彦、董修武、龙国桢等，四川通省蚕桑学堂师生曹笃、朱国琛、刘养愚、蒋淳风等，以及后来陆续在四川大学任教的李炳英、向楚、熊晓岩、叶秉诚、任鸿隽、刘季刚等。

1907年9月"丁未成都事件"中，四川省城高等学堂学生张培爵和廖泽宽等拟利用慈禧太后寿辰发动起义，因事泄而未成功，张培爵等40多名学生由于胡峻的通知及时出走，杨维、黎清瀛、黄方等6人被捕。胡峻与伍肇龄等当即与当局交涉："此次事件，牵涉学界，传闻大捕，人心惶惶，有碍教育，望万勿扩大事态"。赵尔丰十分清楚胡峻等人的分量，也害怕把事情弄大了不好收场，于是答应不再扩大化。被捕的"六君子"虽免遭杀害，但仍被判监禁。

辛亥惊雷

1911年，轰轰烈烈的保路运动爆发，成为辛亥革命的前奏。在这场"破约保路"的爱国运动中，学校校友成为最为重要和最为活跃的中坚力量。在四川保路运动主要领导人中，蒲殿俊担任保路同志会会长、川汉铁路改进会会长，罗纶担任保路同志会副会长兼交涉部长，颜楷担任股东大会会长，张澜担任股东大会副会长，彭兰村担任川汉铁路公司董事局主席，黄季陆是童子保路

图4-10　保路运动的主要领导人罗纶、蒲殿俊和张澜（从左至右）

图4-11　校友王枬设计，吴之英、赵熙、颜楷等题书的辛亥秋保路死事纪念碑

图4-9　那爱德镜头中的四川辛亥革命

同志会会长。

当时四川大学各校在校师生，包括当时在附中读书的郭沫若、李劼人等是保路运动的积极参与者。校园内外，时常响起同学们"废约保路兮，吾头可断，志不移""川粤铁路不争回，不死复何期"的歌声。郭沫若曾经回忆起当年，与同学们一起撞诗钟、对神仙对子、次韵杜甫诗作的情形。蓄着拿破仑头、戴玄青布京帽的素爱整洁的李劼人被大家称为"精公"，他曾经有一幅颇有预见性的对联："望江楼上望江流，江流万古，江楼千古；赵尔丰前赵尔巽，尔巽一年，尔丰半年。"

"成都血案"和"水电报"

在1911年9月7日的"成都血案"中，四川总督赵尔丰先后逮捕保路运动领导人和积极分子共12人，罗纶、张澜、王铭新、叶秉诚、彭兰村、蒲殿俊、颜楷、蒙裁成、阎一士等9人为学校校友。其中，著名国学大师蒙文通的叔父、四川法政学堂监学蒙裁成和四川省城高等学堂毕业生阎一士是自己听说他人被抓后，主动要求"同死"的。对于这场血案，李劼人在作业本上留下了"其人虽死血犹香"的诗句，虽然引得个别极端保守的教书先生的不快，却引来郭沫若和其他同学的批注和应和。郭沫若特地把这本作业本收藏起来，他说："假如那能流传得出来，我相信会是足够'幽默'的一种宝贝"。

引发血案的《川人自保商榷书》的作者之一刘长述正是"戊戌变法六君子"之一的刘光弟的儿子，由胡峻保荐到四川省城高等学堂学习。刘长述1925年出版了中国第一部以保路运动为题材的小说《松冈小史》，先于郭沫若1929年出版的《反正前后》和李劼人1937年发表的《大波》等同题材文学作品。

成都血案发生后，四川蚕桑学堂监督曹笃、蚕桑学堂农

图4-12　水电报

图4-13 《松冈小史》书影

事实验场场长朱国琛和毕业于四川通省师范学堂的龙鸣剑等人在木牌上刻"赵尔丰先捕蒲罗后剿四川各地同志速起自保自救"等文字，通过锦江传警各地，时谓"水电报"。

首义实先天下

群众性的保路爱国运动直接发展成为四川辛亥革命。1911年9月25日，校友吴玉章、龙鸣剑和王天杰等人在四川荣县宣布独立，成立全国第一个脱离清王朝的县级政权——荣县军政府。孙中山盛赞为"首义实先天下"。四川威远人胡良辅1906年就读四川通省师范学堂，次年加入同盟会。1911年，他任嘉定府所属七县同志会评议长、威远军政府副军政长。11月2日被歹徒杀害。其弟胡良佐与朱德同在四川省城高等学堂体育科学习，学习成绩分列第一名和第十名。以荣县首义为代表的四川同志军的起义点燃了武昌起义的导火线，敲响了封建君主专制制度的丧钟。孙中山指出："若没有四川保路同志会的起义，武昌革命或许要迟一年半载。"

在四川辛亥革命主要领导人中，学校校友主要有：大汉军政府首任都督蒲殿俊，大汉军政府军政部长和继任都督、四川都督府都督尹昌衡，蜀军政府都督、四川都督府副都督和民政长张培爵，大汉军政府副都督、四川都督府军事参议院院长罗纶，四川都督府川北宣慰使张澜，四川都督府政务部长、川南宣慰使邵从恩，大汉军政府总政务处经理、四川都督府财政部长董修武，蜀军政府高等顾问、四川都督府外交部长杨庶堪，蜀军政府秘书院院长、四川都督府秘书厅厅长向楚，蜀军政府炸弹团团长张颐，四川临时议会议长骆成骧，大汉军政府高等顾问徐炯，保路同志军东路民军参谋长龙鸣剑，保路同志军学生军大队长蒋淳风等。另有蜀军总司令兼参谋长林绍泉，后来因为背叛革命被处决。对于四川辛亥革命，校友朱德在《辛亥革命杂咏》中有极为准确的评价："群众争修铁路权，志同道合会全川，排山倒海人民力，引起中华革命先。"正如另一位校友郭沫若指出的那样："辛亥革命的首功应该由四川人来担负"。其中，走在保路运动和辛亥革命潮头的四川大学校友更是功不可没。

朕即国家

在四川辛亥革命主要领导人中，张培爵当属最为有名的校友。张培爵，字列五，重庆荣昌人。1903年考入当时的四川省城高等学堂（四川大学前身）优级师范科。1904年，张培爵、李宗吾和廖泽宽等四川省城高等学堂校友为主创办的叙属旅省联合中学即叙府公立中学堂（后更名列五中学）逐步成为成都地区同盟会的重要场所。1906年在校加入同盟会。次年，他与熊克武等人共谋泸州、成都起义。1909年他到重庆，参与组织"乙辛学社"。

1911年11月22日，校友张培爵和杨庶堪等领导重庆起义并成立了蜀军政府，由此引爆了全川各州县的独立浪潮。1911年11月27日，校

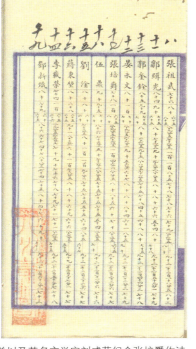

图4-14 张培爵和他的在校成绩单以及著名文学家刘咸荥纪念张培爵作诗

友蒲殿俊成为在成都宣布独立的大汉军政府都督。12月9日，校友尹昌衡和罗纶平定叛军，就任大汉军政府正副都督。1912年3月11日，大汉军政府和蜀军政府合并成立四川都督府，校友尹昌衡和张培爵担任正副都督，四川宣告统一。不久，张培爵改任四川民政长。同年10月，他被袁世凯解除实权，调北京任"总统府高级顾问"。次年孙中山发动"二次革命"时，张培爵秘密组织讨伐袁世凯。1915年4月，他被袁世凯杀害。

张培爵的女儿张映书毕业于国立四川大学，李宗吾曾对她说："你

图4-15 国立四川大学学生、张培爵之女张映书

图4-16 蜀军政府成立

父亲不但积极开展革命工作，还经常锻炼自己的革命意志。他同廖泽宽，雷民新和我数人，在联中教书时，朝夕相处，共策革命。你父常说："要革命就不怕杀头，得经常练习临危如常，砍头不惧的本事。要盘足而坐，当钢刀架在脖子上，把后颈一挺，人头就落地了"。说完他自己做给我们看，还要我们一个一个试一试。"杨庶堪见张培爵奔走革命，不计个人安危，曾戏赠以"朕即国家"四字。

厚黑教主并不厚黑

当然，不得不提的是被誉为"影响中国20世纪的20大奇才怪杰"之一的四川富顺人李宗吾。1907年，他毕业于四川省城高等学堂，在校期间加入同盟会。1912年，他写出《厚黑学》一书，冠"独尊"之笔名并以"厚黑教主"自号。

当年，在高等学堂学习时，他听日本教习池永讲课说："操学问，全靠自己，不能靠教师。……如果学问是教师给与学生的，则是等于此桶水倾入彼桶水，只有越倾越少的，学生只有不如先生的。而学生每每有胜过先生者，即是由于学问是各人脑中的固有的原故。"因此，在笔记本上，他大书"固囊"二字，意思就是说——脑是一个囊，副本上所写，皆囊中固有之物也。这段故事，对李宗吾发明厚黑学影响很大。李宗吾原名李世铨，1894年自己改名为李世楷，字宗儒。正是由于高等学堂的教育，他开始树立思想独立的旗帜。在这里，他再次改名为李宗吾，也就是主张独立思考之意。

对于《厚黑学》这本书，世人褒贬不一。这本书在某种意义上是对封建社会体

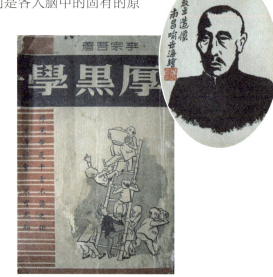

图4-17　李宗吾和他的《厚黑学》

制下官场黑暗的揭露和批判。林语堂说："读过中外古今的书籍，而没有读李宗吾《厚黑学》者，实人生憾事也！"柏杨也说："这本书之好，在于告诉国人，一个盖世奇才，对日非的世局，其内心的悲愤痛苦是如何沉重。"对于官场，李宗吾心如明镜却不愿同流合污。1912年，已经发表《厚黑学》的他担任四川审计院第三科科长，后来因为审计院撤销，拟改任重庆关监督。他坚辞不就，担任四川官产竞买处理处总经理，却要求将薪金从200元减为120元。次年，四川官产竞买处理处被撤销，他打算回家，却连路费也没有着落。于是，他向同乡李健人借了50元才得以成行。李健人附诗一首："五十块钱不算多，借了一坡又一坡。我今专人送与你，格外再送一首歌。"书生气十足的李宗吾和诗作答。其一："厚黑先生手艺多，哪怕甑子滚下坡。讨口就打莲花落，放牛我会唱山歌。"其二："大风起兮甑滚坡，收拾行李兮回旧窝，安得猛士兮守砂锅。风萧萧兮江水寒，甑子一去兮不复还。"

　　他与朋友一起饮酒吃饭，如果不是自己掏钱腰包，半天都觉得别扭。1914年，李宗吾任四川省立第二中学校校长。1916年改任四川省视学，力主对现行学制进行彻底改革，切实建立考试制度。有次到叙州联立中学主持考试。一夜，一群"耍公子"学生手持哑铃、木棒闯入李宗吾卧室，将他拖出房门一顿痛打，并骂道："你这狗东西，还主不主张严格考试？"他躺在地上暗想："只要打不死，我会继续坚持的！"这就是实实在在的川大人。因此，正如南怀瑾说："厚黑教主的为人道德，一点儿也不厚黑，甚至是很诚恳、很厚道的。"作为关系学、官场术的"厚黑学"是必须反对和批判的，但"厚黑教主并不厚黑"却是真实的。

国立之始

　　民国建立后，清末学制已不再适用。1912年7月，南京临时政府教育总长蔡元培召集中央临时教育会议，制定了一系列新的教育法令。按照《大学令》的规定，各省的高等学堂停办。虽然四川省城高等学堂

图4-18　1924年国立成都高师第三次教育考察团在杭州

（当时已改名四川官立高等学校）几次上书教育部，要求在该校基础上
改设四川大学，但是都没有获得批准。1916年，在最后一届学生全部毕
业后，四川高等学校将师生和一切经费、校产、图书、设备等转入由四
川通省师范学堂更名的四川高等师范学校。

1912年，教育部设立了北京、南京、武汉、广东、沈阳、成都六大
国立师范区，直属教育部。当年7月，四川通省师范学堂取消了初级、
简易两部，改称四川优级师范学校。次年春，学校再改称四川高等师范
学校。

1916年11月，根据教育部的决定，四川高等师范学校正式定名为
国立成都高等师范学校。这是四川大学校历史上定名"国立"的开始。
差不多同时，五大专门学堂也相继改称四川公立国学、外国语、法政、
工业、农业专门学校。

在师资方面，国立成都高等师范学校基本上延续了原来两校的惯
例，以蜀学名宿为主，也聘有一定数量的外籍教师。其中，外籍教师在
1915年之前主要是日本人，1915年以后则主要是英国和美国人。由于
拥有雄厚的师资力量，国立成都高等师范学校开设了教育部《高等师范
学校规程》规定的所有课程，设有国文、英语、数理、博物四部和预科
以及附属中学、附属小学等，机构齐全。国立成都高等师范学校在全国
也占有重要地位，与北京高等师范学校（今北京师范大学）、南京高等
师范学校（今南京大学）、武昌高等师范学校（今武汉大学）、广东高
等师范学校（今中山大学）、沈阳高等师范学校（今东北大学）并称全

国六大高等师范学校。据教育部1918年统计，学校专任教师和在校学生人数，仅次于北京高等师范学校，名列第二；经费数则名列第四。

吴玉章掌校

1892年，吴玉章就读于尊经书院。由于母亲病故，在校学习半年后，他与同在尊经书院学习的二哥吴永锟返回家乡，为母亲守墓三年。1898年，戊戌变法时，二哥吴永锟在四川尊经书院狂热宣扬变法思想，吴玉章也在乡间积极宣传新思想。1903年吴玉章东渡日本，1905年加入同盟会。他参加了四川保路运动和护法运动。辛亥革命后，他出任孙中山总统府秘书。1914年，吴玉章留学法国。

1922年9月，吴玉章正式到任国立成都高等师范学校校长。面临着办学经费拮据的问题，他努力争取四川省财政厅和社会各界的经济支持，积极联络校友和成都兵工厂、四川刻印处等校外机构支持学校办学。在这里，吴玉章利用自己独特的身份和地位，以学校为基地，积极展开革命活动。到校不到两个月，吴玉章将被无理解聘的四川地区马克思主义先驱王右木续聘回校。当恽代英在泸州川南师范学校被军阀赖心辉扣押后，吴玉章立即去电保释，并于1923年2月下旬聘请到学校担任教育学教员，还让他在礼堂给学生讲《阶级斗争》。他还组织学生到工人和农民中去做宣传和组织工作，组织工会和农会，让四川的一些军阀很头痛。

吴玉章通过积极引进和任用新派人物，力图改变学校长期以来比较重文轻理的积习，尤其注意延聘学有专长的具有理工科知识背景和海外学历背景的教师。国立成都高等师范学校历任教务主任，一般都是由有名望的"蜀学宿儒"担任。吴玉章一上任即由日本成城学校、冈山第六高等学校、京都帝国大学毕业的物理学科主任

图4-19　吴玉章来校任职函告

郭鸿銮担任教务主任。

为办好学校，吴玉章在1923年4月和1924年4月派两批学生先后去国内的重庆、武汉、南京、上海、北京以及日本的大阪、东京等地考察。"各生考察回川，学业增进，服务成绩愈益优良。"在他的倡导下，学校实行了学年学分制、重新学习制度和有条件的弹性学制。

在吴玉章担任校长之前，学校本科设有国文、英语、数理、博物四部，专科设有图画、手工两科。他接掌学校后，立即改数理部为数理化部，并适当扩大了招生规模。后来，他又改国文部为文史部，将数理化部分设为数学部和理化部。

图4-20　吴玉章以及四川大学、荣县人民政府专门纪念他而修建的"最难亭"

吴玉章长期留学海外，曾担任教育部欧美学务调查员，十分注意派人"出洋研究精深之术"，"为国家教育前途储备人才。"他1922年9月刚刚上任，11月12日即派出教员邓胥功取道德国去美国留学，同时考察欧美的教育发展和教育制度。自己派教员出洋留学并在留学期间发放半薪，这在学校历史上是第一次。

吴玉章着手对学校课程体系进行了大力改革。学校实行的是有指导的选科制，要求"必修科约占全单位之四分之三，选修科约占全单位之四分之一"。整个课程体系由通习科目（即通识课）、分习科目（即专业课，包括必修科和选修科）和随意科（即任意选修课）组成，与今天的高校课程体系几乎完全一致。

在授课方法上，吴玉章提倡采用西方的"自学辅导主义"等教学方法，要求教师积极引导学生"感触时代思潮"。同时，他十分重视学生的业务实践和社会实践能力的培养，以附中和附小为场所实地练习教学方法，毕业前实行本地见习和省外或海外见习，按照专业要求开展实地教学。

吴玉章知晓民众疾苦，热情关爱广大学生，积极支持学生的爱国民主运动。1923年6月，在国立成都高等师范学校举行了成都各校师生"争还旅大，废止二十一条"游行警告大会，吴玉章亲自到会支持。1923年12月，军阀借口学生斗殴，传讯并准备逮捕四川全省学生联合会负责人，吴玉章以三年级学生实习为名把黄代国等人送出省外考察。

吴玉章非常重视学生的全面发展，亲自为学生讲授《经济学》。他对同学们说："不学经济，不知中国将来前途怎样走。"他支持学生按学科组织和加强国文学会、英文学会、数理学会、博物学会、音乐学会、体育学会、教学研究会等学术团体的活动。在学生管理方面，他采取了自治辅导主义，"使学生对于校规有自发的猛省，养成共同遵守规律之习惯。"在学校规则之外，由学生组织群治会，"分股办事，由学校予以指导，一面养成自治，一面接近社会，成绩至为可观"。许多高年级学生在课余担任了学校附设的平民夜课学校的教员，同时进行教学法的实习。

吴玉章非常重视校园文化建设。不仅当时的国立成都高等师范学校有校歌，连附中和附小也有各自的校歌。学校运动会等大型集会时都要先唱当时的代国歌《卿云歌》："卿云灿兮，虬乐熳兮，日月光华，旦复旦兮。日月光华，旦夏旦兮。"然后，全体齐唱校歌，很是鼓舞人心。

国立成都高等师范学校的校歌是："礼乐著休明，鼓吹乾坤。千古文章性命，师儒道自尊。成就莘莘学子，甄陶万类之根。要使天中地正，持纲总在人。"附中的校歌是："蜀郡名都，天府宏图，众多吾辈英儒。附中啄育，培以廉誉，译以诗书。德业不孤，勿负此七尺躯，好作自治良模。"附小的校歌是："谁谓吾侪年

图4-21 吴玉章在国立成都高等师范学校（中坐者）

图4-22 吴玉章校长致胡适的信

纪小，立志更要早。谁谓吾侪学问少，读书智慧高。满庭桂柏青复青，枝叶经冬常新。一堂师友亲复亲，情义日久益珍。他日天涯海角走，此心不会忘九九。"

1924年，吴玉章辞职离开了学校。他后来担任了中法大学四川分校校长、鲁迅艺术学院院长、延安大学校长、华北大学校长和中国人民大学校长等职务。他与张澜等人共同支持和资助四川学生赴法勤工俭学，其中包括陈毅和刘伯坚等。

吴玉章在国立成都高等师范学校提出和实践了一系列的高等教育理

图4-23 30多年后吴玉章回母校作报告　　　图4-24 1925年国立成都高等师范学校数理系学生毕业

念，为全面形成无产阶级教育主张奠定了初步而扎实的基础。1959年9月，在《回忆"五四"前后我的思想转变》一文中，他全面地总结了在国立成都高等师范学校的治校经历："我费了很大力量来办这个学校。"吴玉章自己评价说："经过一番整顿，学校面貌大大改观，师生员工团结得很紧密，树立了一种崭新的学风。同学们有秩序，有朝气，追求知识，孜孜不倦，议论政治，意气焕发，成都高师成了进步势力的大本营。"

正由于吴玉章在国立成都高等师范学校"崇尚学术，启用新派"的教育实践，今天的四川大学将学校本科生创新教育荣誉学院命名为吴玉章学院。

新教育家舒新城

1926年，国立成都高等师范学校学生在向教育部提交的呈文中说，"回顾西南数省，十余年来，所恃为教育之中心，而中级学校，师资之所出者，孑然为本校是赖。"在四川，各中学校长和各县教育局长更有一大半出自国立成都高等师范学校，被人称为"高师帮"。

在20世纪20年代的四川，战乱不断严重影响了国立成都高等师范学校的发展，尤其是经费问题一直得不到解决。1924年，新教育家舒新城到国立成都高等师范学校任教。他在家书中提到："本校的经常费，在名义上也有十几万，但是照例的七折下来，每个月便只有七八千元，而这每月七八千元每年又领不到三四个月，于是名义上十余万元的经费，实际上领不到二万元；但是，四五百学生的膳费用品费、百余教职员工人的生活费以及一切的开支，都靠这二万元之数，所以，每年实际上课的时间，也常常不到三四个月。北京大学有次无钱买印讲义的纸，京沪报纸视为奇事；在此地这些事固是家常便饭，就是断炊也是屡见不鲜的事实"。他对同在一城的华西协合大学羡慕不已，称之为"小天堂"。

图4-25　《蜀游心影》书影

舒新城说，国立成都高等师范学校的图书馆只有三间屋子，"无论在普通的报纸杂志方面或专门的教育书籍方面，似乎比我家所备的还有限；最苦痛的就是近五年内的中西出版物太少，虽然也有若干份省外的杂志与最少数的报纸（我所见到的只一份上海的《时事新报》），但寄到的时间都在出版后一个月以至二三个月，而且首尾衔接的极少。图书馆内亦有若干定期刊物，但除了省外各校赠阅者外，都是本省的东西，而关于全国及世界的各种新闻则又无不从京、沪报纸中转载而来。故在此地欲求从新闻纸瞭解天下，其难最少也与上青天的蜀道相等！"

舒新城说，国立成都高等师范学校学生的生活"最有趣味"，学风更为纯朴。"十余日来，我不曾看见一个学生穿丝织物——几乎完全穿布制衣服——这实不是下江的学生所能梦到的。"在学习方面，"他们对于功课虽然是朝于斯、夕于斯地努力研究，但都是自动的，对于教师绝不如下江学生的自由问难，自由讨论"，"而教师们却也乐得有此"。"这种现象，当我当学生的时候即已如此，内地的学生现在还大概如此"。

由于私人方面的原因，舒新城在国立成都高等师范学校的生活并不愉快。加上舒新城本来是恽代英向吴玉章引荐到校任教的，可他去的时候吴玉章很快就离任了。所以，他的许多回忆都带有情绪化的色彩。但是，我们仍然不难从中看出，学校师生在当时恶劣的条件下，顽强地坚持着自己的学术理想。

国学浩瀚胜大海

　　国学大师姜亮夫的《忆成都高师》证实了学校并不如意的硬件环境。1922年9月入校的姜亮夫（在校用名姜寅清）是慕名而来的云南昭通考生。他回忆到："昭通一共有三人参加复试，有一人不合格。当时校长是吴玉章先生，当得知我们三人从云南来，路上走了一个月，很苦，就同意那位考不取的同学做旁听生，一学期及格就转正，我们三人都很感激校长先生。"对于学校的第一观感，姜亮夫说，自己从云南来，初到国立成都高等师范学校，发现"学校很简陋，没有两层楼以上的房子，都是平房，教室也是平房，而且教室上的窗子百分之九十九是没有玻璃的，看上去十分破落，规模很大，到处是一大片一大片的空地。"在他看来，这里的条件连云南的东陆大学也不如，很让他有些灰心。但是，一位去过武汉和南京的学长说："房子虽旧，老师却非常认真，非常好"。他将信将疑，也知道四川最有名望的"五老七贤"中有好几个都在这里教书，特别是听了几位名家授课后，失望的心情很快就烟消云散了。

　　他清晰地记得第一堂课是著名文学家林思进讲的。在课堂上，林思进要求他们每人买一本张之洞的《书目答问》和一部尊经阁刻本的《四史》，并且说：先生教书只是指路，至于读得好不好是学生自己的事。研究国文一定要有基础和根底。等大家买来《书目答问》后，林思进让同学们在书上打圈。三个圈是必读篇，两个圈是浏览阅读，一个圈是偶然间去翻翻，没有圈的可以不读。姜亮夫受益匪浅，一直保留着这本

忆成都高师

　　我一生就读过四所大学。巴黎大学我只是零零碎碎去上课，精力集中到研究教煌经卷上去了，实际效果怎么样，我无法评价。而且巴黎大学对我的影响似乎也比较少。另外三所大学是：成都高等师范学校、北京师范大学、清华大学研究院。其中给我印象最深、给我影响最大的是二十年代成都高等师范学校和清华大学研究院的读书经历。至于北京师范大学，相比之下影响略小，因为我在北京师范大学学习时间不长。我自己从读书到现在，基本上没有离开过学校，所以"学校"在我一生的生命线中是主要部分，假如我有点成就，就是这些学校对我教育的结果。所以，今天我再写一下成都高师。

成都高师的社会环境

　　在中学里由于我的国文好，其他功课也还可以，于是以官费身份考进成都高师。但我的英文不行，一到昆明，就进英语补习学校。我拼命用功。英语老师是伯希文，其父是法国人，其母是广东人。老师的英语水平不错，教我们读过英文版的介绍罗马大将凯撒这类书。经过补习，我勉强合格。回昭通和家人团聚了三天，然后去四川。由昭通去四川，路极难险。有的地方有巨石深谷，左边是高山，山上常有巨石滚下。我骑的马很有灵性，时而狂奔，回首看后面刚才经过的山路上巨石纷纷滚下山崖，我慢一步，会连人带马给打入深谷。又有

图4-26　姜亮夫塑像及其《忆成都高师》书影

《书目答问》。

后来，他读了林思进的《清寂堂诗集》，居然敢写短文加以评论。拿给林思进看过，林思进开怀大笑："其志可嘉"，并且直截了当地说："你诗读得太少"。于是，林思进推荐他读姚鼐的《今体诗钞》、王闿运的《唐诗选》和《八代诗选》。由于《今体诗钞》买不到，林思进将自己手里的借给姜亮夫抄录。后来，姜亮夫在校期间，大致写了三、四百首诗，快毕业时才拿出来看。林思进对其中不到十首诗和二、三十句好句子给予了肯定，并且说："你的功夫是白废的，你不是作诗的人，你这人没有诗趣。"后来，到了清华园，王国维看过这些诗，也说不适合在诗歌方面发展。于是，姜亮夫将它们付之一炬，以示从此不走此路的决心。他认为，这是自己学术道路上重要的第一变。

对于同窗共读的同学们。他说："学校非常贫寒，晚上没有电灯，都是用清油灯，每个学生一盏，明天晚自修铃一响，管灯的人就把点着的油灯放在你的桌上，自习一结束，管灯人就来把灯收掉，而寝室里的灯就亮了，非常有规律。"经过一段时间的学习，姜亮夫深有感触："成都高师的德育是先生们以身教，智育是先生们拿自己的学问来教，体育教育更有特点。我们每周有三次体操课，但是这个体操不是单讲技术，不是要求学生篮球争第一，不是要求你田径赛怎么样，而是要求学生锻炼身体，增进健康为主。"

对于曾经读过的国立成都高等师范学校、北京师范大学、清华大学研究生院和巴黎大学这四所大学，姜亮夫总结说："给我印象最深、影响最大的是二十年代在成都高等师范学校和清华大学研究生院的读书经历。"他一直对四川印象极佳，称赞这里文风很盛，连乞丐说话也"这边去了那边来""有一个大嫂绣花鞋"如此押韵。他还说，峨眉山上的抬轿人也常常用唐诗等诗句前后对答。

姜亮夫曾经以诗的形式写了一封家书《到成都报家书》，用"国学浩瀚胜大海""守身如玉得之花"等句，盛赞国立成都高等师范学校老师们的道德文章。1922年12月国立成都高等师范学校的教职员人数是

56人，其中，有海外学历背景的29人和外籍教师4人。1923年12月国立成都高等师范学校的教职员人数是72人，其中，有海外学历背景的32人和外籍教师7人。特别是在吴玉章任上，国立成都高等师范学校的师资队伍可以说是阵容十分强大，难怪姜亮夫说："我们学生对这里的先生佩服极了。"到了大四那年，姜亮夫在课余时间兼职教了一年书，每月可以有30元的入账。他用自己一年来所得的薪酬在昌福公司将两位先生的讲义自费印了出来。尽管印数很少，但姜亮夫却一直十分珍视，总是随身携带。晚年的姜亮夫说："这是我一生中最得意的一件事。"

时代弄潮

在新风劲吹的成都，大学师生永远是时代的弄潮儿。以国立成都高等师范学校和五大专门学校等为主体，学校成为四川五四运动和新文化运动的策源地。其中，学校出了为世人所瞩目的"中国思想界的清道夫""只手打到孔家店的老英雄"，他就是国学教授吴虞。

吴虞早年入尊经书院，跟随吴之英和廖平学习。1905年，他东渡日本，入东京法政大学，思想日趋激进，受到章太炎和梁启超思想的很大影响，开始反孔非儒。在五四运动前后，吴虞发表了诸如《家族制度为专制主义之根据论》《读荀子书后》《儒家主张阶级制度之害》《吃人的礼教》《说孝》等一系列笔锋犀利、振聋发聩的著名论文，和陈独秀、李大钊、胡适一起，向封建宗法制度、旧礼教、旧道德发起了猛烈攻击，唤醒了无数的青年，为五四运动和新文化运动的开展，做了启蒙工作和舆论准备。

吴虞任教于四川公立法政、外国语和国学专门学校等校，与校内外封建顽固派直接对垒，即使被逐出教育界也不退缩。他的社会影响为社会和青年公认，尤得新派所推崇，亦为四川的前清遗老们所不齿。由于吴虞有其思维局限性，还有自身言行不一的致命缺陷，也逐渐落伍于社会。当然，在成都，包括在校内，也有一批饱读诗书、皓首穷经的所谓

"硕学鸿儒"。他们无法适应社会的发展进步，在校内外鼓吹尊孔读经，指斥新派人物，阻挠新思想传播，在一定程度上延缓新文化运动在四川的迅速勃兴。

然而，青年学子勇立潮头。1918年，国立成都高等师范学校和四川公立外国语、法政、工业、国学等专门学校等12所学校的学生代表开会成立了四川学生救国会，并发表《救国警告书》，矛头直指日本帝国主义和北洋军阀政府。

五四运动爆发后，国立成都高等师范学校在省内第一个通电全国，声援北京学生的反帝爱国行动，强烈要求"杀卖国贼以谢天下"。学校至公堂前面的皇城广场，成了全市学生集会的活动中心。随后，经各校推选，成立了以高师国文部三年级学生张秀熟、袁诗荛

图4-27 吴虞与《星期日》

为正、副理事长的"四川全省学生联合会"，把反帝爱国运动推向社会，使全省抵制日货、反对封建军阀佣兵虐民的斗争一浪高过一浪。

与此同时，广大师生积极办进步刊物宣传新文化，传播新思潮。五四时代四川的主要进步刊物，如《星期日》《四川学生潮》《威克烈》《半月报》和《直觉》等，都是由学校师生吴虞、李劼人、袁诗荛等主办。这些刊物在四川乃至全国产生了重要影响。其中，《星期日》的影响较大，它与毛泽东主办的《湘江评论》、李大钊主办的《每周评论》和胡适主办的《星期评论》等是当时宣传新文化、传播新思潮的重要刊物。

睁开眼睛的巴金

其时，享誉海内外的文学大师、社会活动家、"人民作家"巴金正在学校学习。正如巴金所说："我是'五四'的儿子"，"五四运动象一声春雷把我从睡梦中惊醒了。我睁开眼睛，开始看到一个崭新的世界"。1920年9月，巴金进入四川公立外国语专门学校学习，在校用名李尧棠。他当时的校长廖学章回忆说："当时大家子女大多是坐轿子上学，就没有看见过巴金坐轿子，总是走路上学；而且天晴下雨总是爱夹着一把布伞。"

在《我的散文》中，巴金曾经回忆他在校的学习生活："在成都学英文，念过半本美国作家华盛顿·欧文的《随笔集》，后来隔了好多年才读到英国作家吉星的《四季随笔>）和日本作家厨川白村的essay等等，也不过数得出的几本。……我十几岁的时候没有机会学中文的修辞学，却念过大半本英文修辞学，也学到一点点东西，例如散文里不应有押韵的句子，我一直在注意。……我在这方面的'启蒙老师'是两本小说，而这两本小说偏偏是两位英国小说家写的。这两部书便是狄更斯的《大卫·科柏菲尔》和司蒂芬孙的《宝岛》。我十几岁学英文的时候念熟了它们，而且《宝岛》这本书还是一个英国教员教我念完的。那个时候我特别喜欢这两本小说。"虽然在巴金的回忆中，有关在外专的具体学习经历的文字并不算多，但是，他对掌握好外语这样的工具，充满着激情和希望。对于巴金来说，两年半的学习生涯虽然短暂，却给他的人生打上了不可磨灭的川大印记。

在校期间，巴金不仅学习英语和法语，还与在国立成都高等师范学校英语专业学习的韩国友人柳林一起自学世界语。柳林是韩国独立运动领导

图4-28 离开成都前的巴金（右一）

人，在校用名高尚真。

进入外专学习后，巴金的视野更加开阔，有机会阅读到更多的进步刊物和外国作品。当他读到克鲁泡特金的《告少年》、廖抗夫的《夜未央》和高德曼的一些文章后，深受影响，从此不再满足闭门读书的生活了。一天夜里，他给《新青年》杂志社的陈独秀写下人生第一封信，“等着他来吩咐我怎样献出我个人的一切”，却没有得到任何回复。1921年，他参加了进步社团“均社”的活动，结识了成都《半月》社的一批青年，简直就是用初恋的热情参与到《半月》刊的编辑工作中。《半月》结合当时青年学生学习、生活中碰到的问题，针对当时社会各方面的黑暗腐败现状，严厉地评论军阀拥兵虐民问题、裁军问题、女子剪发和男女平等问题。他自称是“安那其主义者”即无政府主义者，在《半月》上发表了《怎样建设真正自由平等的社会》和《IWW（世界产业劳动者同盟）与中国劳动者》等文章。

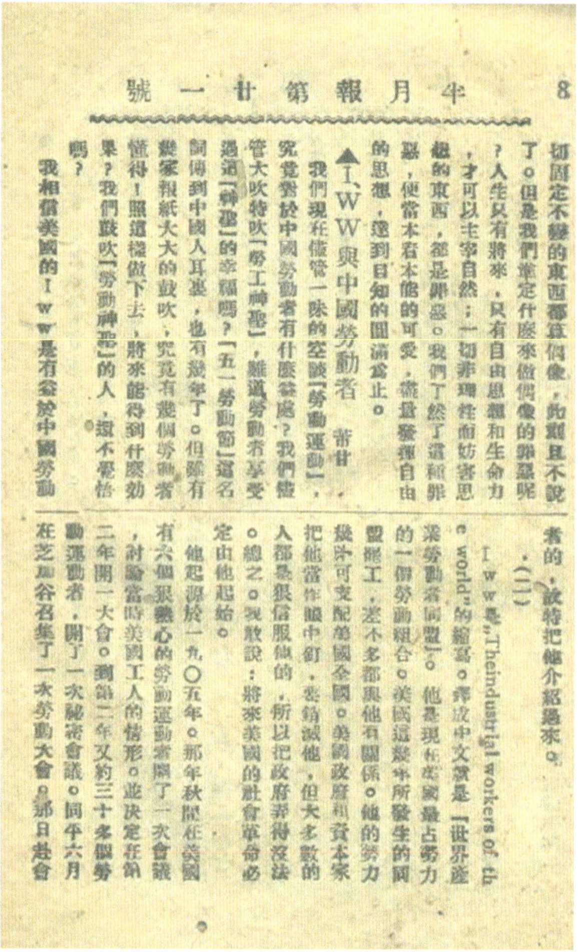

8　半月報第廿一號

切固定不變的東西都算偶像，此類且不說了。但是我們規定什麼來做偶像的罪惡呢？人生只有將來，只有自由思想和生命力，才可以主宰自然；一切非理性而妨害思想的東西，都是罪惡。我們了然了這種罪惡，便當本着本能的可愛，儘量發揮自由的思想，達到目知的圓滿爲止。

▲I.W.W與中國勞動者　芾甘

我們現在儘管一昧的空談「勞動運動」，究竟對於中國勞動者有什麼益處？我們儘管大吹特吹「勞工神聖」，難道勞動者享受過這「神聖」的幸福嗎？「五一勞動節」這名詞傳到中國人耳裏，也有幾年了。但雖有幾家報紙大大的鼓吹，究竟有幾個勞動者懂得！照這樣做下去，將來能得到什麼効果？我們鼓吹「勞動神聖」的人，豈不羞愧嗎？

我相信美國的I.W.W是有益於中國勞動者的，故特把他介紹過來。

（一）

I.W.W是"The industrial workers of the world"的縮寫。譯成中文就是「世界產業勞動者同盟」。他是現在美國最占勢力的一個勞動組合。美國這幾年所發生的同盟罷工，差不多都與他有關係。他的勢力幾許可支配美國全國。美國政府和資本家把他當作眼中釘，要剪滅他，但大多數的人都是很信服他的，所以把政府弄得沒法。總之。我敢說：將來美國的社會革命必定由他起始。

他起源於一九〇五年。那年秋間在美國有六個狠熱心的勞動運動家開了一次會議，討論當時美國工人的情形。並決定在第二年開一大會。到第二年又約三十多個勞動運動者，開了一次秘密會議。同年六月在芝加谷召集了一次勞動大會。那日赴會

图4-29　巴金公开发表的第一篇文章书影

在《半月》的同人中，年长几岁且同在外专读书的吴先忧对巴金影响最大。吴先忧在组织《半月》社时，自动退学当了一名裁缝店的学徒。在巴金的《家》和其他作品中常常会提到一位学裁缝的朋友，写到他的近视眼和手上密密麻麻的针眼，写到他夏天穿着棉袍进当铺，用当衣服的钱缴纳团体的费用。巴金说：他是“我的第三个先生”，“母亲教给我‘爱’，轿夫老周教给我‘忠实’（公道），朋友吴教给我‘自

我牺牲'。"另外一位对巴金影响较大的就是国立成都高等师范学校的学生运动领袖袁诗荛。他是《半月》和《学生潮》的办刊骨干,也是巴金尊敬的长者和《家》中的方继舜的原型。

当年8月,《半月》被查禁。他又开始参加了《警群》的编辑工作,自己撰写了《中国人到幸福的路》的文章。可惜只出了一期,他们就只好改办《平民之声》周刊。于是,他又写了《托尔斯泰的生平和学说》一文。等到1922年,他由于担心自己没有中学毕业文凭,可能在毕业资格审查时拿不到学校的毕业证书,就在毕业前自动停学。次年,他与同时在外专学习的三哥李尧林一起离开学校,同赴上海继续求学。

作为文学家的巴金,在四川大学的求学生涯更是他文学生涯的起点。巴金有若干个文学生涯中的第一次出现在四川大学求学期间。1921年4月,巴金在《半月》第17号公开发表了第一篇政论性文章《怎样建设真正自由平等的社会》。1922年3月,巴金在参与创办的成都《平民之声》周刊第四至第六期上,以连载的形式发表了第一篇文学评论《托尔斯泰的生平和学说》。1922年7月21日,巴金在上海《时事新报》副刊《文学旬刊》发表了第一组新诗《被虐待者底哭声》。1922年9月3日,巴金在上海《时事新报》副刊《文学旬刊》发表了第一篇纪实散文《可爱的人》。1923年1月20日,巴金先生发表了第一篇翻译作品《旗号》。

图4-30 吴先忧和他的夫人(左四和左三)等

在谈到他和志同道合者们在狭小局促的房间里指点江山社稷,奋笔激扬文字时,巴金曾经深情地说:"友情和信仰在这个阴暗的房间里开放了花朵。"是啊,当时的四川公立外国语专门学校,还远远不能说是最最理想的求学圣地,但是,给巴金追求新知的养分,给巴金探索世界的空间,给巴金人生奋斗的阶梯,母校不就正是这能够"看见信仰所开放的花朵"的地方吗?

四川地区党团组织的创建

在中国共产党成立时最早的五十多名党员中,有王右木、恽代英和童庸生等四川大学校友。在20世纪二十年代,四川出现了一批早期马克思主义者。他们中的吴玉章、王右木、恽代英、杨闇公、童庸生、廖恩波、刘伯坚等人,主要集结在国立成都高等师范学校,使之成为四川最早传播马克思主义的基地和革命者的摇篮。其中的恽代英是中国共产党早期青年运动领导人之一,曾任黄埔军校第四期政治教官;刘伯坚后来担任中央苏区工农红军学校政治部主任和任红5军团政治部主任等职务。

1922年4月,王右木领导的马克思读书会的骨干成员童庸生、钟善辅、郭祖、阳翰笙、李硕勋、刘弄潮、雷兴政等人,根据《先驱》杂志刊登的《中国社会主义青年团临时章程》自发组织了四川社会主义青年团。这是在1920年秋天学校明远楼建立的马克思读书会的基础上发展而成的。在原四川社会主义青年团的基础上,1922年10月15日,中国社会主义青年团成都地方执行委员会正式建立,成员大多数都是学校的师生。该组织由国立成都高等师范学校国文部学生童庸生为书记部主任,由王右木指导工作并负责与团中央书记施存统联系。

1923年春天,团中央再次发函确认了中国社会主义青年团成都地方执行委员会的省级团委性质,而且是"中央的坚实基础"。按团中央指示,王右木物色了本校国文部毕业生刘砚声、张秀熟和何秘辉等人,委托他们分别进行重庆、川北等地的地方

图4-31　江安校区四川大学英烈碑

图4-32　恽代英和刘伯坚

团组织的筹建工作。到1924年初，中国社会主义青年团成都地方执行委员会已经在学校内外分别建立了11个支部。

1923年夏天，中国社会主义青年团成都地方委员会成员秘密转党，经中央批准成立了中国共产党成都独立一组，书记由王右木担任。这是四川地区最早的共产党组织。四川地区最早的省一级党组织出现时间稍晚，是1926年春经中央批准的中国共产党重庆地方委员会。其主要原因是由于当时四川地方军阀混战，政治重心逐步东移到了重庆。当时的中国共产党重庆地方委员会书记是曾任教于四川公立外国语专门学校的杨闇公，宣传主任是吴玉章。

在四川共产主义党团组织的创建过程中，学校师生发挥了积极重要的作用，尤其以王右木和童庸生的作用最为突出。他们可以说是四川地区共产主义党团组织的标志性人物。

1907年夏天，20岁的王右木以优异成绩考入四川通省师范学堂优级部，1909年以优异成绩毕业。由"教育救国"而"科学救国"，王右木于1910年重新考入国立成都高等师范学校数理科。从学校优级师范科毕业后，王右木1914年东渡日本留学。他一改初衷，由应庆大学理化科转入明治大学法制经济科。1919年夏，他回到母校任学监，并教日文和经济学。可惜的是，王右木1924年赴上海和广州参加党的重要会议返川途中遇害。

早在在日本期间，王右木就与李大钊、李达等中国第一批马克思主义者结识。他参加了中国留学生总会组织的反袁爱国运动和李大钊领导的"神州学社"。1920年在上海考察期间，王右木会见了陈独秀、张太雷、施存统、阮达时等人，了解到上海和各地筹建党组织和《新青年》

宣传马克思主义的情况。他回到
成都后，立即物色进步青年，建
立了马克思读书会，进而创建了
四川地区的党团组织。同时，王
右木还积极与团中央书记施存统
保持联系，曾经有来往信函20余
件，内容多为马克思主义理论的
研讨和社会主义青年团创建问题
的讨论。

图4-33　中国共产党重庆地方委员会会议

　　童庸生1919年考入国立成都
高等师范学校，1923年毕业后回
到重庆。其间，由于受无政府主义思潮的影响，童庸生一度退
出组织，后在王右木的教育帮助下回到组织并逐步成长为一名

图4-34　王右木和他主持的四川第一家宣传马克思主义刊物《人声》

图4-35　学校早期马克思主义者吴玉章、童庸生、廖划平（后背叛革命）和杨闇公（从左至右）

优秀的共产党员。1925年1月，童庸生当选为重庆团地委书记。1925年，童庸生在北京与中共北方区委的赵世炎一起介绍吴玉章加入了中国共产党。由学生介绍老师和校长入党，也算得上是一段佳话。1926年10月，童庸生进入苏联莫斯科东方劳动大学和列宁格勒军政学院学习。1932年1月，他回到祖国。1932年3月，在从上海乘船返川途中，童庸生不幸遇害。

杨尚昆在学校

　　1920年秋，杨闇公从日本回国。后来担任中华人民共和国主席的弟弟杨尚昆在他的鼓动下进入国立成都高等师范学校附小第五班学习。杨尚昆后来在回忆录中写到："成都的高等师范学校，是当时四川的最高学府。……学校的校长吴玉章，是老同盟会会员，保路同志会的领导人，威望很高。教师中有共产党人恽代英等，教国文课的张侔传老师在课堂上也宣传解放思想、反对宗法主义，校内进步空气很浓，在我脑子里开始出现一种模糊的救国思想。"

　　当时的附小学生安排有专门的自习室。每个自习室全部使用帝国主义侵占我国领土的地名命名的，以此开展爱国主义教育。一次，杨尚昆所在的

图4-36　杨尚昆和成都社会主义研究会成员（一排右二）

第五班在香港室举行了"勿忘国耻话香港"的演讲比赛。香港室黑板上画着香港略图，左右各有一幅标语，分别是"话香港不忘国耻民族恨"和"振中华吾辈学子当自强"。附小主任邓胥功也来到了这里。杨尚昆是第二个演讲者。他穿着灰色长衫走上讲台，先行鞠躬礼，然后不紧不慢开始了演讲。他的演讲声情并茂，从鸦片流毒和鸦片战争谈起，不时用设问的方式与同学们互动，把大家的情绪很快调动起来。他说到："眼见我国当今的现状，却又是何等令人忧心忡忡，痛心疾首啊！那些吸食鸦片和贩卖鸦片的人，仍然比比皆是；那帝国主义猎枪，依然在明目张胆滴巧取豪夺。"他号召大家："让我们把这一历史赋予我们的使命担负起来吧！"最后，杨尚昆指挥大家一起高唱起嘹亮的校歌来。邓胥功带头鼓掌。这时，他才知道杨尚昆是校长吴玉章好友杨衡石和杨闇公的弟弟。

第二年，杨尚昆升入附中第八班学习。他的同班同学，后来担任四川大学校长的彭迪先说，杨尚昆学习成绩好，尤其是长于白话文和各种体育项目。在校期间，在杨闇公的教育下，杨尚昆参加了参加马克思读书会和社会主义研究会。他记得读的第一本书就是《欧洲社会主义思想史》。虽然不是马克思主义经典作家的原著，但从书里，杨尚昆开始知道了马克思、恩格斯的名字，初步接触到马克思主义学说。他常常从哥哥和朋友们那里听到许多革命的道理，"正是在四哥春雨润物般的关怀启发

图4-37　杨尚昆与四川大学原党委书记饶用虞

下，我渐渐地接受革命思想，背弃了原来出身的阶级，投身到无产阶级解放事业中来。"1925年，本来可以直接升入本科，但为了家庭，杨尚昆离开成都回到了重庆。

第五章

更唱叠和斩荆棘，三水汇流成统一

1912年，北洋政府教育部长蔡元培发布《大学令》，要求各省取消高等学堂。本来四川官立高等学校校长周翔就有将高等学校改为大学的建议。1915年，高等学校校长骆成骧再次向四川省巡按使陈宧上书，重提旧案。1916年，由曾鉴、赵熙领衔，成都绅士和省城各校校长24人要求在四川高等学校的基础上，速建大学，未得教育部批准。任鸿隽1919年、1922年也两次提议四川筹办大学，得到了四川省议会和教育界的支持，但由于经费不足而被搁置。

三大并立

1922年，教育部颁布新学制，放宽了大学标准，并取消了高等师范学校的设置。于是，高等师范学校改大之风顿起。在原有的6所国立高等师范学校中，北京高等师范学校、南京高等师范学校、武昌高等师范学校、广东高等师范学校、沈阳高等师范学校也乘势改为大学。1924年，国立成都高等师范学校校长傅振烈重提在四川办大学的旧案，挂出了成都大学的牌子。但是，他要求将高等师范学校改为普通大学，取消师范教育。这引起了省内外许多国立成都高等师范学校故旧师生即所谓的"高师帮"的不满，学生们发表宣言坚决反对。1926年，张澜继任国立成都高等师范学校和国立成都大学校长职。但他很快也因欲图废止成都高等师范学校遭到"高师帮"的反对，辞去国立成都高等师范学校校长职务，独任国立成都大学校长。

1926年11月，四川省长公署下发了教育部252号训令，令国立成都高等师范学校和国立成都大学二校"分途并进，成都高师仍旧办理，成都大学准予成立"。不久，教育部任命张澜为校长。1927年5月，国民政府批准在盐款下年拨20万元作为国立成都大学经常费。国立成都大学正式成立，承接了原高等学堂的校址、校产、档案、图书、仪器设备、附属用地和教师职员等。

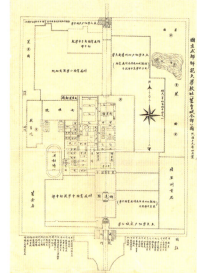

图5-1　国立成都师范大学校址图和《国立成都师范大学校报》

在国立成都大学从国立成都高等师范学校分离出来的同时，国立成都高等师范学校也在为升格问题而努力。1926年，经国民政府教育部讨论通过，国立成都高等师范学校正式改为"国立成都师范大学"，龚道耕成为首任校长。

由于"改大"意味着经费、地位和招生规格的提高，国立成都大学和国立成都师大的相继成立，促使了五大专门学校提请改为单科大学。到1927年，省长公署和省教育厅决议将五大专门学校合并改组成立公立四川大学。国专改称中国文学院，外专改称外国文学院，法专改为法政学院，工专改为工科学院，农专改称农科学院。五院院长组成"大学委员会"，共同代行校长职权。这样，成都一地出现了"三大鼎立"的局面。

在国立成都高等师范学校时代，学校的文化风气仍以"国故"为主。曾在国立成都高等师范学校受教的周传儒说："成都有些遗老，保存了国粹，号称'五老七贤'。其中有一位徐子休，在各中学讲修身课，挑选各中学的尖子，组织'丽泽会'，每月会文一次，有奖。于是各中学都出了一些高材生。这些人国文根底好，而数理化都笨。考成都高师有余，考外省大学不足，因为偏科。……其时老一辈的国学大师，如向仙樵、林思进、龚道耕，不在'五老七贤'之列，而在成高、川大教书，充实了大学阶段的中文系。"

张澜与国立成都大学

张澜被誉为"川北的圣人""今日之管仲"和"党的益友"，是杰出的人民教育家。他1902年入尊经书院，后赴日留学，是四川辛亥革命领袖人物之一。他先后任川北宣慰使、嘉陵道尹、四川省长、民主同盟中央主席、中华人民共和国中央人民政府副主席、全国人大副委员长、全国政协副主席。

与国立成都高等师范学校不同，张澜办国立成都大学，是以蔡元培办北京大学为榜样的。国立成都大学学生廖友陶说：张澜"当年常对部分师生讨论蔡元培先生办北大时表露的对高等教育的一些观点，如'大学者，囊括大典，网罗众家之学府也'。"因此，国立成都大学在政治观点上兼容并包。文史研究员罗宗文回忆说，其时国立成都大学共产党、国民党和国家主义派三足鼎立，"各都拥有一大批成员，各办各的刊物，大事宣传鼓动，争取群众，发展组织。彼此之间，形同水火，遇事互相批判攻讦，斗争异常尖锐激烈"。"张校长对学生所持态度和信仰，从不加以干涉过问，听任各自选择决定自己的道路"。

张澜在国立成都大学时期，还亲自在原来据说是骆成骧作词的《四川省城高等学堂校歌》的基础上，改定了校歌歌词："岷山峨峨开天府，江水泱泱流今古。聚精会神生大禹，近揆文教远奋武。桓桓熊熊起西土，锵锵鸣凤叶东鲁。和神人，歌且舞，领袖群英吾与汝。"这不仅充分反映了国立成都大学的地位、特色和校风，更凝聚着他对学校

图5-2　1929年国立成都大学化学学会成立

师生员工的殷切希望。

国立成都大学成立不久，国民革命之风吹入了"僻远的四川"。国立成都大学学生深受此风影响，在言论中表现出极为明确的改造四川乃至中国社会的使命感。1929年，国立成都大学举行了建校纪念大会。大会宣言总结了国立成

图5-3　成都大学实验学校儿童生活照

都大学值得纪念的三大成就：首先，国立成都大学"是努力争斗底结晶"。其次，"当京沪间已实行男女在教育上平等底时候，我们这些地方还是保有男子对于女子之贵族式的权威"，国立成都大学"首开目前各大学及专门学校男女同学之风"。第三，"就是他的反封建精神"。因此，国立成都大学担负着提升西南文化水准的重任，并"由促进吾川文化的立场为起点，发扬光大，推而普渡全国于彼岸"。

由于国立成都大学的经费相对较为充裕，也注意在外面聘请教师，其师资力量在三校中是最强的。1929年，其主要管理阵容强大，主要有：文、法科学长吴永权、理科学长沈懋德、预科学长熊晓岩、中文系主任吴芳吉、英文系主任廖学章、历史系主任叶秉诚、教育学系主任刘绍禹、理预科主任杨世英、文预科主任周澧、数学系主任胡助、物理系主任沈懋德、化学系主任曾济实、生物学系主任刘运筹、政治学系主任吴永权、法律系主任费有俊、经济系主任张籍、注册部主任刘植、斋务处主任杨特、图书馆主任周光煦、庶务部主任何式臣、会计部主任张简。因此，在国立成都大学，可以说是盛极一时而人才辈出。

当时的中华教育文化基金会在国立成

图5-4　张澜校长（前排中）与参加全国运动大会预选会代表合影

大学和国立成都师范大学合聘了吴永权、曹任远、罗世嶷、李璜4个讲座教授。四川郫县人、放射化学家肖伦则是继吴玉章和郭沫若之后学校培养的第三个院士。1926年，他以优异成绩考入国立成都大学理科预科，1939年毕业于清华大学，1951年获美国伊利诺大学博士学位。他长期从事民用放射性同位素的研究、开发、生产和应用，1980年当选为中国科学院学部委员。

芳吉知春

世称白屋诗人的吴芳吉是重庆江津人，他13岁时在作文课上写出《读外交失败史书》，一时名噪，被视为神童。当地社会环境不好，多盗娼赌博者，父亲吴传姜用石灰将墙门刷白，书写"白屋吴宅"字牌，意为清白之家，吴芳吉于是自名"白屋吴生"。他堪称"第一奇功休让人，开国文章我辈始"，终身致力于独创新体即白屋诗体，向民歌吸取营养，希望能够创立一种既存有古典意境，复能记叙现实的韵语体诗歌来。其代表作有《婉容词》《护国岩词》《巴人歌》等，为20世纪中国著名新派诗人。加拿大籍教师文幼章和韩籍教师金尤史等人曾经将他的作品翻译介绍到国外。毛泽东主席称赞他："才思奇捷，落笔非凡，芳吉知春，芝兰其香"。

1927至1930年，吴芳吉由国立成都大学校长张澜聘为中文系教授兼系主任，同时兼任公立四川大学和华西协合大学教授。1929年，他与国立成都大学理学院院长沈懋德和物理系、化学系教

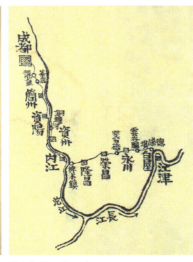

图5-5　吴芳吉塑像及其手稿

授吕子方、彭用仪等筹办重庆大学。沈懋德任教务长兼理科主任，吴芳吉任文预科主任，彭用信任斋务长，吕子芳为图书馆主任。1930年，以"三日不书民疾苦，文章辜负苍生多"而闻名于世的吴芳吉题赠国立成都大学的毕业生："要使天下皆平安，要使尽人免饥寒。要使蜀道永无难，要使成大荣光万亿年！此责谁在诸君肩，努力向前复向前！"

1931年"九一八事变"后，吴芳吉创作了颂扬十九路军的抗日诗歌《巴人歌》。"三千子弟令如山，不徐不疾来蜿蜒。征衣未浣血斑斑，银枪斜挂气轩轩"等句传诵一时。1932年5月，他到江津参加抗战集会，在会上讲解并朗诵《巴人歌》。全场激情澎湃，无不动容，他却心力交瘁地倒在了讲台上，终告不治，时年36岁。

国立成都师大

国立成都师大和公立川大由于经费不足，办学的困难要比国立成都大学大一些，质量也比国立成都大学逊色一些。相对说来，师大学风显得"保守"一些。在学校任教的李璜是少年中国学会的组织者，也是"中国青年党"的发起人，极力鼓吹所谓国家主义。他在1926年说，"师大所聘教授多墨守一派，而学生亦以恂恂儒者之风是尚"，而"成大学风比之师大较为蓬勃而有进取精神"。

在国立成都师大91名教授中，留学生就有39人。在非留学生中，前清举人5名，国内大学毕业者18人。需要指出的是，有不少人是在两校共同兼课的，如林思进、庞石帚、谢文炳、祝同曾、周光煦、罗世嶷、胡助、魏时珍、林兆倓、向志均等。不过，相对来说，国立成都师大教师给人的整体印象要稍"旧"一些。国立成都师大

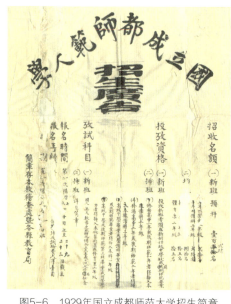

图5-6　1929年国立成都师范大学招生简章

比较重视为川边少数民族地区培养教师，发展这些地区的教育事业，在一定时期免去这些地区的部分学生修习英语，而让他们用学藏语代替学英语，形成了自己的特色。

公立四川大学

公立四川大学成立后，一直没有校长，由五学长（1930年起改称院长）组成的大学委员会办理，各院仍然自行其事。第一届大学委员会由中国文学院学长向楚、外国文学院学长杨伯谦、法政学院学长刘昭育、工科学院学长伍应垣、农科学院学长邓崇德组成。其中，向楚是重庆巴县人，同盟会会员，曾任蜀军政府秘书长、孙中山大元帅府秘书等职务，兼任四川省教育厅厅长。向楚"对说文、音韵、尔雅、八代诗、三唐诗、唐宋散文、桐城古文、文学史、无不有其独到之见"。据说，全国大学统考时，国文试题多由川大命题，往往就是向楚操刀。直到1931年6月，三大学合并前夕，当时的五位院长还联名呈文四川省政府，要求委任校长。同时，学校经费紧张，校址被国民军第28军侵占，经往来函商，也未能解决。这些问题都影响到公立四川大学的办学质量。

在公立四川大学五院中，中国文学院最有成绩。向楚自1928年起为院长，所聘教师都是"老师宿儒"，如龚道耕、林思进、赵少咸、祝同曾等，也有李劼人、吴芳

图5-7　全国政协副主席胡子昂1930年受聘公立四川大学的聘书

图5-8　公立四川大学关于任命各学院学长及颁发新印章、销毁旧印章的文

图5-9 公立四川大学农科学院招生简章

吉、蒙文通等较为新派的人物。但这些人都是兼任，专任教师极少。就教学方式来看，"中国文学院教学，采取尊经书院导读作风，教学与治学相结合，学生听讲时少，阅读时多，使自发奋钻研"，比较注重于"专与深"。

图5-10 向楚

暴风骤雨中

早在1924年，国立成都高等师范学校招收第一届预科生时，就有中共党员和社会主义青年团团员数人。1926年下半年，共青团成都大学支部成立。1927年，中共成都大学党支部正式建立。1928年，国立成都大学、国立成都师大、师大附中以及除国专外的五大专门学校，均成立有社青团基层组织。在党团组织的领导下，大批进步社团相继成立，有成大的"社会科学研究社"、师大的"导社"、公立川大法政学院的"共进社"、师大附中的"新青年革命团"等。

1928年2月，刘文辉委派杨廷铨接任省一中校长，一中学生坚决反对，拒绝杨进校。在双方的争执中，学生们将杨廷铨打死。刘文辉等人

图5-11 成都"二一六"烈士纪念雕塑

借此案发起事端，实施"厉行廓清共产党"的计划。2月16日晨，"四川省整理党务特派员"向育仁出动军警，抓走成都大学、成都师范大学、公立四川大学等校师生上百人。当日下午4时，不经任何审讯，其中14人被枪杀于下莲池。其中的川大校友分别是：成都师范大学教师袁诗荛，成都大学学生钱芳祥、李正恩、王向忠、王道文、胡景瑗、韩钟霖，成都师范大学学生张博诗，公立四川大学学生龚堪慎。

惨案发生后，张澜在悲愤中宣布辞职，指责军阀滥杀无辜，破坏学府尊严。成都大学师生发表《国立成都大学临时学生会为军警团联合办事处捕杀学生宣言》再次抗议军阀草菅人命，并在中共川西特委的组织下，掀起"挽张"运动。在师生的一致挽留下，张澜于3月9日"勉允复职"，并表示复职是"因我校教职员学生本奋斗精神，出而主张正义"，"社会上明此是非，作恶者知所警惕"。

三水汇流

1928年5月，大学院训令四川省教育厅，发下旅沪川人郑宾于等请求合并四川省内各大学以成立国立四川大学的呈文。呈文指出，成都一地"三大并立"，流弊甚多："财力交弊，庸愚滥竽，苟且从事，有名无实。彼此坐困，进展无期。以故四川目前之专门学校非不多也，然而欲求一名实相符、真有学术事业表现的成绩之学校，卒不可得。"因此，要求将三大合并，组成国立四川大学。教育部认为"所陈各节，似尚切实可行"，要求四川省教育厅"即便从速筹划"。不过，由于当时各校为了利益分配，均不积极，学校背后又各有实力军阀的支持，这一计划不了了之。

1931年9月29日，新任四川省政府主席刘文辉对有关各方下达训令或公函，再提合并之议。训令回顾了国立成都师范大学、国立成都大学、公立四川大学成立的背景、现状和问题，指出当时文化发达的广东、浙江也不过一所国立大学，而四川却要三大并建，与北平相同。正由于三大学成立以来，"别户分门，叠床架屋"，出现了师资、经费、教学方面的各种困难和诸多问题，所以，为了整顿大学教育，集中人力、节约经费，决议将三大学重复的各系一律归并。所有合并事宜，头绪纷繁，特聘请专员共同讨论，立即施行。

刘文辉在合校问题上雷厉风行。10月1日，他组成了大学整理委员会并自任主任委员，聘请教育厅厅长张铮为副主任委员，委员包括向育仁、邓锡侯、田颂尧、尹朝桢、赵椿煦等。6日，刘文辉召集三大学校院长和部分教授代表开会，宣布合并三大学的主张和安排。按照他的既定方针，三大学相应院系合并，公立川大工、农两院独立建校。教职员大部留用，小部裁撤。各校于三日内缴出校印，造报师生名册及校产清单，听候新的编制安排。

当时刘文辉在四川军阀中正处在上升的势头，又携新任省政府主席之威，态度极为强硬。公立川大隶属省政府，当然不敢反对，中国文学院长向楚更是积极。只有农、工学院对将其划开不满意，但在刘文辉的坚持下，也不了了之。师大原来是反对最强烈的，反对力量主要是师大部分教师和校长宋绍曾。但是，按照刘文辉的意见，师大改教育学院，部分保持了师范教育的相对独立。况且合并以后，经费也稳定多了。

国立成都大学一部分师生则抵制合并，他们提出了合并的条件：一是名称仍用"国立成都大学"；二是师大、公立川大的经费一并归入新大学；三是三大学原有校址校产，充作新大学之用，不得变卖。刘文辉表示，除了名称问题要由中央政府做主之外，另两条都可以接受。另一方面，张澜分别致函刘文辉、张铮和成都大学师生，赞成有条件合并，同时向南京教育部推荐王兆荣为合并后的学校校长。

1931年10月17日，四川省主席刘文辉发布了关于国立成都大学、国立成都师范大学和公立四川大学合并的《四川省政府布告第四号》：“合并后大学名称暂定为国立四川大学，于原成都大学、成都师范大学两处分设文、理、法、教育四学院，理、法二学院就原成都大学校地址设立，文、教育二学院就原成都师范大学校地址设立。其组织悉遵照大学组织法办理，常年经费先行筹足六十万元。不足之数，在可能限度内自应力予筹措，期臻完备。现成都师范大学业已派员接收，正赓续进行。间竟有部分学生沿街高呼口号，散布宣言，张贴标语，对于整理大学委员会肆意非毁，毫无忌惮。此种举动不特为学生所不应有，抑且为法纪所不能容。本当立予拿办，以正学风而靖乱源。惟念该生等或本无成见，为人挟持；又或别有奸人从中煽动，希图趁此时机另生枝节。如予一律逮处，诚虑不分首从，株及无辜，既乖国家作育人才之意，尤非本府整理教育之心。兹特明白晓谕原各大学学生，当此国难方殷之际，正宜刻苦自励，努力向学，期于将来有以自効，何得仍蹈从前积习，动辄挟众滋扰。须知本府合并办法，几经慎重讨论，事在必行，决无改易。变革之初，自难尽如人意。其愿如国立四川大学者，即于本府派员接收时，依限前往注册，听从编班肄业。不愿者，本府亦不强以必

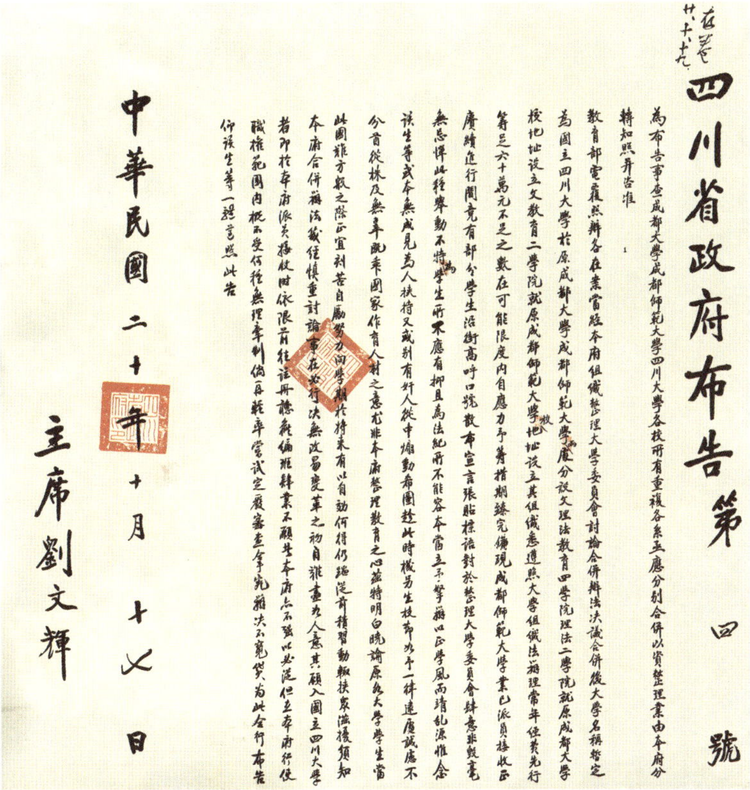
在卷
廿.十.十九.

四川省政府布告第四號

為布告事查成都大學成都師範大學四川大學各校所有重複各系亟應分別合併以資整理業由本府分
轉知照并咨准
教育部電覆照辦各在案當經本府組織整理大學委員會討論合併辦法決議合併後大學名稱暫定
為國立四川大學於原成都大學成都師範大學兩處分設文理法教育四學院理法二學院就原成都大學
校地址設立文教育二學院就原成都師範大學校地址設立其組織悉遵照大學組織法辦理常年經費先行
籌足六十萬元不足之數在可能限度內自應力予籌措期臻完備現成都師範大學業已派員接收正
賡續進行間竟有部分學生沿街高呼口號散布宣言張貼標語對於整理大學委員會肆意非毀毫
無忌憚此種舉動不特為學生所不應有抑且為法紀所不能容本當立予拿辦以正學風而靖亂源惟念
該生等或本無成見為人挾持又或別有奸人從中煽動希圖趁此時機另生枝節如予一律逮處誠慮不
分首從株及無辜既乖國家作育人材之意尤非本府整理教育之心茲特明白曉諭原各大學學生當
此國難方殷之際正宜刻苦自勵努力向學期於將來有以自効何得仍蹈從前積習動輒挾眾滋擾須知
本府合併辦法幾經慎重討論事在必行決無改易變革之初自難盡如人意其願入國立四川大學
者即於本府派員接收時依限前往註冊聽候編班肄業不願者本府亦不強以必從但在本府行使
職權範圍內概不受何種無理牽制倘再輕率嘗試定嚴密查拿究辦決不寬貸為此合行布告
仰該生等一體凜遵 此告

中華民國二十年十月十七日

主席劉文輝

图5-12 刘文辉发布的三大学合并布告

图5-13 国立四川大学校门的前世今生

从。但在本府行使职权范围内，概不受何种无理牵制。倘再轻率尝试，定复审，查拿究办，决不宽贷。为此，合行布告，仰该生等一体遵照。"此布告虽然言辞激烈，但是也算措置得当。一经发布，三水汇流成为定局。四川大学迎来了历史上的第二次三强合并。

图5-14 学校曾经在皇城长期与军政机构为邻

　　1931年10月26日，教育部致电四川省政府，将校名定为国立四川大学，这是当时国内13所国立大学之一。11月9日，国立成都大学、国立成都师范大学、公立四川大学合并仪式暨国立四川大学开学典礼在皇城至公堂举行。从此，成都地区各公立高等学校众水归流，正式组成了统一的国立四川大学，成为当时国内13所国立大学之一。"三水汇流"是学校历史发展的重要里程碑，标志着四川大学国立化和近代化的进一步启动。

独木难撑

　　刚刚成立的国立四川大学还没有校长，由大学整理委员会负责，吴永权任秘书长，向楚、魏时珍、熊晓岩、邓胥功分别担任文、理、法、教四大学院院长。实际上，刘文辉代行了校长之职。虽然三个大学合并之初，难免有各种矛盾存在，比如说学费的标准、师大学生是否免费、新校徽等问题，自难一下就融洽无间。

1932年，王兆荣正式出任国立四川大学校长。1918年，他毕业于东京帝国大学法科，曾被推为中国留日学生救国团总干事长。他先后在国立北平法政大学、安徽省立法政专门学校、上海中国公学担任教务长、校长等职。因此，雄心勃勃的他来到国立四川大学后，立即着手整顿，努力推进学校各方面的发展。

就在此时，由于地方政局不稳等原因，学校困境迭现。1932年7月，刘文辉和刘湘之间的"二刘大战"爆发。当年11月，在刘文辉和田颂尧之间的"省门之战"中，巷战不断，更是直接对学校产生严重威胁。四川大学皇城校址一度陷入枪林弹雨之中，被迫停课。根据川大女诗人教授黄稚荃的回忆："一时师生员工，仓皇万状。楚乃以电话呼吁田、刘两军阀，要其停战半小时，让文学院学生转地避难。射击刚停，先生亲率学生300余人，步行到川大理学院。"以向楚的声望，尚且被困一天，其情形可想而知。学校深受无端侵扰，师生亟望有稳定的发展环境。

然而，战争引发铲平皇城煤山和标卖前后城门城砖问题，虽然经过协商得以解决，但是更大的变卖和保护皇城校产的问题出现了，给王兆荣和四川大学师生带来了更大的威胁。1933年9月，入主成都的军阀刘湘试图出卖皇城作为军费。他在给教育部的回电中辩称："川大所占校址，仅皇城一小部分，其余概是荒废之地。"变卖皇城势在必行，四川大学师生开展了护校运动。学校吁

图5-15　1932年成都"省门之战"

请社会各界，包括行政院和教育部以及新闻界、教育界和文化界的重要机构和社会名流，给予大力支持。在向楚等执笔的《本大学全体教职员反对变卖皇城校址宣言》中说："国产主权，谨当听命中央；匡正扶持，敬请主张公道"。虽然，最后变卖皇城之事不了了之，但是，学校发展之艰辛可想而知。

尽管如此，在军阀混战的恶劣条件下，王兆荣倾力办学，为国立四川大学奔走呼号。王兆荣治校以严著称。1932学年，行课时间总共6个月，除名学生就达260人，包括预科生80人，附中学生50人，还有停学学生96人，大部分都是由于旷课所致。

国立四川大学最初预设文、理、法、教育四个学院。其中，文学院包括中文系、英文系、史学系，理学院包括数学系、物理学系、化学系、生物学系，法学院包括法律系、政治系、经济系，教育学院包括教育系、艺术专修系、体育专修系。但是，当时的教育部认为，教育学院仅设教育学系，附设艺术、体育两专修科，"殊无设院之必要"。于是，校务会议按照要求将教育学院改为教育系，并入文学院。

1935年8月

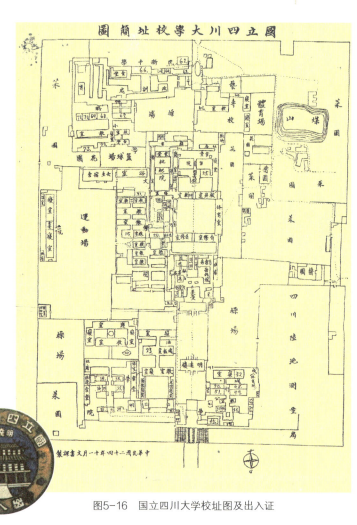

图5-16　国立四川大学校址图及出入证

图5-17　国立四川大学附中篮球队

26日，教育部根据川大办理的实际情形，出于整顿四川省高等教育的需要，将四川省立重庆大学文学院并入四川大学，将理学院的物理、数学二系合并为数理系，将法学院的政治、经济两系应合并为政治经济系，将四川省立农学院并入四川大学，设农学系、林学系。四川省立农学院本来就属于公立四川大学，因此，农学算是回归四川大学。

1935年3月，国民政府主席兼军事委员会委员长蒋介石到达重庆。为求得对四川大学的大力支持，王兆荣通电欢迎。蒋介石回电表示："当赴蓉一行，藉图把晤。"1935年7月1日和7月8日，蒋介石连续两周在四川大学至公堂出席总理纪念周活动并发表演讲，其中多次提到了四川大学。他说："四川大学是四川的最高学府，四川大学一般学生对于四川更加责任重大"，要担负"领导民众改造社会的责任"。他又说："四川无论大学中学，一般学生的体格都很瘦弱"，因此，不能过于偏重"学术、技能、做人道理"的"教"，还要重视"体魄、精神、道德和生活"的"育"。蒋介石在王兆荣的陪同下参观了学校图书馆。全市共有1200人参加了活动，包括四川大学教职员工的代表、省市党政军要员、各学校校长和各社会团体代表等。

叠溪地震与四川大学

在王兆荣任上，虽然办学十分辛苦，但是四川大学科学研究也在艰难起步，尤其是注重就地取材，把学术力量投入与地方经济社会和专业实践关系密切的各个领域。

1933年8月25日，在四川省茂县的叠溪发生了7.5级大地震，死亡人数据粗略统计近7000人，仅次于2008年四川汶川地震和1850年四川西昌地震。在叠溪地震及其次生灾害发生后，四川大学专门开展了三次考

图5-18　四川大学叠溪地震地质考察团和他们留下的部分珍贵照片
及《国立四川大学调查报告之———叠溪地质调查特刊》书影

察和研究工作。

1933年8月25日，四川大学农学院教授梁中铭和毕业生李希圣、陶孟武等12人组成的农林考察团到达茂县时，正值地震发生，旋即开展实地考察活动并于10月7日回到成都。

1933年9月27日至10月10日，成都水利知事公署技术主任全晴川、国民革命军第28军专员余棠和国立四川大学学生诸有斌等，前往叠溪震区查勘岷江水源截断情形。

诸有斌虽然主攻历史学，却通晓英语和日语，并且非常喜爱地理学。他广泛地阅读中外史地书籍，曾经翻译过日文的地质学著作，还写有《论日本土壤与出产之关系》《康藏问题之过失与未来》和《学校与社会》等学术论文。在听说这件事情后，他主动报名前往。自9月27日从成都出发，查勘工作队10月7日才到达叠溪。在查勘过程中，他对于一路上的所见所闻，包括山川、风俗、地质和物产，尤其是地震的严重破坏，或者文字记录，或者拍摄照片。10月9日，他们离开叠溪，南行六十里来到茂县境内的长宁乡，住宿在当地的古寺中。不料当天深夜10点左右，叠溪以北岷江上游因地震形成的堰塞湖突然溃决而下，很快就到达长宁。诸有斌最早听到了巨大的水声，马上走出房间查看。凭借着微弱的电灯光，他远远地发现，傍河而居的数十户人家已全然消失。他没有自顾自地逃脱，而是急匆匆地返回房间，大声呼喊其他同行者，希望大家能够一起逃生。这时，全晴川与一名寺僧刚好逃了出来，爬到山巅，最终得以幸免于难。由于水流急迫，诸有斌虽然"壮佼逾恒人"，仍然与同行的测量员、夫役等12人，被狂暴肆虐的洪水夺去了年仅23岁的生命。

1933年12月21日至1934年1月14日，四川大学教师周光焆带领师生员工共计12人组成叠溪地质考察团，专程前往叠溪震区进行野外地质和生态考察。

校长王兆荣认为，对地震灾区尤其是次生灾害的全面考察"事关学术民命"。12月11日，他致电中央研究院院长蔡元培，请求派地震水利专家来四川研究预防地震次生灾害，并表示在成都和灾区考察的费用由四川大学承担。但是，这一要求由于"本院无水利专家"和"据地质研究所称，地震积水只能研究震源与水源，无从预防，惟有迁避及宣泄之法"而被婉拒。次日，王兆荣再次致电中央研究院院长蔡元培，请求派员来川指导，并态度坚决地表示："川大决派员前往参加工作"。同样，这次请求被中央研究院地质研究所以"本所人员皆在远地工作，无法抽调。至于治水之方端赖工程师，本院尚无此项人材"而回绝。

四川大学决定独立组织地质考察团，即刻前往叠溪一带考查地震经过和积水防治情形。其成员主要包括：负责人周光煦，助教林树九、桂长城，学生黄定邦、陈期鉴、陈得第、李任培、雷家煦、张秉全、杨杰。另有校工2人，姓名不详。12月21日中午，四川大学叠溪地质考察团从学校出发，校长王兆荣和各学院院长专程在南较场为考察团送行。一路上"惊沙蔽日，巨壑畏佳，居者失色，行者戒罹"，考察团沿途细致地观察地质状况以及地震和水灾的破坏情况，采集了大量的动植物化石标本。1934年1月1日，考察团到达了受此次地震破坏最严重的叠溪一带。正值隆冬时节的叠溪，不仅北风飕飕作响，刺面如刀，而且房舍轰隆作声，震撼不已。当来到诸有斌遇难之处，看到遗留下的断石残阶和沙堆乱土，考察团的师生们睹物思情，惊奇与悲扼交加。在每天仍然小震数次和摄氏零下20余度的恶劣条件下，有的同学坐在岸上绘制堰塞湖积水的示意图，有的同学测量地震导致的地盘陷落的高度，有的同学观测和记录地层和地貌的变化情况。他们唯有以认真负责的工作来告慰先行者的亡灵。经过十多天实地考察，考察团最终获得了非常丰富的第一手材料，于1月14日傍晚胜利返回学校，历时24天。此次考察活动由于王兆荣的力主和促成而成行，王兆荣可以说是功不可没。

通过这次实地考察，四川大学师生完成了《国立四川大学调查报告之一——叠溪地质调查特刊》一书。全书约3万字，由国立四川大学秘书处于1934年7月正式出版，校长王兆荣亲自题写书名。此书完全可以与常隆庆的《四川叠溪地震调查记》等考察报告相互参核，是十分难得的地震研究文献。

任鸿隽复兴川大

任鸿隽与四川大学渊源极深。在张澜任校长期间，他到校演讲过教育问题。他曾经给四川省政府写信，要求在四川仿照美国州立大学制度，建立一所真正的大学。任鸿隽在就任国立四川大学校长前，担任中华教育文化基金董事会干事长，曾经婉拒中央大学等名校的校长之职。但是，热爱家乡的任鸿隽认为："内地鄙塞之乡，其有待于吾人之努力，必且较大都市之文化事业十百倍之。"1935年，他接到教育部的任命后，立即辞去了中华教育文化基金董事会干事长一职务，前往成都担任国立四川大学校长。成都的媒体评论，任鸿隽执掌四川大学"乃四川教育界的福音，是与旧时代军阀制度之打破、防区制之毁灭、新省政府之成立，具有同等意义的事情。"京沪报纸赞扬他："任先生夙志要办一个理想的大学，不愿做一个坐享其成的校长。"

一到任，任鸿隽立即实施了一系列的改革举措。他指出，"四川大学要与世界上求生存竞争，使他成为现代化的大学。我们要把眼光放大，看看世界上的学术进步到什么地方，我们就应急起直追才对"。他提出，把原有的"国立二字真实化"，要"使此大学成一个国家的大学，不单是四川人的大学"。要实现现代化和国立化，四川大学必须完成"输入世界的智识""建设西南的文化中心"和"担负起民族复兴的责任"三大使命。

在全面的调查研究基础上，他拟定了改建国立四川大学的宏伟计划，得到了全校师生以及当时教育界和政府的全力支持。他筹备了300万元建筑费，立即组织实施。1937年4月，任鸿隽几经权衡，力主将校址确定在外东望江楼附近，在原来的农学院的基础上扩建校区，也就是今天四川大学的望江校区。

任鸿隽指出，"大学学生，重在求得研究学问门径"，要做到这一点，必须深入掌握"关系各科之基本学科"。为此，他规定一、二年级学生应"注重英文及基本科学之复习"，到了三、四年级，再求专业化。他力主教授与学生都能"有多的时间去讨论与研究"。"科学的进步，不是做几篇文章，说几句空话。可以求来，是要在实习场中苦工做出。"在任鸿隽掌校期间，四川大学积极推动与四川地方特色有关的科研，并与四川地方当局和有关单位合作开展了不少科研项目。如西南社会科学调查研究处，在一年的时间里就进行了包括川东川西米量产销情形、重庆批发物价指数及成都零售物价指数、成都手工业情形、地方行政及地方财政、农民生活情形等在内的一系列调查活动。在自然科学方面，除了与四川省建设厅合组水稻场、甘蔗实验场等，农学院还对四川各地农业生产技术、作物种植及农业经济方面做了大量调查。理学院则有赴京沪平津工业考察团、食盐工业考察团等活动。

任鸿隽很重视师资建设。他说，"在现今学校林立的时代，某校长于某种课程，大概在社会上是有定评的。而说某校长于某种课程，即无异于说某种功课有某某著名学者在那里担任教课"。他利用自己的交往，请到了不少知名之士。如原国立北平师范大学外语系主任杨宗翰、原国立山东大学理学院院长兼生物系主任曾省、原国立暨南大学教授刘大杰、原中国科学社生物所所长钱崇澍、原国立中央大学园艺系主任毛宗良、原中央大学图书馆主任兼教授桂质柏、原中央研究院历史语言研究所研究员丁山、原中央研究院化学所所长王琎、原清华大学体育指导黄中孚以及中国第一个牛津大学哲学博士、原厦门大学副校长张颐等。

任鸿隽极力推崇全人教育，他说："教育的目的，在一个全人的发展。"他专门强调，川大学生"不必"成立"同乡会等狭义的组织"。他希望"诸位自己要准备将来做一个国际上的大人物，不然也要做一国的国士，不要准备只作一县或一乡的乡人"。在他掌校以后，川大开始举行升国旗仪式。1935年10月18日，理学院举行首次升旗仪式。院长周太玄主持仪式，讲解了国旗的象征意义后，对学生说："此后每日升降旗时，吾人宜善体斯意，多少可促起吾人为国家服务之精神与努力也"。

1936年4月19日，国立四川大学首届运动会开幕。亲自领跑的任鸿隽担任运动会会长，文、理、法、农四院院长担任副会长，中文系主任刘大杰担任新闻主任。任鸿隽指出，这次运动会的意义在于，一是读书不忘运动，运动不忘读书，一洗文弱之耻；二是养成合作互助的道德；三是养成公平正直之习尚。

四川大学的生源一向以四川为主，兼有部分云南、贵州等西南地区的学生。在1934学年，外省学生不足4%且多来自四川周边地区。1936年夏，学校在平、津、京、沪、粤、陕等地设立考场，新生中外省学生占了15%，使四川大学在向"属于整个国家的大学"发展的方向上迈出了极其重要的一步。

正当任鸿隽致力于四川大学革新事业时，他的夫人、其时正在四川大学教授西洋史的陈衡哲在《独立评论》上发表了一系列题为《川行琐记》的文章，批评了四川的一些社会现象。陈衡哲说："在成都住的人，平均每隔十五天才能见到有热力的阳光一次，每隔四十五天才能见到一次照耀终日的太阳。"她建议四川省改成"二云省"。"朋友说，'云一而已，那来二云'？我说，还有那吞云吐雾'云'呢！"她还批评四川的"有些女学生也绝对不以做妾为耻"；四川的鸡蛋缺乏蛋味，水果缺乏甜味，兰花缺乏香味，凡此等等。她还给川人开出五副"救药"：掘除鸦片烟苗的铲子、销毁烟具的大洪炉、太阳灯、鱼肝油和真牌社会工作人员。对任鸿隽的改革有所不满的四川地方势力为此大做文章，挑起了一场轩然大波。陈衡哲不堪棉花匠、乡坝佬、佛公以及《新新新闻》和《新民报》的穷追猛打，1936年7月主动辞去在四川大学的教职，回到了北京。1937年6月16日，在国立四川大学农学院举行了新校舍破土动工典礼，先行建设望江三馆即图书馆、数理馆和化学馆后，任鸿隽离开了学校。在告别四川大学师生的演讲中，他明确希望同学们："忠于所学""有

图5-19 任鸿隽夫妇

图5-20　任鸿隽《四川大学的使命》和他书赠儿子任以安的《孟子》（摘录）

所不为""继续求学"。

对于他的辞职，据说当时胡适曾经手书6千多字的长信，总觉辞不达意。于是，他手执长信与任鸿隽长谈，劝说他放弃辞职的想法。然而，任鸿隽去意已定。因此，胡适在《独立评论》上有这样一段评论："任鸿隽先生此次坚决辞去国立四川大学校长职务，使我们关心高等教育的人都很惋惜。他在川大的两年，真可以说是用全副精力建立了一个簇新的四川大学。我们深信，他这两年努力种下的种子，不久一定可以显现出很好的结果。"同样，正如任鸿隽在《五十自述》中所指出的那样，"此两年工作殿吾五十年之生命"。

任规张随

正是1937年前后，四川大学确立了"在黄河、扬子江两水的上游广大地方，建设一个能成为文化策源地的综合大学"的目标，进一步向先进的欧美大学模式转轨。在任鸿隽离职后，文学院院长张颐代理四川大学校长。

1908年，张颐考入四川省城高等学堂，他的学费也是靠朋友帮忙筹措的。毕业时，他是学堂的最优等生，三门数学课即微积分、线性代数

图5-21　1936年一度盛传接掌川大的张伯苓和蒋志澄、黄中孚、向志均在成都少城公园品茗

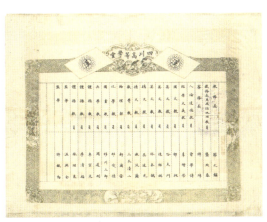
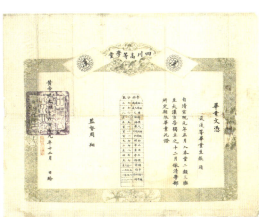

图5-22　张颐四川省城高等学堂毕业证书

和几何的成绩都是满分。辛亥革命时，他是重庆蜀军政府成立的元勋，曾经担任炸弹队队长。他后来在美国密歇根大学和英国牛津大学都获得了哲学博士，也是中国第一位牛津大学哲学博士获得者，是在中国大学正规讲授康德哲学和黑格尔哲学的第一位学者。

对于任鸿隽确定的办学方针，张颐如同西汉年间的曹参对待萧何一样，努力遵照执行。在此基础上，他主张：继续提高学生程度，使与其他国立大学同等；充实设备，提高研究兴趣，使文化水准和欧美大学同等；更进一步使中国学术能与欧美各国齐头并进。他的同事们在当时国民政府教育部部长的信中评价说，张颐是"学术界先进，洁身自好，人格皎然"，执掌四川大学"任职年余，一心校务，众望允孚"。

第六章

医牙尤著冠中外，立案之后开新篇

　　自创办之日，在初设文、理两科的基础上，华西协合大学设置了教育、宗教、医学、牙学等科，逐步成为一所"规模宏大，科学完备"的综合大学，尤其是"医牙两科，成绩特著"。

医科的创办

　　"用医刀劈开中国的大门"，传教士这样说，也这样做。在华西协合大学创办之前，基督教各差会已在四川和西南地区办了一批医院和诊所，一批西医医院和诊所在四川开办起来。在成都就有启尔德夫妇1892年和1896年开始建立的仁济男医院、仁济女医院，还有甘来德始建于1894年的存仁医院。

　　虽然传教士们并不完全排斥中医，启尔德在1910年出版的《治病救人：一位加拿大医学传教士的成都经历（Heal the Sick）》中高度评价了中医的作用。但是，西医进入四川和西南地区颇有一些艰辛。当启尔德创办的四圣祠福音男医院建成开业时，成都市民对那幢华丽气派的四层楼房颇感兴趣，而对里面的医疗技术却惴惴不安，愿意到这里来诊病的更是廖廖可数。于是，启尔德雇佣了三个中国人，每人手持一个铜盆和一个棒槌。一阵阵棒槌敲击铜盆的声音从落虹桥到书院街，然后在成都的许多大街小巷都响了起来。这所成都的第一家西式医院竟然不得不用这种古老的方式为自己做广告。

　　"欲建立科学医学于华西，必须由医学教育入手"，1907年中华博医会在上海召开会议，倡议要在中国的每一个省至少建立一所医学院。在中国西南地区，启尔德、莫尔思、甘来德等是这一计划的积极推动者

图6-1 西方传教士早期办医办学活动

图6-2　启尔德及其《治病救人：一位加拿大医学传教士的成都经历（*Heal the Sick*）》书影

和实施人。在仁济、存仁等医院开办十多年后，传教士和医生们更加意识到医学人才培养是一个严重的问题。

华西协合大学医科1909年开始筹建，"最主要的目的之一是储备和训练中国医学传道士"。1911年，大学理事部同意建设医科，经费主要由英美会负担，教师也主要由英美会选派。医科首任科长由存仁医院院长、美国人甘来德担任。在1914年华西协合大学创建医科之前，成都的教会医院已经在培训中国医助人员。

1914年华西协合大学医科创始之日，仅有外籍教员五位，学生七人。医科早期的医科教员有：甘来德教授人体解剖学和产科学，艾文教授组织学和诊断学，启尔德教授生理学和皮肤科学，莫尔思教授解剖、病理、外科、骨科，谢道坚教授卫生学、公共卫生学、儿科学，黎伯斐教授热道症科、泌尿、外伤与绷带，启希贤教授药理学、毒理学。

解剖室的故事

一座长不过30公尺，宽仅35公尺的解剖室，成为了华西医学教育的起点。开设生理课程所有的条件就是一些试管、烧杯、瓶子、酒精灯和火柴。他们买到一本《格雷解剖学》，一用就是好几年。外籍教师们用手书写提纲并翻译成中文，再请一位中国教师誊写后发给学生。外国老师在课堂上坚持结结巴巴地用汉语进行教学。

解剖需要使用的尸体更是棘手的问题。在当时的中国，尸体解剖被认为是大逆不道的。医科解剖的第一具尸体带有很大的戏剧

图6-3　启尔德在四川辛亥革命时期救治伤员

性。1914年秋的一天，不知谁将一具无名尸放在了医科楼门口，显然不是学校的热心人所为。最后，大家还是冒着风险，决定对这具尸体进行解剖。外国人懂得尸体解剖对四川人来说是一个重要而深刻的变革，于是，他们邀请了成都的社会名流和政府官员前来观看。最后，很多人认为，这是难得的开阔眼界的机会。第二具供解剖的尸体，是经政府官员同意的被斩首的土匪。直到20世纪20年代，逐渐就没有人反对尸体解剖了。

一门三代成都缘

华西现代医学的先驱者主要是加拿大人和美国人，他们在正当风华正茂的年龄来到了华西坝，其中的不少人毕生留在四川从事医学教育工作。其中，作为华西医学创办人的启尔德家族与成都，与华西医学结下了不解之缘。

1892年的夏天，就在启尔德开创成都第一家西医诊所时，与他一同来到成都的妻子詹妮染上成都的流行性霍乱去世了。2年之后，启尔德找到了新的伴侣启希贤，一位加拿大多伦多大学毕业的医学博士和化学硕士。启希贤在成都创办了第一所妇女儿童专科医院，以及位于惜字宫街的仁济女医院。她同时还是成都天足会的会长，也因此与四川通省大学堂的首任总理胡骏的夫人相识。当1920年丈夫去世后，启希贤仍在成都继续医学事业，一直到1942年逝世。

启尔德的儿子启真道出生在四川乐山，后来担任了华西医学院院长和医牙学院总院长。他全部用中文教授生理学、生物化学等课程。每当交谈者热情称赞他时，他总说："见外了，我虽说是加拿大人，可也是个四川老乡！"对于立志学医的学生，启真道每每用一个"危言耸听"的话来告诫他们，他经常在课堂上说："学医是最清高的事情，也是自杀的工作"。对于其中的原因，他诠释道："没有伟大的献身精神不能学医，比如病人最脏的排泄物，他的亲人都不愿意料理，医生还拿去再

图6-4　启尔德家族

一、再二地检查得津津有味。"在课堂上，启真道告诫学生们："药放在血管里或脾肉里，就拿不出来了！"这句话牢记在学生的心中。

当启真道1921年从加拿大回到他的第二故乡四川时，他带回了同为多伦多大学医学博士的新婚妻子启静卿。她也是成都最早的一批眼科医生。1944年，启静卿回到加拿大，三年之后因脑血栓突发而病故。为纪念这位令人尊敬的医生，华西协合大学医学图书馆以她的中文名启静卿命名。在1940年代的中国，这是仅次于北京协和医学院图书馆的全国第二大医学图书馆。

后来，启真道的第二任妻子吉恩接替了启希贤的位置，从事儿科的医疗与教学工作。1952年3月，启真道夫妇离开成都，启真道担任了香港大学医学院院长。

启尔德的长女黄素芳和她的丈夫黄思礼虽然没有从事医学工作，1921年后也在成都加拿大教会学校任教。启真道的妹妹启智明从1928年到1950年，也在华西坝从事护理学工作。她有一个极具成都化的昵称——启么姑儿。1949年10月，启真道的长孙女启玛丽从多伦多大学完成了护理学课程之后也来到华西坝，在大学医院从事护理工作。

基尔伯恩是启尔德的姓氏，海外一篇题为《基尔伯恩家族在中国》

的文章这样评论启尔德家族："人们应该了解基尔伯恩家族并且为他们感到自豪，因为这家人从1891年至1966年的72年间，一连三代的绝大多数都在中国大陆和香港为医学和高等教育事业作出了杰出的贡献。"

图6-5 朱大镛和朱显祯

在学校历史中，一家数代服务学校的难于计数。例如，上世纪为江青指定的辩护律师朱华荣三代均为四川大学法律专业校友。朱华荣1948年毕业于国立四川大学法律系，祖父朱大镛曾任四川大学当时的四川官立高等学校教授兼代理校长，父亲朱显祯曾任国立四川大学法律系主任。

先进的教学模式

医科的创办者们一开始就直接借鉴当时世界上最为先进的医学教育、管理模式，科目设置和教学计划按照美国、加拿大A级计划制定。学制设预科制与七年制，预科是大学教育的一部分，是培养基础扎实、视野广阔、有发展前途的高级人才必不可少的环节；学制初为六年，其中预科3年，正科3年；自1920年开始，医科学制开始增加为七年，其中预科3年，正科4年毕业到三十年代后，医科学制定为预科1年，正科6年。因学生入校程度不一，在实行七年制教学时，八年制、九年制也同时存在一段时间。

高标准和淘汰制是华西协合大学医科办学的特色。根据学生主修科目数量，每年有1科或者2科不及格者不得升级。通常医科的淘汰率超过三分之一，医科毕业生数量稀少。医科1920年开始有毕业生，第一班有刘月亭、李义铭、胡承先、颜相和等4人。

医科建立后，1918年仁济男、女医院成为医科的教学医院。医科临

图6-6　第一张医科毕业证书及其主人胡承先（右上图前排左五，右下图前排左二）

床课教师和医院医师可相互兼职，主要医学基础课在校内讲授，临床课则在各教学医院讲授，如临床手术、外科学、制药学在仁济男医院，临床外科、妇科、产科学在仁济女医院，教学分别在医院的病床旁边或者在实验室进行。学生还轮流派往医院，短期协助医师诊治病人。

医科学生必须在所有要求的项目取得优良成绩，才能获得毕业资格：在医院及其药房见习6个月，解剖3具尸体，进行20次预防接种，至少操作两次麻醉，作内、外科病案报告10个，接生5个（其中两个要求使用器械）。学生们还要进行一年专门的临床实习。

图6-7 医学院展览大会 　　　　　　图6-8 校长毕启和早期医学院教师

林则与华西牙科

　　医科创办的最初目标是培养全科医生，然而国外医学教育的改革浪潮和西医在中国的逐步推广，对专科医院、专科医生的需求也逐步增大。

　　加拿大多伦多大学牙医学博士和法学博士林则是中国口腔医学的创始人。1907年，林则和他的新婚

图6-9 中国现代牙医学之父林则与牙科学生
（右图从左至右为席应忠，陈华，安龙章，林则，乐以勋，毛燮均，蒋福安）

妻子林铁心来到成都。作为第一位到中国的牙医传教士，他发现这里最受欢迎的是全科医生，也就是国人戏称的万金油医生。幸运的是，许多传教士的胶托假牙已经破坏，急待修理，才将这位险遭"驱逐"的牙医留了下来。

在启尔德医生的帮助下，林则得到一个房间作为牙科诊所。林则开诊当日第一位病人是位妇女。通过拔牙和彻底的刮除术处理，她的病情迅速好转，不久就康复了。林则整洁而优雅的个性以及手到病除的精湛技艺，让他很快声名大噪，求医者日见增多。1911年，他的诊所扩建为牙症医院。林则身兼医师、教师、助手、护士、技师，可谓一筹莫展。于是，他与当时的华西协合大学商酌，在大学开展牙科教育，培养牙医生人才。对于牙医科学，林则抱有很大的期望：在中国推广现代牙医学治疗和修复，办高等牙医学教育，开展预防牙医学，开展牙医学科学研究。他告诉学生们，要做医学家，不要当匠人。1921年，中国有了自己的第一个牙科医生黄天启，他也是亚洲第一个牙科毕业生。

从1917年成立的牙科学系开始，到后来成为牙医学院。1928年，华西协合大学建立口腔医（病）院。从此，华西协合大学成为中国现代口腔医学教育的发源地，中国各地牙科的创建者或领导者大多于此培养。林则后来担任了华西协合大学教务长。1950年，已届60岁的林则告别华西坝，他被誉为"中国现代牙医学之父"。

文幼章曾经这样评价华西协合大学的牙科和林则其人："近半世纪以来，华大牙科为中国的社会福利事业已经作出贡献，说它不仅在国内，而且在国际上享有极高的声望不为过分。由于林则在这项纯科学的发展及基督教为中国民众服务方面的创见性方面有着杰出的、坚定的领导能力，我们应该将这项荣誉归功于他本人。他的名字作为科学的牙科学之父受到占世界人口四分之一民众们的尊敬。"

图6-10　中国牙科第一人黄天启

和平战士文幼章

长期在华西协合大学任教的加拿大国际友人、和平人士文幼章出生于仁寿，长大于乐山。他多次受到毛泽东主席和周恩来总理接见，尤其与周恩来相识颇深。他这样评价周恩来："他从容不迫，通情达理，充分掌握了事实的各个细节，而且态度又是那么真诚。"他的父亲文焕章就是华西协合大学的创办人之一。郭沫若称他是为数仅存的几个把汉语讲得和中国人毫无区别的外国人之一。据说，当有一次学生上课不听讲时，他竟然使用了四川话中颇有些不太文明的语言，大加责骂。

20世纪40年代时，文幼章主要在华西协合大学授课，担任英语和伦理学教授，并且兼任张群和刘文辉的家庭英语教师。他住在华西校园的11号楼，一座中西合璧的别墅式洋房。在这里，他同进步青年组织"星星团"的学生们往来密切，常常一边喝茶吃花生，一边讨论国家时局。1945年12月的一天，少城公园里举行了数千人的群众聚会，声援西南联大发起的爱国学生运动。当文幼章出现在保路纪念碑的讲台上，听众响起了雷鸣般的欢呼声。他刚开始讲话时，一个穿军服的人忽然把手榴弹扔上讲台。但文幼章没有被吓倒，他的反应是继续演讲，讲得比开始还要鲜明有力。40年后，他的儿子文忠志在回忆录中写道："少城公园标志着他生命中的转折点，'十一号住宅的耗子'引导着他越过

图6-11　文幼章在成都（左图后排中，中图左一，右图后排左一）

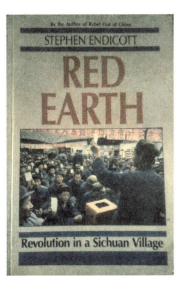

图6-12　文忠志任教四川大学所著
《红色地球》书影

鸿沟，从空想的知识分子改良观点转到献身革命的观点。献身革命者相信，历史上社会变化的根本途径和必由之路，就是'叫有权柄的人失位，叫卑贱的人升高。'"文忠志写的《文幼章传》有一个副标题"出自中国的叛逆者（Rebel Out of China）"，或许可以算是对文幼章的一种比较客观的评价吧。

当文幼章1983年重返学校时，85岁的他随口说出四川轿夫"天上月光光，地上水冽冽"的顺口溜。漫步熟悉的校园，他用地道的四川话深有感触地说："我爱我的第二故乡中国！我由衷地为她的发展、进步感到高兴。"文幼章去世后，按照老人生前的心愿，他的骨灰由儿子文忠志带到了成都，撒到了他的成长地——乐山的江中。抛撒骨灰那一天，江面雾蒙蒙的，依稀可见如屏的青山。轮船拉响汽笛，向这位可敬的老人致意。文幼章的儿子文忠志在四川大学任教时撰写了关于中国改革开放的《红色地球》。差不多每次文忠志回乐山祭奠父亲时，总要到校园内走走看看。他和他父亲一样，同样说一口地道的四川话。

男女合校与五月节

1924年，华西协合大学招收了第一班女生共8人，建立女生学院，开内地男女合校之先声，也是全国最早开展女子高等教育的学校之一。1916年前后，四川法政学堂曾经专门招收女子法政专修科，但毕竟短暂。张澜任校长的国立成都大学在最保守的中文系招收女生也比华西协合大学晚了两年。

每逢五月初的第一个星期六下午，就是女生院的欢乐节日，女同学有各种表演，称之为"五月节"。平时，男生是绝对不能近女生院的大门，只能等门卫帮忙口头或者用字条传呼。这些等候的男士被戏称为"爬壁虎"。到五月节这一天，男士们可以凭票进入女士院后院表演场

图6-13　第一批华西女生

图6-14　华西五月节

地，但是不能进入寝室。在女生院茂华楼与澄华楼之间，花木锦绣的草坪是表演的主场地。女生依次上场，表演各种舞蹈和戏剧，而"白雪公主""罗密欧与朱丽叶"等大型节目总是精彩的压轴戏。

1929年，全校文、理科共有5名女生毕业。1934年，在561名华西协合大学注册学生中，女生接近三分之一。不仅有来自四川的女生，而且有来自于朝鲜、苏联和美国等国的女生。

双枪老太婆

1932年毕业的乐以成是华西协合大学有史以来的第一个女医学博士，成为了女生们崇拜的偶像。她来自四川芦山一个"博士之家"，一门同辈18个子女中，有14个大学生，其中博士4人，硕士1人。乐以成在家中被称为"乐二姐"，抗战时期在天空中与日寇"拼刺刀"的"中国空军四大天王"之一的乐以琴是乐以成的六弟。

乐以成16岁时，家里人将哥哥们送到成都继续深造，却准备给她找婆家。正当此时，乐以成的嫂子生小孩难产而死。她为当地很多无知女孩一生悲凉的命运感到难过，于是立志当妇产科医生，"为妇女同胞解除疾病痛苦，为每一位母亲和每一个孩子送去健康"。她女扮男装只身出逃。父亲非常生气，派人要抓她回去。乐以成母亲悄悄地将佣人叫来，给了一些钱，明为去追乐以成回家，实则是暗中护送她到成都求学。1924年，她进入华西协合大学，后来成为第一个毕业的医学女生。1952年起，她在校从事医疗、教学、科研和管理工作，在中国妇产科领域曾有"北有林巧稚，南有乐以成"之说。

20世纪七、八十年代，乐以成在下乡巡回医疗工作中，常常在风天雨夜出诊或抢救病人。她一手用手电筒照亮道路，一手用手杖帮助踏过泥泞和崎岖的小路。老乡们给乐以成送上一个雅号，叫"双枪老太婆"。她一生救治病人成千上万，接生的婴儿成百上千。乐以成是一个乐观向上的人。后来她被关在牛棚里，有人指着窗外吼叫到："乐以成，你干脆跳楼吧，死了算了！"乐以成立即轻蔑地回答道："要跳楼，你先跳，你跳了我才跟你跳！"

图6-15 义诊中的乐以成

与乐以成齐名的张琼仙则是1929年考入华西协合大学的。1934年，她成为中国第一个牙科女博士并留校任教终身。朱德曾经称赞她"心怀天下，节衣爱民"。她的学生、中国工程院院士邱蔚六说："她对我们很严格，尤其是根管治疗方法，她让我们反复做了三次试验。"

中美双文凭

同时获得中美两张文凭，这曾经是华西协合大学毕业生的荣耀。在毕业典礼上，每一个毕业生可获得两张文凭：一张是经国民政府教育部同意颁发的中文文凭，一张是由美国纽约州立大学授予的英文文凭。

华西协合大学医科从一开始就以建立“第一流医学院”为办学目标。为便利毕业生出国深造，大学董事部早在1913年即提出在西方大学注册，成为其附属机构或分校，由西方大学向本校毕业生授予毕业证书和学位。为此，华西协合大学曾与芝加哥大学、牛津大学联系，却未能如愿。

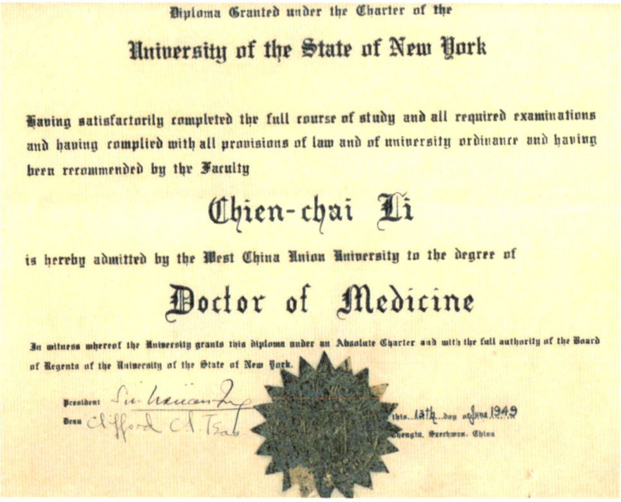
Diploma Granted under the Charter of the
University of the State of New York
Having satisfactorily completed the full course of study and all required examinations and having complied with all provisions of law and of university ordinance and having been recommended by the Faculty
Chien-chai Li
is hereby admitted by the West China Union University to the degree of
Doctor of Medicine
In witness whereof the University grants this diploma under an Absolute Charter and with the full authority of the Board of Regents of the University of the State of New York.
President
Dean Clifford C. Tsao
this 13th day of June 1949
Chengtu, Szechwan, China

图6-16 华西协合大学学生同时获得的美国纽约州立大学毕业文凭

在学生培养质量得到广泛的认同后，1922年，美国纽约州立大学同意给予《临时特许书》，即每年将应届毕业生成绩送该校复核并获认可后，授予该校文、理学士和医、牙博士学位，在国外享有与该校毕业生同等的待遇。经过12年复核，从1934年起，纽约州立大学直接授权华西协合大学在颁发本校毕业证书的同时，代授纽约州立大学学位证书。1938年华西协合大学向美国医学考试委员会全国协会提出申请，并获准成为该协会成员。这意味着，华西协合大学医学毕业生的文凭在美国任何地方都能够得到承认。

从20世纪30年代起，华西协合大学开始选拔医、牙科优秀毕业生出国留学深造。在此之前，华西协合大学就在苏联、匈牙利、朝鲜、美国、南亚以及中国香港地区招收学生，是中国接收境外学生学习现代科学技术最早的学校之一。

医牙成绩特著

按照1924年的蓝图规划，医科先辈们早已规划好了一个"华西医学中心"的庞大构想：未来将以医科大楼为教育基地，新建一座综合医院，构筑成一个集教学、科研和医疗服务为一体的中心。1928年4月，被称之为"医科永久的家"的医科大楼部分落成，成为西南地区医学教育的最高殿堂。1935年教育部在对学校的评估结论中称："该校办理，尚具基础，医牙两科成绩特著。"

在临床教学与实习中，仁济男医院安德生医师的教学法很有特色。首先，他让学生接触病人，采集病史，做体格检查，做三大常规化验。然后，学生去查教科书，再写成病案及个人的讨论意见，在小组中报告，展开讨论，并由老师总结。最后，这些总结由老师整理成文字材料，人手一份。

1920年，华西协合大学占地面积720余亩，注册学生350名，正式教职工37名。1928年，存仁医院改为眼耳鼻喉专科医院，招收医科毕业生继续专修眼耳鼻喉科两年。这是中国最早创办的该类专业。1929年，学校将医科与牙科合并为医学院，设有解剖学系、生物化学系、病理学系、内科学系、外科

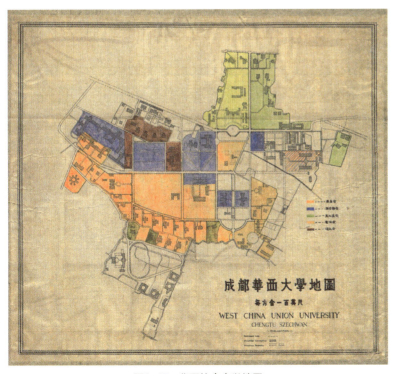

图6-17　华西协合大学地图

学系、卫生及公共卫生学系、口腔内外科学系等多个学系。此外，学校设有专业英文系。1932年米玉士创办的制药系是中国最早建立的现代高等制药教育机构之一。

向中国政府立案

在刚刚创办的十多年里，作为教会学校的华西协合大学与其他公立学校相比，办学成就和办学条件自然非同小可。然而，1922年由中国社会主义青年团发起的反对帝国主义利用宗教进行文化侵略的"非基督教运动（非基运动）"的兴起，一场收回教育权运动也在四川如大潮般席卷而来。这所外国人办理的学校也感到了危机。1925年，国民政府颁布《外人捐资设立学校请求办法》，其中规定：外人捐资设立学校应取得教育行政部门的认可，名称冠以"私立"字样，校长必须是中国人，董事会中国人应占名额过半，不得传布宗教，课程必须按照教育部所定标准等。

1925年上海"五卅"惨案发生后，华西协合大学学生李宝鲁等组织了退学团。1926年9月5日，四川发生英军炮轰万县的惨案。校方威胁开除参加成都"万案雪耻"示威游行的学生。中国学生再次成立了退学团，占当时学生半数的160余人以及华西协合中学校、华西协合师范学校、华西协合神道学校、高琦初级中学共约500余人退学。其中，很多人转入国立成都大学等校学习。最后，毕启和各个差会同意不强迫学生信教，华西坝不能视为租界区，学校才重新开学。

由于华西协合大学师生爱国运动的推动，加之中外进步人士的努力，学校也不得不考虑生存问题。1927年，学校正式向四川省教育厅申请立案。曾经留学日本的华西协合大学中国文学系首任系主任程芝轩，积极参与和促成了华西协合大学向中国政府立案的工作。"立案"的主要目的是：让中国人参与校政，以表现中国化的特征；取消强制的宗教教育，以避开"宗教堡垒"的攻击；在沟通东西文化的口号下，引入国

图6-18　四川教育厅批准华西协合大学立案

学研究，以显示中国文化的精神。原来制订的办学宗旨被修改为"本大学以教授高深学术，养成高尚品格、增进人类幸福为目的"，新校训"仁智、忠勇、清慎、勤和"体现了儒家的文化精神。

1927年报请立案时，学校专门请刘咸荣撰写了校歌歌词，当为迎合立案的需要："校地：合纵横上下一书城，到此间别有乾坤，千柱光明迎日色，更入窗洞达绕河声，横舍春风万象新；科学：看周易两仪同四象，是科学万变精神，温故知新新更新，要美利天下学斯成，还须分寸惜光阴；学人：休辜负聪明出群众，方不愧天地吾身，庸庸碌碌笑虚生，聚良朋千里同一室，世界扶持大有人；副歌：八方天地乱纷纷，四时日月最多情，守此范围而不过，云霞花鸟总无惊；学业外不与人争，涵养我道德精神，增长我才艺声称，合将世界放光明。"

但是，事情一拖再拖，直到1930年6月，设在纽约的联合托事部接到一封电报："华西协合大学学生会强烈地催促你们必须注册。否则，我们面临着被强制关门的危险。"毕启立即返回成都，立案进度开始加快。

1933年9月，四川省教育厅转发教育部指令："私立华西大学，应准予立案"。至此，华西协合大学完成了大学转型和改组，更名为私立华西协合大学。学校举行了盛大的庆祝大会，还放假两天。白天演出话剧和歌舞，晚上放映电影，欢迎社会各界人士一起来庆祝。全校楼馆全面开放，社会各届可以参观教学楼、仪器室、实验室、图书馆和学生宿舍。这所洋学堂的大门正向社会敞开。

首任华人校长

向中国政府立案后，原校长毕启和副校长宋道明改任正副校务长。校务长是一个新的职位，仍然对学校的管理负有重要职责。毕业于华西协合大学文科，在美国西北大学和德鲁大学分别获得硕士和博士学位的张凌高，1927年经毕业同学会推荐，被理事部聘为副校长一职，开始接手校务管理。1931年，他正式成为华西协合大学校长。作为首任华人校长，张凌高希望学生"不仅有丰富的学识，尤望有高尚之品德。"他指

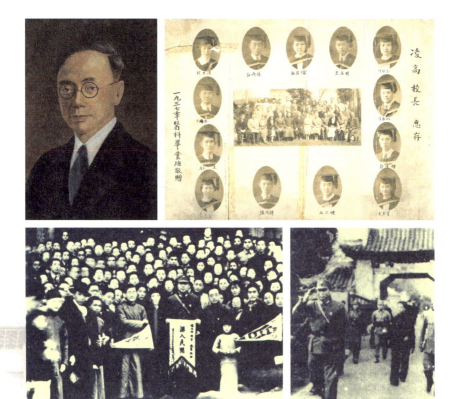

图6-19　张凌高和1937年医科毕业生赠送他的照片以及五大学师生参加冯玉祥抗日演讲会（前排右三张凌高，右四冯玉祥）

出："如果培养的学生不能服务于社会，不能到华西的各方面的基层和边疆去服务，那么教育就是失败。"

从此，中国人开始主持华西协合大学的校政。在学校最高决策机关理事部和新设的大学董事部中，中方人员超过半数以上。立案后的华西协合大学的西方性和宗教性虽然并未有实质性的改变，学校的大权实际上正如他们最初所愿，逐步转移到了他们所培养出来的中国人之手。

大学新发展

在华西协合大学向中国政府立案后，办学宗旨的修改、管理体制的转变、教学制度的完善、办学规模的扩大和办学条件的发展，尤其是文学、理学和医学院的建立，使华西协合大学进入新的发展时期。1935年6月25日蒋介石夫妇在事务所参加华西协合大学学生毕业典礼，后来他还多次来到华西协合大学。

按照要求，华西协合大学取消了道科专业，将宗教课由必修课改为选修课，附设神道学校从大学分离出去。同时，学校延聘或增聘了一批非宗教界的学者名流。其中，林山腴还为学校创作了校歌："欧亚交通，文轨新同，邕邕璧水宫。西暨岷蒙，原隰鳞龙，凤麟郊薮中。怀旧俗，维事变，本于风，文质递嬗无穷。东方有圣西方圣，大道一凿堪通。欧亚交通，文轨新同，邕邕璧水宫。西暨岷蒙，原隰鳞龙，凤麟郊薮中。鼓瞽众，篚陈业，利发蒙，金声玉振从容。昭德方期四门辟，广乐岂限华风。欧亚交通，文轨新同，邕邕璧水宫。西暨岷蒙，原隰鳞龙，凤麟郊薮中。帝会昌，神建福，井络中，馆宇四望嵯峨。石室流风今未沫，西来意企文翁。"与前面的校歌相比，中西文化融合的特点更加鲜明。

当时教育部规定，立案的大学至少有三个学院，每个学院至少有三个系。华西协合大学的传统是重视理科，特别是医科和牙科实力雄厚，文科相对薄弱。要达到教育部的标准，必须对原有科系进行调整和改

图6-20 建设中的华西坝

进。张凌高很快制定了充实文科和理科的计划，加强调整医科和牙科，促进文理交叉渗透，实施了教学与科研并重的办学方针。继医学院之后，1932年文学院和理学院正式成立。

为了办成综合性大学和西南地区的学术中心，华西协合大学先后成立了中国文化研究所、边疆研究所、经济研究所、教育研究所、历史研究所、中国社会史研究所、国学研究部、农业研究所、药学研究所等研究机构。有的系虽没有正式研究所，不少教师仍在课余开展研究工作。一批教授开展了多项科学研究，如安德生研究肺结核病，杜顺德研究寄生虫病，莫尔思研究人种学，启真道研究新陈代谢，彭子富研究漆毒防治法等。1934年医学院在美国出版了专著《中国医学》，成为最早把中医药介绍给世界的专业机构之一。

在立案后的华西协合大学，学科设置更加完备，进一步突出了实业教育、实践教育和实用教育的特色。例如，在理学院生物系下设了动物组、植物组和农业组，还曾开设一年制农业讲习班。化学系开设了染色专修班和制革科。

三星堆与潘达

1932年，华西协合大学正式成立历史博物馆。该馆以对中西部古物以及边疆和民族器物的收集精良而著称，是今天的四川大学博物馆的前身。1914年，戴谦和在华西协合大学筹办博物部。博物馆正式成立后，葛维汉被任命为首任馆长。1941年，"四川考古学之父"郑德坤主持馆务，逐步把博物馆建成了教育中心和收藏中心，吸引了社会各界人士以至来援华美军前来参观。博物馆的收藏主要有古物美术品、边民文物、西藏标本三大类。其中，古物上起史前石器，下迄明清金石书画，应有尽有。边民文物则包括羌、彝以及摩西、摆夷、开钦等民族器物、文物。其中有关的西藏标本尤为丰富，曾有外国报纸誉之为"世界各博物馆之冠"。

按中国政府的《采掘古物规则》《古物保存法》，华西协合大学为一私立大学，又是教会大学，采掘古物不被许可。但是，华西坝上的外国人却醉心于此。葛维汉先后进行了14次夏日探险，广泛采购民族文物。戴谦和潜心于寻访巴蜀古迹，发掘遗址和古墓。虽然，事实上造成了相当多的文物流失海外，但是从客观上也对开辟西南考古学、西南民族学作出了贡献。

世界闻名的四川广汉三星堆的首次正式发掘由葛维汉等人在1934年进行，少数三星堆文物至今还保存在学校博物馆。三星堆是月亮湾农民偶然发现的。1929年春，燕道诚祖孙三人在自家"风水宝地"挖出400余件古物。燕家将"意外之财"除自留部分外，大多向亲邻朋友广为分送。古董市场被"广汉玉器"搅得沸沸扬扬。1931年6月，戴谦和、葛维汉等人先后赶赴广汉，对月亮湾遗址进行了考察。当地百姓群起发掘玉石器，县长罗雨苍下令保护月亮湾遗址。

1934年3月初，罗雨苍以县政府的名义邀请葛维汉和林名均等前去发掘遗址。发掘工作只进行了10天，共获得各种玉、石、陶器600多件。这些器物被送到华西协合大学博物馆中。后来，葛维汉整理出历史上第一份有关广汉古蜀文明遗址的考古发掘报告——《汉州发掘简报》。

图6-21　潘多拉

图6-22　华西坝上的大熊猫

　　华西协合大学一直都在筹建自己的动植物标本馆。在20世纪30年代初，学校就保存有部分大熊猫标本。大熊猫的英文名字Panda就是学校的外籍教师根据在野外考察过程中藏民的发音"潘达"而命名的。由于华西协合大学和纽约州立大学有长期的合作关系，1938年3月，美国纽约动物协会希望得到一只大熊猫的幼仔。丁克生立即给山里的狩猎人写信。不久，丁克生的夫人亲自从大山中带回一只活泼可爱的大熊猫幼仔，宠物般地养在华西坝家中。许多洋娃娃都喜欢与大熊猫合影，还根据大熊猫的学名"潘达"给她取了一个可爱的昵称"潘多拉（Pandora）"。在希腊神话中，"潘多拉（Pandora）"是指第一个来到人间的女神。当时正值烽火连天，1938年5月，这只大熊猫和来自加拿大的陈普仪教授乘飞机到重庆，然后由重庆乘船经上海至香港，再搭乘海轮远渡重洋到达旧金山。在当年的航班和海轮上，这只大熊猫吃的可是航运公司专门提供的儿童

图6-23　四川大学生物系教授马骥群与即将前往英国的熊猫留影

餐。正从此开始，华西协合大学开始养育过好几只大熊猫。其实，除了华西协合大学之外，国立四川大学也曾代表政府派人与英国等开展过"熊猫外交"。

第七章

弦歌铿锵峨眉山，望江楼畔再扬帆

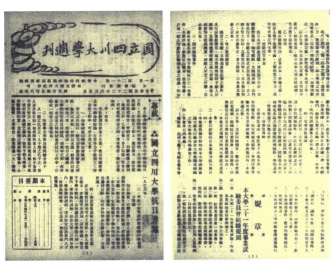

图7-1　《国立四川大学抗日方案》

由于抗日战争的爆发，国立四川大学的发展受到不可避免的破坏，一度被迫迁到峨眉山。虽然，跑警报也成为学校师生的必修课，但是与国内其他高校相比，处于大后方的四川大学在相对安定的环境中坚持发展，因而被当时的教育部称为"全国独善的最高学府"和"西南培养人才的总枢纽"。

战时教育

张颐上任不久，抗日战争就爆发了。按照黄季陆的说法，四川大学成为"后方惟一有充实设备而未受战争损害的大学"。经济学家赵人儁说："差幸在川大，此项报章杂志力为搜集，参阅便利。他处则并重要刊物亦不易见。此吾人对于今日之川大深为欣感者也"。抗战期间，一位美国学者裴飞参观了农、理两院的设备后，兴奋地说："我以为中国的大学都是一间间的大教室，想不到僻处成都的川大有这样完备的设备"。立足民族复兴最重要根据地的四川，四川大学自觉担当了在国难期间延续中华民族文化命脉于一线的使命。

张颐就职后，特别重视教师的学识修养。由于沦陷区教职员纷纷撤退，云集川内，张颐优礼聘请名师。四川大学一时名流学者荟萃，蔚为大观。其中，包括哲学家朱光潜、天文学家李珩、农学家王善佺和董时进、文学家饶孟侃等人。任鸿隽离开了学校，对学校依然颇为关爱。四川大学获得了中基会资助的7个讲座教授席位，有原中央研究院研究员冯汉骥、原北京大学教授吴大猷、原南开大学教授张洪沅、原清华大学教授萧公权、原清华大学教授赵人儁、原中央研究院研究员徐中舒、原教育部高等教育司司长黄建中等。当时，在中文系读书的王利器说："日寇入侵华北，平津名教授多来川大任教。同学们私下里认为，这是四川的北京大学"。

图7-2　正在上课的国立四川大学学生

由于国土沦陷造成大量学生失学，四川大学成为他们的首选。1937年夏季，学校录取新生270人后，教育部命令再次招生137人。1938年6月，学校先后收借读学生488人。对于大批涌入的借读生，张颐表示，对"因母校不能开学，来到这里借读的学生"，"我们更当一面表示同情，一面表示欢迎。因本校既属国立，合全国为一家，应无主客之分"。由于借读生大大超过本校学生，学生的结构发生了巨大变化。1938年，川大在校学生共1318人，其中四川学生912人。

战时科研

如同"国家不幸诗家幸"，抗战的爆发为四川大学带来了新的机会，也使这一时期的科研带上了浓厚的战时色彩。后方建设的需要也使四川大学更为重视与社会的联系，特别是在农业知识的推广方面，做了很多工作。

1938年，四川大学组织成立了"川军抗战史料搜集整理委员会"，

图7-3 《新农林》创刊号

图7-4 《以十五个优良稻种祝川大十五周年校庆》
（《国立四川大学校刊》1946年）

并函请中央古物保管委员会联合调查四川文物。学校对四川的石器时代遗址、汉晋墓葬、古代建筑、壁画、石刻、造像等进行了全面普查。这是国内第一次文物普查工作。学校成立了应用化学研究处，研究包括《利用川省资源提制代替汽油或汽油之研究》《川省盐产之利用与溴碘之提取》《钝碱制造之改进》《四川天然硫磺之调查与提炼》《利用川煤提取煤膏苯甲苯等物之研究》《测量彭山芒硝之产量与藏量》等战时所急需的课题。

最强的农学

在抗战期间，四川大学的农学所受影响最小，长期在九眼桥和望江楼一地办学，并没有迁到峨眉山。1938年夏，农学院受四川省教育厅委托，办理了四川省立高级农科职业学校，为四川省农业人才的培养做出了巨大贡献。同年，农学院开设了农民学校。在四川省建设厅的建议下，农学院学生分赴各县扩大宣传农学院教授杨开渠研究的再生稻。在学生出发前，农学院院长曾省除了要求学生注意采集农民的经验，"留作研究改良的借镜"外，还特意提醒应"对乡人应持和蔼态度，举动应该慎重，服装勿事华丽。乡民有问必答，勿惮繁琐。如此定能给乡民以良好印象，而结果亦必佳"。他还说："本院同仁对于后方生产的农垦事业，向甚关心，总希望在危急存亡之秋，打通一条血路"。这番总结不仅适合农学院，也是对抗战期间全体川大人忧国心情的深刻描述。1937年，美国康乃尔大学博士董时进接任农学院院长。1943年，李约瑟在考察了中国高等教育后认为，农学是四川大学"最强的学科"，成都是当时中国的"农业中心"。

杨允奎是我国玉米杂种优势利用的开拓者之一。1944年，玉米专家、美国副总统华莱士访华时曾经专门拜访他。在四川大学期间，他有

图7-5　1943年李约瑟在四川大学和华西坝考察

计划地开展了小麦、玉米、豌豆的遗传育种研究，先后培育了秋玉米综合杂交种川大201、小麦新品种川大101、豌豆新品种川大红花豌和川大无须豌等，使农学院成为具有国际声誉的农学基地。

抗日救亡运动

"七·七事变"爆发后，文学院学生康乃尔、王玉琳在学校发起声援华北抗战大会，成立了以进步学生为主体的全校性群众救亡组织——四川大学学生抗战后援会。此后，成都各校学生抗战后援会也相继成立。

四川大学学生抗敌后援会成立后，主要负责少城公园、中山公园、提督街、西御街、东御街、祠堂街、外东九眼桥和望江楼、南较场、文庙西街等处的宣传，上街演说、演唱、张贴标语、散发传单，为抗日将士募捐。他们还组织了两个宣传队，印制了传单、口号、漫画和国难地图等，前往温江、陴县、新都、新繁、德阳等地，在广大农村传播了抗日救亡的火种。

1937年秋，为了欢送川军出川抗战，四川大学全体学生仅用六天时间，缝制棉衣1075件赠送川军，同时收集旧衣服数百件赠送战区难民。另外，他们赠送毛巾1200条和锦旗十六面，上面写着"为民族解放而抗战""保卫中华，争取我们的生存""把我们的血肉筑成我们新的长城"等口号。

1937年冬，国民政府征集数万民工扩建凤凰山军用机场，四川大学和成都各大中学抗敌后援会组织师生前往慰问民工。在目睹民工住所简陋的条件后，他们用国立四川大学抗敌后援会的名义购买了三万斤稻草，捐赠给民工垫铺御寒，并组织学生代表前往省政府要求政府改善待遇。徐特立的女婿、黄宪章教授因此以"煽动宣传""破坏国防重要工程"等罪名被逮捕。由张澜之子张晓岩领衔的四川大学学生展开营救活动，让事实真相大白于天下。当局不得不释放黄宪章，进一步激起了学

图7-6　四川大学师生积极参加抗日救亡

生们更大的抗日热情。

在四川大学抗敌后援会开展活动的同时，1938年，以四川大学学生为主的成都学生抗敌宣传团成立，四川大学文学院和法学院的学生为第一团，四川大学理学院和农学院学生为第二团，华西协合大学、燕京大学、金陵大学，金陵女子文理学院、中央大学、齐鲁大学学生为第三团，光华大学学生为第四团。他们利用少量经费和大家捐款，制作旗帜，在星期日走上街头讲演，教唱革命救亡歌曲，出演街头剧。

在抗日救亡运动的推动下，各种救亡刊物如雨后春笋般涌现。其中，由四川大学师生创办和协办的有《文艺月刊》《前进》《活路》《成都新闻》《大声》《大生》《救亡》《星芒》《金箭》等，都是进步学生们以笔杆作刀枪的有利战场。许多热血青年还积极报名参加青年军和远征军。据不完全统计，四川大学和华西协合大学有799人，

图7-7　四川大学远征军印度来信以及寄回母校的照片

燕京大学、金陵大学，金陵女子文理学院、中央大学、齐鲁大学等学校共有138人。其中也有不少教师，如毕业于同济大学和美国康奈尔大学的国立四川大学土木工程系教授张继正，后来他担任了台湾大学教授以及台湾“财政部长”“交通部长”“中央银行总裁”等职务。在四川大学档案馆馆藏的一封国立四川大学远征军同学印度来信中，同学们写道：“黎明的时候只见一群铁鸟飞向祖国，黄昏后又从祖国飞来。”他们对祖国的思念之情溢于言表。

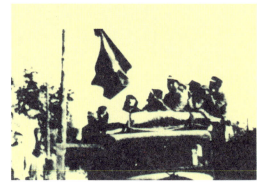

图7-8　国立四川大学师生奔赴延安

抗日救亡运动的发展，促进了四川大学共产党组织的恢复和重建。

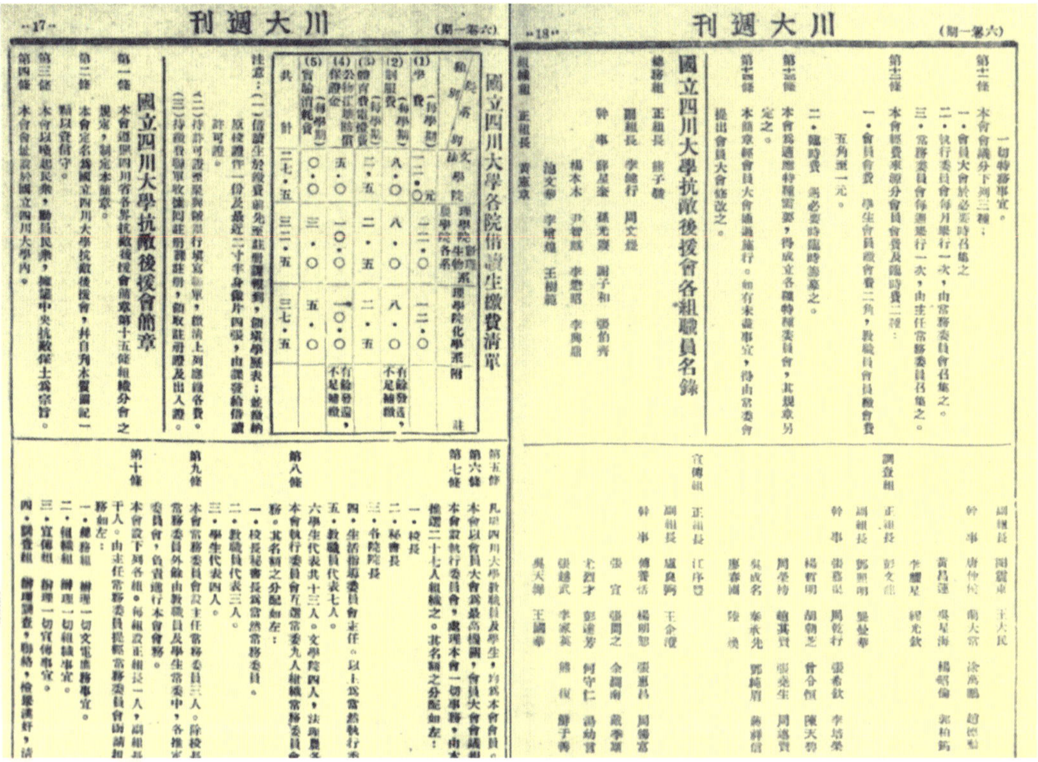

--17--　川大週刊　（六卷一期）

國立四川大學各院借讀生繳費清單

類別／院系	文學院 法學院	理學院數理系、生物系，農學院各系	理學院化學系	附註
(1)學費（每學期）	一二·〇元	一二·〇	一二·〇	
(2)制服費（每學期）	八·〇	八·〇	八·〇	有餘發還，不足補繳
(3)體育費電燈費（每學期）	二·五	二·五	二·五	
(4)公物損壞賠償保證金	五·〇	一〇·〇	一〇·〇	有餘發還，不足補繳
(5)實驗消耗費（每學期）	〇·〇	三·〇	五·〇	
共計	二七·五	三二·五	三七·五	

注意：（一）借讀生於繳費前先至註冊課報到，領填學歷表；並繳納原校證件一份及最近二寸半身像片四張，由課發給借讀許可證。
（二）持許可證至某與銀行填寫繳單，繳清上列應繳各費。
（三）持繳費聯單收據回註冊課註冊，領取註冊證及出入證。

國立四川大學抗敵後援會簡章

第一條　本會遵照四川省各界抗敵後援會簡章第十五條組織分會之規定，制定本簡章。
第二條　本會定名為國立四川大學抗敵後援會，并自刻木質圖記一顆以資信守。
第三條　本會以喚起民衆，動員民衆，擁護中央抗敵保土為宗旨。
第四條　本會會址設於國立四川大學內。
第五條　凡國立四川大學教職員及學生，均為本會會員。
第六條　本會以會員大會為最高機關，會員大會[illegible]
第七條　本會設執行委員會，處理本會一切事務，由本[illegible]推選二十七人組織之。其名額之分配如左：
一·校長
二·秘書長
三·各院院長
四·生活指導委員會主任。以上為當然執行委[illegible]
五·教職員代表七人。
六·學生代表共十三人。文學院四人，法學院[illegible]
第八條　本會執行委員會互選常委九人組織常務委員會[illegible]務。其名額之分配如左：
一·校長秘書長為當然常務委員。
二·教職員代表三人。
三·學生代表四人。
第九條　本會常務委員會設主任常務委員三人。除校長[illegible]常務委員外餘由教職員及學生常委中，各推定[illegible]委員會，負責進行本會會務。
第十條　本會設下列各組，每組設正組長一人，副組長若干人。由主任常務委員提經常務委員會函請[illegible]務如左：
一·總務組　辦理一切文書庶務事宜。
二·組織組　辦理一切組織事宜。
三·宣傳組　辦理一切宣傳事宜。
四·調查組　辦理調查，聯絡，檢舉漢奸，[illegible]

--18--　川大週刊　（六卷一期）

一切特務事宜。
第十一條　本會會議分下列三種：
一·會員大會於必要時召集之
二·執行委員會每月舉行一次，由常務委員會召集之。
三·常務委員會每週舉行一次，由主任常務委員召集之。
第十二條　本會經費來源分會員會費及臨時費二種：
一·會員會費　學生會員繳會費二角，教職員會員繳會費五角至一元。
二·臨時費　為必要時臨時籌募之。
第十三條　本會為適應特種需要，得成立各種特種委員會，其規章另定之。
第十四條　本簡章經會員大會通過施行。如有未盡事宜，得由常委會提出會員大會修改之。

國立四川大學抗敵後援會各組職員名錄

總務組　正組長　熊子駿
副組長　李健行　周文煜
幹　事　薛星奎　孫光潛　謝子和　張伯齊
楊本木　尹智熙　李惠昭　李興鼎
池文華　李煥煊　王樹錦
組織組　正組長　黃憲章
副組長　周叢東　王大民
幹　事　唐仲侯　蘭大宗　涂禹鵬　趙懋勳
黃昌遂　吳星海　楊昭倫　郭柏鈞
李體星　經光欽
調查組　正組長　彭文凱
副組長　鄧照明　樂毓華
幹　事　張懿　周乾行　張希欽　李培榮
楊哲明　胡朝芝　曾令恆　陳天碧
周學椅　趙其賢　張榮生　周邁賢
吳成名　秦承先　鄧純眉　蔣祥信
廖春滿　陸　煥
宣傳組　正組長　江序豐
副組長　盧良駒　王介澄
幹　事　傅普恬　楊明恕　張惠昌　周傳富
張　宣　張問之　余國南　戴季瀛
尤烈才　彭達芳　何守仁　湯幼實
張錫武　李家嘉　饒　復　歸子壽
吳天翔　王國華

图7-9　《国立四川大学抗敌后援会章程》

在学校，经常活动的中共党员多达120余人，四川大学建立了当时国民党统治区最大的基层共产党组织之一，先后向革命圣地延安输送了大批骨干。在延安，四川大学学生还专门成立了校友会。四川大学的一部分学生党员，如后来任北京大学党委书记和中共中央纪律检查委员会书记的韩天石曾任中华民族解放先锋队成都队总队长，他和后来任四川大学校长和四川省副省长的康乃尔等被推上党的重要工作岗位。中共四川大学总支副书记、理学院学生邓照明后来被选为白区党组织的代表，到延安光荣地出席了党的"七大"。

1944年11月，正在燕京大学研究院考古部学习的成恩元，在山西文水老家的母亲和哥哥在八天内相继病饿而死。他悲痛欲绝，自书"仇必报，必报仇，为了家、国、民族"，弃笔从戎，参加了抗日杀敌的青年军，担任青年军随军记者。他后来长期在华西协合大学、四川大学博物馆和历史系工作。

从拒程到驱孟

1938年12月13日，国民政府任命程天放接长国立四川大学。程天放毕业于复旦大学，是留学美国的政治学博士。来四川大学前，他先后任安徽省政府代主席、安徽大学校长、国立浙江大学校长、中国驻德国大使等职务。由于许多师生反对程天放就职，这场"拒程"运动最后以撤销孟寿椿的秘书长职务而宣告结束。其实，导致"拒程"运动的前因后果颇为复杂。在某种意义上，孟寿椿不过是一只替罪羊而已。当年因参加五四运动入狱的北京大学学生孟寿椿曾经成就了康白情一首著名的新诗《慰孟寿椿》："那一朵好花不受风折？那一年的好庄稼不经大雪？那一些好人不遇些盘根错节？我们不入狱，谁入狱？孟椿，我揩干眼泪笑了，你也笑罢，这正是你！这正是你的人生价值。"此时的孟寿椿被驱逐出校，应该有些别样的滋味吧。

但是，毕竟有20多位教授拒绝回校就职，使学校的师资受到一定程度的削弱。其中就包括著名的教育家和美学大师朱光潜。朱光潜1922年毕业于香港大学文学院，曾留学英国爱丁堡大学、伦敦大学、法国斯特拉斯堡大学。五四运动中，他受《新青年》杂志胡适提倡白话文的影响，毅然放弃文言文，改写白话文，后用白话文发表美学处女作《无言之美》。他1925年留学英国和法国并获文学博士学位，回国后曾任北平大学英文系主任、商务印书馆《文学杂志》主编。1937年，他任国立四川大学文学院院长、外文系主任、出版委员会主任委员、《国立四川大学学报》主编。全校一共有16个专门委员会，他担任了除体育、仪器、卫生之外的所有委员会的委员。

作为四川女婿的朱光潜本来对成都的生活本是满意的，他力邀他在北京大学的学生卞之琳来校任教。1938年春，朱光潜的老乡张充和来成都。朱光潜热心撮合卞张二人，邀请她和卞之琳、何其芳和方敬共聚成都有名的不醉无归小酒楼，畅饮全兴大曲。擅长昆曲的张充和一曲《牡丹亭》莲色生花，于是，有人说张的嗓音甜美，而全兴大曲就有些清苦了。朱光潜颇懂酒经，他说："有点苦味才是好酒。酒的品味是苦为上，酸次之，甜最下。这样的好酒我们安徽是没有的，北京也不易得。"其实，席间稍带苦涩的全兴大曲确与卞之琳写给张充和的《断章》一首之意味相映成趣。酒足饭饱后，大家还一起去听川戏。由此可以看到，好为媒人的朱光潜虽然没有最终促成卞之琳和张充和，却是一位情谊人物。他因为好友张颐被免而出头，积极组织拒程运动，就比较容易理解了。当然，放在桌面上的理由则是他拒绝与国民党CC系的

图7-10　朱光潜

程天放为伍。程天放就任校长后，立即任命向楚为文学院院长，张洪沅为理学院院长，王善佺为农学院院长，傅况麟为秘书长。

一生情债一生还

　　1939年，著名历史语言学家、校雠学家王叔岷毕业于四川大学中文系。在华阳中学就读时，他与同侪结为"梅花五子"，别号孤鹤。琴不离身的王叔岷在四川大学学习期间遇上了一生唯一之爱，杨闇公和杨尚昆的堂妹杨尚述。他们结婚时的证婚人是校长张颐，张颐之子张文达任傧相，朱光潜、林思进、庞石帚、李炳英、路金波等师长为他们道贺。在徐中舒教授的推荐下，他考入北京大学文科研究所，师从傅斯年。在李庄时，有一次过节，杨尚述将肉煮于锅中，交代他火小了就加柴。王叔岷一心研究《庄子》，柴火一加再加，竟将肉煮焦。杨尚述大发脾气，著名民族语言文学家马学良的夫人笑着解围："好兆头，要得糊，才有福。"

图7-11　1939年5月王叔岷一家合影

　　王叔岷与杨尚述相爱一生一世，曾留下多首爱情之诗，如"柔情欹枕不禁探，斜月梅花入梦酣。妬煞霜钟频报晓，破人幽梦到潼南。""金猊香煖梦模糊，似为相思减雪肤。花月春风因有约，莫忘珍重赴成都。"王叔岷曾执教新加坡大学、台湾大学、马来西亚大学、新加坡南洋大学等校。女学生们经常找王叔岷请教文学，也聊国家大事、生活琐事和个人心事，杨尚淑"从不气恼，大方邀请她们到家里。"1977年，杨尚述在新加坡去世。多年来，王叔岷孤居治学，虽友好多次劝他续弦而不动心，有《谢续弦》诗："庄周妻既卒，不闻复续弦，陶潜有继室，乃由助耕田。我今无旧业，何庸缔新缘，矧乃孤鹤性，不为俗情牵。但得琴书趣，足以乐余年，愿言谢诸子，此心金石坚。"他说："夫妇是前生的情缘，也可说是情债。债还完了，不要再负债了。"2002年后，王叔岷叶落归根，长期寓居成都龙泉驿。

南迁峨眉

1938年10月，国民政府迁到陪都重庆后，日寇飞机接连轰炸重庆、成都。当年，日军两次轰炸成都，共出动飞机35架次，投炸弹199枚。1939年4月，当时的国立四川大学校长程天放呈准教育部，决定将校本部和文、理、法三个学院迁至峨眉，农学院以及理学院的应用化学研究处、测候所、植物园继续留在成都。

6月初，学校雇用了1500部板车将图书和仪器等从水陆两路开始运送。在搬迁过程中，运输的木船在岷江中遭遇狂风被打翻，仪器、箱子

图7-12　在峨眉山上的国立四川大学师生

图7-13　国立四川大学峨眉山校门

沉入江中，桌椅、板凳满江漂流。运送图书和档案的板车在山道上被抢劫，一些教员的衣物也丢失了。

1941年7月27日的成都大轰炸证明了学校南迁的正确性。这天，皇城校本部和南校场的理学院、法学院中弹着火。至公堂、明远楼一带的办公区和教学区，留青院和菊园一带的宿舍区，以及图书馆和博物馆等，共127间房屋变成废墟。据目击者回忆，"从国立四川大学缀有'为国求贤'匾额的正方进去，但见一片残垣破瓦，竹林还在冒烟，血迹斑斑，触目惊心"。所幸的是，四川大学的绝大部分师生已经来到峨眉山上，几无人员伤亡。

在1939年新学期开学前，学校的搬迁基本完毕。搬迁后的文、法两院设在伏虎寺，理学院设在保宁寺和万行庄，新生院设在鞠槽的将军府，校本部和教职员宿舍安排在报国寺、红珠山等处。在峨眉开学后，《四川大学校刊》发表了一篇文章，反映了刚到峨眉的师生们的心情："'峨眉天下秀'，我们是多么幸运的来到这个'天下秀'的所在，朝

图7-14　反映国立四川大学峨眉山时期学习生活的《川大拾零》（重庆《新华日报》1940年12月24日）

夕领略这美丽的景物哟！虽然如此，我们却永远不会忘记，是谁逼我们到这边野的角落里来。因为这，中国优秀的青年们，衷心蕴藏着无限的悲恨、愤怒之火，燃烧着我们整个的心灵，于是，他们把它发泄到学术研究上去。整日里图书馆中，便挤满了他们的足迹，为着抗战建国的需要，埋下了整个的心灵。"

莫嫌破屋一间小

由于当时物资严重缺乏，缺医少药，师生生活十分清苦。特别是老年教师常年登山上课，十分艰难。入秋之后，山中淫雨久下不止，体弱多病者更是苦不堪言。虽然办学不易，师生并没有因此而退缩。

南迁峨眉之后，学校教职员子弟无小学可入，乡间适龄儿童也无读书识字机会，教育系主任张敷荣主动创办报国小学，将其作为教育系学生实习园地。1940年春，报国小学开始上课，后成为师范学院附属小学。

体育活动似乎没有以前那么活跃，但是，学生必须参加晨操，无故缺席者即予以警告，警告达三次即作一小时，三个小时即记一次大过。如果体育课不及格，学生不得毕业。因山中没有大面积平地，除理学院操场较大之外，文、法两院在伏虎寺下开辟一个小体育场，新生院在河边开辟了可容纳四五百人的运动场。学校在伏虎寺下将就山涧石桥修建了游泳池，组织开展爬山和越野赛跑等活动。学校请专门教员教授武术，还请峨眉山武艺高强的僧人指导，参加武术练习者达160余人。1941年4月，四川大学第4届运动会在伏虎寺举行，这在峨眉山是空前盛举。

1941年5月，学校还组织师生和家属参加在伏虎寺举行的展览会。陈列艺术品3000多件，琳琅满目，观者称快。师生和家属自行组织平剧社、望峨剧社、歌咏戏剧队等，演出川剧和话剧等。

近四年的峨眉岁月是痛苦的，也是幸运的。著名新月派代表人物、外文系教授饶孟侃在给同事朱寄尧的《题画》诗中说："幸有梅花三两株，幽香尽日满庭除。莫嫌破屋一间小，如此风光十里无。"四川大学师生在困境中培养出一种乐观豁达的精神，他们在意志的历练中更加成熟。

千秋共唱和

"仁者乐水智者乐山，十年树木百年树人。"这是校长程天放为伏虎寺前布金林牌坊题写的楹联，也是他的心声。程天放要"谋川大之发展向上，尤注重于设备之充实、精神之振作及学术研究风气之提高"，因此，他确立了"品格的陶冶，学术的研究，技能的训练"的办学方针。

曾经代表韩国参加巴黎和会并任教复旦大学和北洋大学的金尤史不顾年事已高，携妻金淳爱和儿子金尤龙随校前往峨眉，担任了外文系主任。金尤龙则在报国小学读书，与饶孟侃的女儿、后来担任学校党委书记的饶虞等同学。金尤史，原名金奎植，先后担任大韩民国临时政府国务委员兼宣传部长、学务部长和副主席。他编写的教材《实用英文》和《实用英文文法》在成都出版，很受四川大学学生欢迎。他曾经以苏格兰民歌《友谊地久天长》和德国民国《哦！圣诞树》的曲谱，用英文分别创作校歌和1936级级歌。另外，他还把校友吴芳吉的代表作《婉容

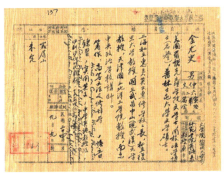
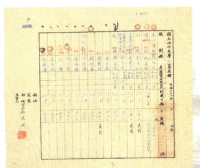

图7-15　大韩民国临时政府副主席金尤史以及他的履历表和教师名册

词》翻译成英文，介绍到国外。

金尤史在回国前为了表达对中国和中国人民的深情厚谊，1945年10月赶写了英文叙事诗《扬子幽景（长江的诱惑）》并出版。诗歌以咏叹中国各地历史、自然、人文的方式，热情赞叹他的第二故乡中国，与他并肩抗日的中国人民，以及他任教10年的国立四川大学的师生们。最后两句"长江流不尽，千秋共唱和"更是情真意切。

图7-16　金尤史《扬子幽景》书影

对于学校的师生来说，此时正是"千秋共唱和"的难忘岁月，他们要唱和的便是"峨眉山月冷"和"影入清溪流"。由于师生聚居一处，天天见面接触，交往相应频繁，研究切磋机会增多，学生比以前更爱读书，教师比以前更集中精力教学。虽然深感"五难"，即上课讲义难，自修座位难，吃饭过时难，睡觉臭虫难，下雨道路难，晚上灯光难，师生们却没有消沉。在他们看来，"伏虎寺是文法学院的所在地，这庙宇在全山的庙宇里，算是一个相当大的，可是一下要容纳六七百人，自然也不免拥挤一些。因此除了图书馆、办公室和同学的寝室设在这里以外，在庙的左右另外建筑了许多教室。此外还有新设计的诊疗所，也正在鸠工建造。伏虎寺建筑在山坡上，抬头便可以仰望见横在面前的峨眉山，望见围绕在四周的苍松翠柏，卧在脚下徐徐流动的小溪。清晨林木中浮起一片歌声婉转的鸟鸣，晚暮中可以欣赏着紫红色太阳西坠的霞光。这是多么幽静雅致的情景，一个极好的读书的所在"。

在艰难的学习环境中，师生的读书氛围反而更为浓厚。各院系对于旧有的讲义都进行了认真的整理，并装订成册，存放在图书馆供学生查阅。文学院中文系为学生编印《治学纲要》，改革一年级基本国文习作，组织新生进行讲演练习。各系在教学中都比较注重基础和基本训练，要求学生求学问而不再读死书。许多教授在教学中认真负责，他们极其严肃的治学态度和负责精神给同学们很大的教育。史学系教授叶秉承，逝世前一年，体弱多病，但上课时一丝不苟，虽然气喘嘘嘘，仍坚持连续三小时为学生授课，让学深受感动。他讲授满蒙藏边疆史和宋代制度、宋代道学等课题，议论宏通谨严，贯通古今中外。他对学生要求严格，其治学方法潜移默化于学生治学之中，体现了"师严而道尊"的精神。

半路截胡

迁校峨眉，由于条件之差，生源和师资受到的影响都很大。当年的马识途等人已经进入四川大学学习后执意离开四川求学，当然有其他方面的原因，但是四川大学的吸引力不足也很重要。而与金尤史同在学校教师名册上的就有著名的散文家和翻译家钱歌川等不少知名的教授。可惜的是，钱歌川教授聘而未到，他是在从重庆到峨眉山的路上被在乐山的武汉大学"半路截胡"的。差不多同时，已经落聘的著名数学家陈建功院士也在来校途中被在贵州的浙江大学"半路截胡"。

1938年，风华正茂的柯召婉拒了莫德尔教授的再三挽留，毅然回到正饱受日寇蹂躏的祖国，来到四川大学。在峨眉山上，柯召与他的同事们仍在勤耕不辍。数学系每周设专题研究课，召集全系师生作集体研究，各人阐述自己的研究心得，共同讨论。这种专题研究十分吸引人，有时学生变成先生，站在讲台上边写边讲，而教师则和同学一起静坐听讲。这种专题研究课就是柯召发起的，造就了一批在数学上锐进不已的人才。在柯召的带领下，四川大学数学系依然人才济济，包括李国平、曾远荣、李华宗、张鼎铭、蒲保明、朱福祖、杨从仁、胡鹏等在内的研究型数学人才在峨眉山上不断成长。

戏剧家刘盛亚留学德国归来，以一部

图7-17　柯召和他带领的数学系

记实散文揭露希特勒法西斯罪恶，成为中国著名的反法西斯作家。他25岁聘为四川大学教授，与在江安国立剧专执教的吴祖光共誉为神童。刘盛亚在峨眉山麓与魏德芳结婚，被称为才子配佳人。

迁校峨眉山，在某种意义上为学校的生物学科提供了难得的机会。他们重修的《峨眉山志》和方文培的多卷本《峨眉植物图志》等都在国际生物学界获得了极高的称誉。四川大学学生在乐山农村发现了一种铜钱大小的粉红色水母，周太玄欣喜地发现，这是一个从未见过的新品种。于是，他将其命名为"桃花水母"，并进行了深入的研究，还在全省做了一次专门的普查。

国立四川大学的研究生教育始于迁峨之前，但是却发展于此。理科研究所1938年成立，两年内发展到专任指导教授4人，研究生17人。最早，理学研究所设化学部，分无机组、有机组、理论组和药学组，研究项目与军事工业、医药有关。其中，应用化学研究处的研究方向是化工学术及辅助工业的发展。主要受工矿生产单位和有关政府管理机构的委托，进行专题研究或者器材化验。文科研究所成立于1940年，分史学、中国文学、语言文字学三组，研究生10余人。1941年11月教育部正式批准学校设文科研究所和理科研究所作为研究生教育机构，向楚和张洪沅担任所长。王利器一度担任文科研究所事务员。

图7-18　1940年前后的国立四川大学部分文科教授（前排左起李培甫、李炳英、向宗鲁、祝屺怀，后排左起庞石帚、叶石孙、路金波、赵少咸）

千里扶灵

著名学者程千帆曾经说："四川这个地方，一方面外面的人根本不晓得四川的学者有多大的能耐，另一方面，四川的学者还很看不起外面这些人。他看不起自有他值得骄傲的地方"。赵振铎曾经说，当年著名作家叶圣陶在四川大学任教，居然没有让他在本部上课，而是在城内部教成人学生，因为有人说他的《辞海》和《辞源》还没有从外地运过来。当然，作为自家人，赵振铎当然不赞同，也不能赞同这种做法。而程千帆的话或许并无夸张，具有师生之谊且儿时都被称为神童的向宗鲁和王利器可以为程千帆的话做一个注解。

向宗鲁，16岁考入成都存古学堂，深得经学大师廖平的赏识。他曾以"为学远承都水使，立身端似蒋山佣"自励。他不仅学识突出，而且毅力坚定，每次往返成都和重庆都是步行。1931年，他应聘担任重庆大学中文系教授兼系主任，讲《昭明文选》从不带书本，是重庆大学有名的"三鲁"之一。另二鲁是中文系教授文伯鲁和数学系教授何鲁。1940年，向宗鲁担任四川大学中文系主任。他有两个雅号，一个是向书柜。这是因为他学富五车，博闻强记。当年他在存古学堂时，廖平每每引经据典而忘记词句，就大喊："宗鲁，宗鲁！"于是，向宗鲁马上给廖平背诵出典籍原文。因此，廖平说："读书不熟问宗鲁"。他的另一个雅号是观音菩萨。这是因为他自己最穷，却常常拿出自己的工资去资助那些贫寒而成绩优秀的学生，几乎是有求必应。

1941年暑假期满后，向宗鲁从白市驿返回已迁至峨眉山麓伏虎寺的文学院。其时天气炎热异常，而成渝之间的客车票又因人多车少，不容易买到。他归校心切，好不容易托人找了一辆货车搭上，在蜿蜒起伏的老成渝路上日晒雨淋地颠簸了一天一夜，不幸受凉中暑。由于他常年吸烟，每天要抽五十支装的一听，身体一直不够好。这次，他竟一病不起，以致不治。

向宗鲁的得意门生王利器，一生整理校勘出版的中国文献古籍总字数超过二千万，故称为"两千万富翁"。王利器就读江津中学时，适逢吴芳吉当校长。吴芳吉是个非常勤学的人，每天早晨三点钟就起床读书，也要求全体学生同时起床自习。王利器进入重庆大学高中部，向宗鲁讲清儒，何鲁讲几何，因而受益良多。王利器考取了四川大学中文系后，游艺于众多名师之间，如鱼得水。大学三年级时，重庆大学文科并入川大，向宗鲁与王利器在成都师徒相逢。迁校峨眉后，在向宗鲁指导下，王利器撰写了100万字的毕业论文《风俗通义校注》，实际上是一本专著。经学校推荐，王利器获得了当年全国大学生毕业论文竞赛中国文学组的第一名。在之前的1940年教育部举行的全国大学毕业生论文竞赛，国立四川大学获奖者达31名，居全国第二。毕业后，王利器考取北京大学文科研究所，师从傅斯年。后来，他返校任教，再入北京大学和人民文学出版社工作。

当年王利器千里回校扶灵返乡的事迹更为感人。1941年11月，王利器正在昆明的北京大学文科研究所读书，忽闻向宗鲁逝世的噩耗。他当即请假回到峨眉山，要将恩师的灵柩运回老家巴县。学校补发了一个

图7-19　王利器和他的成名作——四川大学毕业论文《风俗通义校注》

月薪水，另发派一个校工陪王利器一道扶灵。经历无数水路和的旱路，他们终于到达宜宾。除了先生的灵柩，还有大量的书籍要运走。后面的路费又成了问题。在此之前，王利器曾为重庆一个财阀写过墓志铭，获赠了一笔为数可观的润笔之资。他将这笔钱作为股金与几个朋友合伙在江津开设了创业银行。为解燃眉之急，王利器索性搭乘小火轮到江津，把全部股金抽出作后面的路费。不久，他们组织起一班三十六人的苦力队伍，或抬灵柩或挑书箱，浩浩荡荡地上路了。历时一个多星期，近五百多公里的艰难旅程终于有了圆满的结局。

时在成都的向宗鲁好友庞石帚听说这件事，颇有些自责。他写了一首《木兰花慢》："傍青峰望远，乱云外，故人稀。似海燕飘零，荒橡愁寄，残社须归。征衣。对花溅泪，梦羌村，何地浣尘缁。眼暗黄垆旧影，鬓添明镜新丝。 峨眉。多事买筇枝，山鹤怪眠迟。剩灯床乱帙，礼堂谁写，繐帐空披。凄凄。一棺水驿，费侯芭，双袖万行啼。魂断平羌月冷，夜深来鉴虚帷。"他用西汉扬雄的弟子侯芭负土起坟安葬扬雄的典故，盛赞王利器"行芳而名高"。

两书一生

在四川大学1941届毕业生中，除了王利器之外，还有一位经济学大师，他就是经济学家蒋学模。抗日战争开始后，辗转入川的蒋学模进入四川大学并随校来到峨眉山。1941年，他毕业于法学院经济学系。1939年，他在四川大学图书馆里读到了英文版法国著名作家大仲马的《基度山伯爵》，产生了将其翻译给中国读者的冲动。抗战胜利后，他在毕业去上海时，因交通原因滞留重庆的途中开始翻译这本书并以《基督山恩仇记》为书名。1947年，复旦大学文摘出版社出版了他的译著。1978年，《基度山恩仇记》更名为《基度山伯爵》，由人民文学出版社再次出版，一时洛阳纸贵。

但是，蒋学模的本职却是经济学研究和教学，1949年起历任复旦

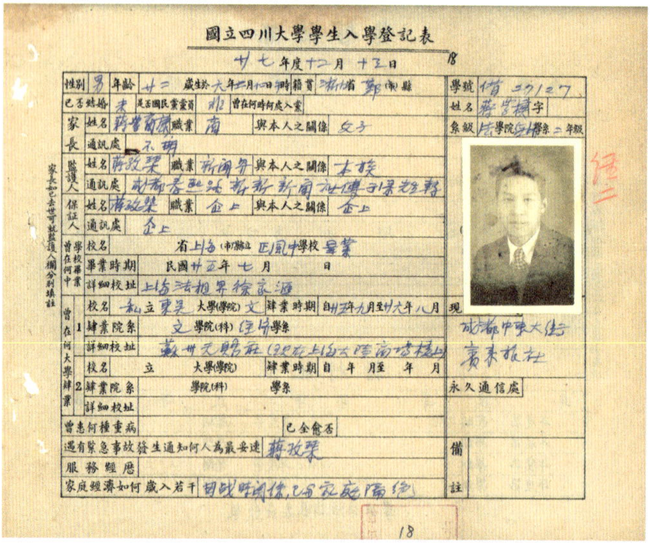
國立四川大學學生入學登記表

廿七年度十二月 十三日

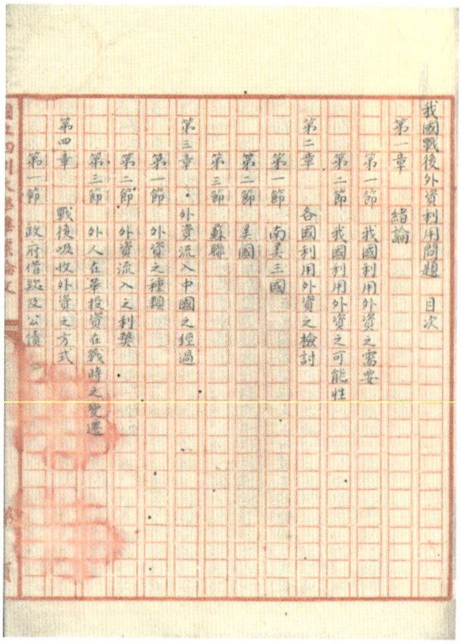
我國戰後外資利用問題 目次

第一章 緒論

第一節 我國利用外資之需要

第二節 我國利用外資之可能性

第二章 各國利用外資之檢討

第一節 南美三國

第二節 美國

第三節 蘇聯

第三章 外資流入中國之經過

第一節 外資之種類

第二節 外資流入之利弊

第三節 外人在華投資在戰時之變遷

第四章 戰後吸收外資之方式

第一節 政府借款及公債

图7-20 蒋学模《国立四川大学入学登记表》和他的毕业论文

大学经济学系讲师、副教授、教授。他一生撰著述近千万字，最著名的是《政治经济学教材》和《基度山恩仇记》首译中文版。前一本书发行1800万册，是同类出版物发行量最多的。蒋学模自己也说，“这两本书可以代表我的一生”。

同年毕业两院士

1941年毕业的不仅有王利器和蒋学模两位人文大师，还有两位中国科学院院士，他们是化学家陈荣悌和物理学家李荫远。这是四川大学历史上第一次同年毕业生中有两个院士。陈荣悌是四川垫江人，是化学系培养的第一个院士。1952年，他获美国印地安那大学博士学位。在热力学和热化学、动力学及反应机理、结构和配位理论、络合物催化理论和应用等方面，他都有突出的成就。1980年，他当选为中科院化学学部学部委员。物理学家李荫远是成都人，1941年毕业于四川大学物理系，1951年获美国伊利诺州博士学位。他是中国固体物理学的开拓者之一，

图7-21　陈荣悌和李荫远

1980年当选为中科院数理学部学部委员。

在此之后，同年毕业的两个院士则是1956年物理系同时进校、1961年同时毕业的中国科学院院士、电子信息科学家彭堃墀和中国工程院院士、生物材料学家张兴栋。前者2003年当选，后者2007年当选。

群贤毕至

在抗战时期，四川大学英才辈出，得益于许多著名教授学者云集四川，受聘到校任教。除了前面提及之外，还有数学家李国平院士，创建了四川大学自然博物馆的前身——植物标本馆的植物学家钱崇澍院士，中国宇宙线研究和高能实验物理的开创人之一、核物理学家张文裕院士，中国科技情报所第一任所长、化学家袁翰青院士，遗传育种学家鲍文奎院士，台湾"中央研究院"院长、数学家、物理学家吴大猷院士，中国科学院副院长、全国政协副主席、胚胎学和发育生物学家童第周院士，园林及花卉专家陈俊愉院士，以及数学家吴大任教授、经济学家胡寄窗教授、经济学家陶大镛教授、古典文学家肖涤非教授、教育家张敷荣教授等。

陶大镛对社会主义思想史、现代资本主义和欧洲经济有突出研究成果。在校期间，他与彭迪先、李相符三位"红色教授"连同已经不在学校的爱国民主人士张澜，曾经被反动派伪造所谓署名"发行人张烂，主编狸像狐、盆地陷、逃达蓉"的壁报，诬蔑他们出卖祖国。

图7-22　著名画家关山月画作《今日教师之现状》人物原型是李国平院士

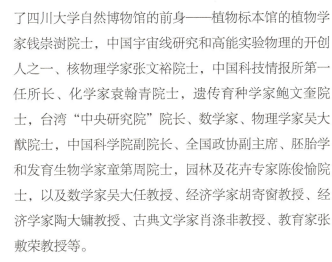

最后，在广大师生的强烈要求下，时任校长黄季陆和教务长叶石荪给肇事者以解聘、开除等严厉的处理。李相符后来是国家林垦部副部长、北京林学院党委书记兼院长。

万人大学

黄季陆是四川叙永人，先后留学日本庆应大学、美国俄亥俄州立大学和加拿大多伦多大学，学习政治学。1927年，他曾任国立成都大学教授。1943年，黄季陆受命担任国立四川大学校长。

一到学校，黄季陆就呼吁四川大学要"在建国的大业中竭尽其国立大学应尽的任务"，提出在三、五年内把四川大学办成"万人大学"的目标。1943年，他把四川大学迁回成都。1945年9月，黄季陆在新生院的训词中说："川大是家庭化的学校，我就是这个大家庭的家长。诸位现在是川大的儿女。同时也是我的儿女了。"而他正好身材矮胖、面容慈祥，因此，被学生称为"黄妈妈"。

从成都到峨眉，再从峨眉到成都，迁校工作总是十分艰苦。主要搬迁工作基本上在2月12日至3月12日一个月内完成。当时校刊这样报导迁校途中的情景："一时嘉蓉道上，飙轮竞驰，青衣江头，舳舻相接，渐见峨山山城冷落，寺门荒凉，弦歌歇处"。

返蓉后，破败的皇城已经无法成为办学之地。从1905年四川师范学堂和四川法政学堂，1906年四川农政学堂，1908年四川工业学堂，1918年国立成都高等师范学校，1927年国立成都师范大学，1931年国立四川大学，到1943年从峨眉山返回，四川大学及前身各校前后在皇城办学近40年。1943年迁校回蓉时，农学院成为校本部，也就是今天的望江校区。但是，学校已经竣工的是任鸿隽校长奠基的几栋建筑物，包括数理馆、化学馆、图书馆等，农学院暂移至南城小学，师范学院借用军管区房屋，新生院安置在南较场原理学院旧址。

1943年3月18日，学校开始在新校区正式行课。与此同时，在校内大兴土木。经过黄季陆的建设，从九眼桥到三瓦窑，"新校址濒锦江南岸，负郭面流，土地平旷。校舍建筑样式，采用中西合璧，质料坚实，巍峨雄壮。锦江绕流于前，帆樯往来，沙鸥明灭。四周农田菜圃，花木成林。江畔垂柳，倒影水中，江天为之生色。望江楼在其附近，为蓉首胜之区，青年学子，作息其间，对于身心上之进益，诚非浅鲜。"当时《新新新闻》报道："蓉垣名胜之一的望江楼，市府自动迁让，划作川大教授们的宿所，教授先生们得了这样良好的宿舍更安定的去进行其教学和研究工作，从此，名人胜地，相得益彰"。"在望江楼附近的平原上，作为川大的新校舍，是非常够格的，她具有乡野的风况，她具有都市的优势"，"新春的时节里，一排排的树木，一厢厢的花草，发出新鲜的嫩芽，夹着平坦广阔的道路，纵横罗列，俨然是一幅美丽的图画。生活在这优秀的景色里，会使你精神愉快，会使你心灵和怡，会使你在安详中兴奋起来。"因此，"川大为最安静之读书环境，实非过甚其词"。

由于峨眉山的条件远非望江楼畔所能比，当年迁校峨眉对生源影响最大。回到成都后的学校第一次招生，报考的人就十分踊跃。光是招收的一年级新生就有1031人，加上转学生，一共招收了1706人，比原来全校学生还多了近四百人。

1947年的四川大学已经成为全国规模最大的高校。经过六年的停顿，1946年西南社会科学研究处恢复工作，成立了经济研究部，专门研究四川工矿业。这个时期，四川大学聚集了一批学有所长的学者，使教学科研水平有提高。迁校回蓉后，由于环境安定，适合学术研究，学校仅半年时间，就聘请了五、六十位专任教授，各个学院的各系增聘了专任教授一至四人，包括一些研究马克思主义经济学说的学者如彭迪先、黄宪章、陶大镛等。

对教授的聘任，学校实行联聘制和终身制两种，鼓励教授在本校连续任教。凡被本校连聘两年，本期又续聘的教授、副教授，均再续聘两年；凡在本校任教10年以上的教授，便为终身教授。在培养师资力量、提高教学科研水平方面，学校定期对教员进行业务审定，把升等晋级的工作经常化。学校成立升等晋级审议委员会，由院长和年资高的教授组成。

在科研方面，不少教师著作在国内外学术界都获得了极高的赞誉。如萧公权的英文版《中国政治思想史》，李梦雄的《世界文学史年表》，刘盛亚改编的《钟楼怪人》，余群宗的《中国地法论》，李景清的《统计学大纲》，方文培的《峨眉植物图志》，陈杰的《黎曼氏函数》，何君超的《有机化学》，朱剑农的《土地经济学原理》等。1946年校庆时，农学院师生在学校农场培育了15个优良稻种作为献礼，包括川大洋尖、川大白脚粘、川大白节子、川大长须谷、川大红嘴燕、川大大盖花、川大野大红、川大轧十石、川大银糯、川大岩糯、川大抗州糯和川大早糯等，在四川地区很有推广价值。

学校十分注意提高学生外语水平。据1947年《新新新闻》的报导，四川大学一年级基本英文课素称严格，每年结束考试不及格者大有人在。由于学校留学国外者多，并且聘有外籍教师，所以要求学生有较高的外语能力。爱好英语的同学发起组织英语茶会每周一、五举行，由美籍教授孔保罗等参加指导。

学校的体育成绩在成都各大学中名列前茅。体育组主任、教授宋君复是中国第一位参加奥运会的刘长春的教练。在他的指导下，各类体育活动积极开展。这一时期，学校新建了篮球场、板羽球场、网球场、健身房和游泳池，组建了男子足球队、排球队、篮球队、网球队、垒球队和女子排球队等。

最完备之实习工厂

1931年，公立四川大学工学院被调配到重庆大学。在黄季陆正式受命以前，川大毕业同学会成都分会在报纸上建议："增厚学术风气，添设工商学院，迁返移峨各院系。"黄季陆接长四川大学之初，明确指出："要增设实科学习，培植西南建设人才"他说："建校时期，重点在立规模；治校时期，重点在立制度；宏扬学术时期，重点在充实内容"。

1944年，航空工程系、土木利工程系开始招生。学校特聘航空研究院专家林致平院士任航空工程系教授兼系主任，中央水工试验室专家张久龄任土木水利工程系教授兼主任。两个系的微分方程、应用力学、材料力学等课均由两位系主任亲自讲授，发动机专家饶国璋、水利局总工程师李镇南等亲自为同学们上课。

当时，学校有各式各样的发动机四十余部。中央水利委员会与学校合办水工试验室，有些实验还借用航空研究院的设备。1945年，学校增设机械电机系，由都江电厂厂长童舒培任系主任。山西铭贤工学院迁校复员，赠送学校一大批电机和机械，加上在重庆购买的若干机器，机械实习工厂也成立了。

1945年经教育部批准，理学院扩建为理工学院，由郑愈教授任院长。1947年，理学院和工学院分设，新任工学院院长是毕业于法国国立航空工程大学，创办和主持过中央滑翔机械厂的李寿同教授。1948年夏，土木水利工程系主任、原中央大学工学院院长林启庸教授任工学院院长。

1947年3月，成都兵工厂移交给四川大学。工学院搬到这里，建立了自己的木工厂、翻砂厂、锻铸厂、金工厂。据报纸报导："此种机器之设备，国内工学院尚不能望其项背。"四川大学工学院"获得中国各种大学工院中最完备之实习工厂"。工学院的实习工厂，

图7-23　国立四川大学工学院大门和四川大学航空系主任、台湾"中央研究院"数学所所长、中兴大学校长林致平院士

不仅满足了学生实习需要，还生产了当时较先进的油印机、碾米机、排水机等产品。

1948年，工学院新建化学工程系，化工专家、南洋橡胶事业开创者何玉昆教授任系主任。1949年，机械电机工程系分为机械工程系、电机工程系。由此，工学院设五个系，航空工程、土木水利工程两系已有毕业生。全院在校学生超过700人，使四川大学工学院在国内大学中迅速崛起。

高校航空第一馆

在美国西南部的丛林中，有一种黑色的蜘蛛，虽然体型很小，可是毒性巨大，它的毒液是眼镜蛇毒液的15倍，人们称之为黑寡妇蜘蛛，是一种让人恐惧的生物。"黑寡妇"战斗机体型庞大全身漆黑，机头上漆着黑寡妇蜘蛛的图案，是二战著名的美国夜战高手，也是当时让敌人闻风丧胆的飞机。为了教学实习的便利，当年的国民政府航空委员会向四川大学捐助了各式大小飞机20多架和工具500余件，学校成立了中国高校第一家航空馆。其中，除了有参加了武汉空战的战斗机，就有美制P-61即黑寡妇战斗机。

在1944年，美军驾驶着"黑寡妇"战斗机进驻成都的新津机场，当时的人们听到这个似乎有点不吉利的名字，议论纷纷。可是，接下来"黑寡妇"的表现让人振奋。一天夜里，日军的飞机悄悄来袭击，全城拉响警报，老百姓慌忙躲藏。就在十分危急的时候，美军"黑寡妇"战斗机升空，在激战中俯冲、拉高、急转、一阵开火，将日机的左机翼和发动机射穿。"黑寡妇"在中国初战告捷，成都老百姓欢呼雀跃，原来"黑寡妇"是让对方吃不了兜着走的飞机。抗战胜利后，美军留下了一架"黑寡妇"在成都，作为成都空军机械学校教学研究使用，后来被送到了四川大学航空系。工学院的学生十分喜欢这架英雄战机。1952年，"黑寡妇"战斗机被拆卸运往北京。拆卸为几大块的"黑寡妇"先走陆

图7-24 "黑寡妇"战斗机

路从成都到了简阳，然后用火车运到重庆，接下来走水路到了武汉，然后再用火车运到北京，到了北京才重新被组装，这个重达10吨的庞然大物辗转到了新家。全世界仅仅生产了700余架"黑寡妇"战斗机，而现在存世的只有两架，一架在美国的俄亥俄州空军博物馆，一架就是从四川大学来到北京航空航天大学的。

川大输了

当年因为航空馆，四川大学和民众打了一场官司，而且输掉了。四川大学说是有一个航空馆，其实就是在空地上围了一大片，有些简易的棚子而已。成都人好稀奇，很多人要来看飞机，有的人还要乱整，在飞机上乱拆乱卸，英雄战机受到一些损坏。于是，学校就用铁丝网拦起来，但是拦不住，最后干脆就通了电，并且在旁边竖上很大的"网上带电，不可触摸，触摸危险"的警告牌。然而，有一天有人就被电死了。四川大学被告上法庭，校长黄季陆委派代表出庭。电网是向市警察局申请并同意的，警示标语字很大且老远都看得见，四川大学认为自己没有过失。但是，原告律师说：中国文盲很多，他们根本就不识字，有警示何用？即便黄季陆影响很大，最后法院还是判四川大学败诉，必须给予赔偿。

老童生高中

1947年，四川大学招生。学校有一项不成文的规定：从事某种工作报考相关专业的考生（如语文、历史教师报考中文、历史、教育系等）年龄可酌情放宽。有一位年近不惑的老童生，高中毕业连续几年参加高考未中，不得已回家乡教书，先教小学，后教中学。这年，他的大女儿高中毕业，他悄悄把他的高中毕业证和工作证带上，和女儿到成都一起报考四川大学。结果女儿未被录取，他却金榜题名。当他荣归故里走到僻处山乡的家门口时，正碰上他爱人在晒坝上铺好晒席，准备晒玉米。老童生一时情不自禁，弯下腰，双手撑着晒席，再用头顶着晒席，然后两脚用力一蹬，倒栽一个桩，才爬起来，一边拍手，一边连声向他的爱人报喜说："我考上川大了！我这一回考上川大了！"

血荐轩辕

1949年，在新中国诞生前夕，四川大学一些进步学生被捕。党组织一面开展营救工作，一面有计划地撤退。先后有200多人来到川西、川南地区，和当地革命力量一起展开武装斗争，迎接解放。撤退至成都市区的一些师生，到社会各阶层，包括基督教女青年会和育婴堂等单位，积极开展城市贫民、家庭妇女的宣传、教育工作。

1949年冬，在黎明之前，一大批革命烈士英勇就义，为新中国成立献出了年轻的生命。其中，在渣滓洞牺牲的国立四川大学校友有江竹筠、马秀英、李惠民、何懋金、郝跃青、蒋开萍、张国维、胡其恩、黄宁康、艾文宣等十人，在成都十二桥牺牲的国立四川大学校友有杨伯恺、王干青、张大成、余天觉、缪竞韩、田中美、方智炯、黎一上、王建昌和华西协合大学校友毛英才等十人。

图7-25　1950年1月8日四川大学师生和各界人士在学校大礼堂纪念革命烈士

江姐在川大

被人们称为"江姐"的江竹筠是四川大学优秀儿女的代表，她的舅舅是华西协合大学首届医学毕业生李月亭。1944年秋，她考入四川大学农学院植物病虫害系，次年转入农艺系，在校用名江志炜。她的同室好友回忆："江志炜给我的第一印象是矮小灵活，头发微卷，眼睛炯炯有神。她常穿一双半高跟皮鞋，显得智慧超人而能干。"

江姐对自己提出了严格要求。她既要做好党的工作，又要做一个好学生，在举止言行、起居饮食等方面都要符合一般学生的常规。她按时作息，上课专心听讲，认真作笔记，自修时间抓紧学习，不轻易缺课。

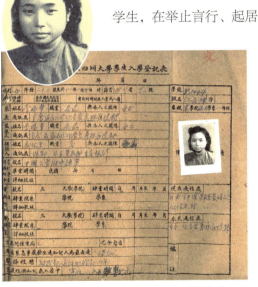

图7-26　在国立四川大学读书的江姐（江志炜）及其入学登记表

晚饭后，同学们常去锦江河畔或望江楼公园散步，有时大家还一起打扑克牌。江志炜思维敏捷，每次玩桥牌几乎都是赢家。输了的室友不依不让，往往玩至深夜，影响第二天上课。江志炜就建议大家别再玩扑克牌，浪费宝贵时间，不如多复习功课或看课外书。有一次，她说："我从前看过电影《丹娘》。丹娘最勇敢了，从容就义。她宁愿死，啥都不肯说。她被德国鬼子押往刑场，只穿着撕破的单衣，被反绑双手，赤脚在雪地里走。她吟诵过的一首动人的诗，我现在还记得。"在同学们的要求下，她激动地背诵了那首诗中最精彩的几句："无论何种酷刑我都不惧怕，为祖国牺牲，决不战栗，让白雪染上了鲜红的血迹。"

1946年暑假，江姐离开川大，来到重庆、万县、云阳等地开展工作。1949年6月14日早晨，她在万县给一位四川大学同学写了封信，说自己想重回川大。然而，命运似乎有意要为历史留下遗憾。就在那一天，她被捕了。在狱中，她实践了自己的诺言，不为严刑所屈服，不因老虎凳和竹签而畏惧，最后光荣牺牲。同狱难友曾经为江姐写过一首诗："你是丹娘的化身，你是苏菲亚的精灵。不，你就是你，你是中华儿女革命的典型。"

红色恋人

在这些烈士中，张国维和李惠明是一对相知相爱的恋人。1946年，张国维从国立四川大学法学院毕业。次年秋，李惠明也从国立四川大学文学院毕业。在重庆，他们共同为党和人民工作，1948年同时被捕。他们同被关在渣滓洞，却无法相认相聚。李慧明把牢房当课堂，教难友学习古典文学和外语。每天早晨，大家就背英语，诵诗词。

这对红色恋人不求同日生，只求同日死。最后在敌人的枪口下，他们英勇地牺牲。

当《红岩》的作者罗广斌被关进渣滓洞时，正好与张国维同室。张国维是《红岩》中华子良的原型之一，曾经领导过罗广斌的工作。他十分冷静地分析罗广斌的情况，说："我们大多数人可能没法活着出去，但你不一样。你有个哥，掌十万雄兵。你要注意搜集情况，征求意见，总结经验，有朝一日向党报告。"1949年12月，从大屠杀中侥幸脱险的罗广斌写成了著名的《狱中八条》："一、防止领导成员腐化；二、加强党内教育和实际斗争的锻炼；三、不要理想主义，对上级也不要迷信；四、注意路线问题，不要从右跳到"左"；五、切勿轻视敌人；六、重视党员特别是领导干部的经济、恋爱和生活作风问题；七、严格进行整党整风；八、惩办叛徒特务。"这对于党的建设真是一笔巨大的财富。

图7-27　红色恋人李慧明和张国维

把眉毛放低些

1944年起，四川大学利用在南较场的校舍办起了城内部，包括夜大学和先修班，规模曾一度达到2000余人，主要接纳沦陷区流离到大后方来的失业、失学青年，为公务人员进修提供方便，为当时全国推行夜间成人教育之始。四川大学办城内部，按照朱自清的说法，就是"把眉毛放低些"。当时的城内部相当于今天的成人教育学院。夜校学生修业期五年，期满合格，授予学士学位。其中不少是科长、股长、秘书、校长、经理，也有官衔到少将的军人，年龄从二十多岁到四十多岁不等。南怀瑾先生曾经说他在四川大学上过课，但遍查四川大学现存的档案均未得其证。当时的四川大学文学院秘书、向楚先生的侄子陶道恕说："他或许在城内部教过课吧。"

图7-28　1948年7月5日国立四川大学商学组毕业酬师合影

是年九月，朱自清在《新民报》上发表了《外东消夏录》，其中专门介绍了四川大学城内部开设的夜大学。在文中，朱自清对四川大学夜大学颇为称赞。他写道："四川大学开办夜校，值得我们注意。我觉得与其匆匆忙忙新办一些大学或独立学院，不重质而重量，还不如让一些有历史的大学办办夜校的好。

眉毛高的人也许觉得夜校总不象一回事似的。但是把毕业年限定得长些，也就差不多。东吴大学夜校的成绩好象并不坏。大学教育固然注重提高，也该努力普及，普及也是大学的职分。现代大学不应该象修道院，得和一般社会打成一片才是道理。况且中国有历史的大学不多，更是义不容辞的得这么办。

现在百业发展，从业员增多，其中尽有中学毕业或具有同等学力，有志进修无门可入的人。这些人往往将有用的精力消磨在无聊的酬应和不正当的娱乐上。有了大学夜校，他们便有机会增进自己的学识技能。这也就可以增进各项事业的效率，并澄清社会的恶浊空气。

普及大学教育，有夜校，也有夜班，都得在大都市里，才能有足够的从业员来应试入学。入夜校可以得到大学毕业的资格或学位，入夜班却只能得到专科的资格或证书。学位的用处久经规定，专科资格或证书，在中国因从未办过大学夜班，还无人考虑它们的用处。现时只能办夜校：要办夜班，得先请政府规定夜班毕业的出身才成。固然有些人为学问而学问，但各项从业员中这种人大概不多，一般还是功名心切。就这一般人论，用功名来鼓励他们向学，也并不错。大学生选系，不想到功名或出路的又有多少呢？这儿我们得把眉毛放低些。

四川大学夜校分中国文学，商学，法律三组。法律组有东吴的成例，商学是当今的显学，都在意中。只有中国文学是冷货，居然三分天下有其一，好象出乎意外。不过虽是夜校，却是大事，若全无本国文化的科目，未免难乎其为大，这一组设置可以说是很得体的。这样分组的大学夜校还是初试，希望主持的人用全力来办，更希望就学的人不要三心两意的闹个半途而废才好。"

当时四川大学夜校的主持人确非小可，例如担任商学组主任的就是正则会计师事务所创办人、被誉为"中国第一位会计师"的谢霖。他还是今西南财经大学的前身1937年创办的光华大学成都分校的校长。

朴实敦厚之风

由于当时的社会政治和经济环境，迁回成都后，学校师生的生活依然没有明显好转，外文系教授罗念生写了一首题为《菜单》的诗，形象地反映了当时师生的窘迫之状。其中，有一段描述的是："大头菜，官米粥，多渗薛涛水。"官米指的是发给教授的劣质米，薛涛水指的是望

图7-29　国立四川大学校景（一宿舍，图书馆，数理馆，女生院，大礼堂，道路）

江楼旁边的薛涛井水。

然而，四川大学人始终秉持着朴实敦厚的校风。《国立四川大学校歌》的词曲作者萧公权教授在多年以后，对四川大学学生的人品和学风称道不已："他们保持着尊敬老师的古风，例如我走进教室的时候，他们不约而同，全体起立，向我致敬，下课也是这样。我请他们不要'拘礼'，他们仍旧自行其是，我只有更加用心讲授，略报他们对我的特殊看待。"

当年四川省城高等学堂外籍教师那爱德在给他姐姐的信中，这样写道："我一走进教室，所有学生都站起来鞠躬，跟下课时一样。他们从不恶作剧，教师和学生之间始终保持着一种有礼貌的节制。"

黄季陆说："尊师重道，养成优良的学术风气；朴实敦厚，勇敢牺牲；自觉、自强、自治，蔚成国家大器。"因此，他为学校确定的校歌则是川大精神和文化的重要体现：

"星辉井络，地雄巴蜀，山川秀毓西南。美焕门墙，声扬弦诵，同瞻学府高严。人尽其才，学成于志，文化启后承先。由精逮博，积知为用，润身立德希贤。文章政事，民生物理，分科敬业能专。通贯古今，切磋中外，勿拘勿束勿偏。言以兴邦，功期建国，治平学术相关。始于修身，成于济众，学优人己兼全。勉旃勉旃，吾侪责任非等闲，敏求好问勤探研。勉旃勉旃，吾侪责任非等闲，时哉易失休弃捐。"

1949年，黄季陆离开了他苦心经营八年的川大，远赴台湾。临行前，他留给校务会议一封信，将双齐路住宅捐给学校。1985年，黄季陆表达了"落叶归根"的愿望。然而，尚未成行，他就长眠于台北。

第八章

五大学校风云会，华西坝上钟鼓鸣

图8-1　抗战时期的华西协合大学校门

抗日战争爆发后，同国立四川大学一样，地处祖国大后方西南的华西协合大学在特殊环境和条件下得到了较大的发展。在当年抗战时的三大教育文化中心中，重庆沙坪坝被称为"人间"，汉中古路坝被贬为"地狱"，而成都华西坝被誉为"天堂"。

五大学盛况

抗战爆发后，正如张凌高1938年所称，"去秋以来，吾国文化机关，多为暴日毁坏，战区内之学校，固无法办理，即战区外之学校，其在重要城市者，亦不免受敌机之轰炸威胁，课务每多中辍，教会大学能在国内照常办理而地点亦较安全者，惟本校一处。"在民族危难之时，为使友校不致停办，学子不致辍学，华西协合大学敞开心扉迎接友校和逃难的师生。校长张凌高慨然允诺，"本校能力虽有限，然在此非常时期，对于省外学生，不能不竭力容纳，避免受失学之苦。"四川省是聚集高校最多的地区，有近50所之多。其中，在华西协合大学所在地华西坝，除了东道主华西协合大学外，还有中央大学医学院（后迁成都后子门）、金陵大学、金陵女子文理学院、齐鲁大学和燕京大学等学校。因此，人们常常称为华西坝五大学。所谓五大学，1942年以前指华西协合大学、中央大学医学院、金陵大学、金陵女子文理学院和齐鲁大学。1941年中央大学医学院自办医院，而1942年秋，燕京大学在成都复校，所以，1942年后五大学指华西协合大学、金陵大学、金陵女子文理学院、齐鲁大学和燕京大学。除了大学内迁外，还有大批学子内迁，其中，有来自香港、澳门的失学青年，以及来自马来西亚、日本、朝鲜等国的侨生、留学生。据不完全统计，在1938年至1945年间，仅在华西协合大学登记注册的原香港中学毕业生就有20名之多。后来任香港中文大学校长的马临博士1947年毕业于华西协合大学。

图8-2 在成都的金陵大学

图8-3 五大学管理委员会（梅贻宝的代表马鋆，吴贻芳，陈裕光，张凌高，汤吉禾）

为迎接友校，华西协合大学采取了一系列的措施。一方面，学校紧缩本校师生用房，腾出女生院部分宿舍和一幢男生宿舍供内迁学校的学生住宿，把明德中学宿舍全部让给中央大学教职工住宿，把体育馆暂时作为金陵大学的学生食堂，把附属医院新建的洗衣房隔为几间教室。另一方面，学校租用小天竺街东方补习学校校舍作宿舍，在浆洗街附近购地新建简易房舍，供友校使用。经过一番紧张的筹划调整，总算把几百人的吃住安排下来了。至于各校所需的教室、实验室、办公室等，除以原有房屋尽量提供或合用外，

图8-4　五大学师生生活

大家还充分挖掘潜力，如地下室经过维修、阁楼装上老虎窗，即可作为实验室；有的教学楼的过道两头，装上隔板，即成了窗明几净的办公室。在美国"中国基督教大学联合董事会"的资助下，由华西协合大学、金陵大学、金陵女子文理学院和齐鲁大学共同合资的化学楼于1941年建成。

华西时景

历史学家顾颉刚一来到华西坝上就说："在前方枪炮的声音惊天动地，到了重庆是上天下地，来到华西坝使人欢天喜地。"当年燕京大学的学生唐振常后来回忆："过万里桥，左转，前行，即是当年全国校地之大，校园之美，无出其右者的著名的华西坝。"许多年后，大后方华西坝当年的别样风景仍然为人津津乐道。

在校园中，挺拔而有异国情调的钟楼由青砖砌成，是华西坝的第一标志。楼顶飞檐画梁，悠扬悦耳的整点钟声响彻华西坝。钟楼的后面恰好有一个月牙形的荷花池。钟楼与荷花池共同组成华西坝八景之首的钟楼映月。

在钟楼北面小溪，有两座一大一小、一拱一平的桥梁，是学生的必经之路。溪水潺潺，绿草茵茵，花香四溢，常有男女同学倚栏小憩，因此，人们称这里为鸳鸯小桥。

校园东南侧有一座小山坡，相传是三国时诸葛亮点兵的地方，所以称为三台点兵。此时已经开为农田，田里庄稼茁壮，田埂芭茅滋生，夏日更显郁郁葱葱。

对牛弹琴号称坝上一景，是调皮、诙谐的大学生们的创意。校园中部竹林院内农艺系养有奶牛数头，竹林院旁有音乐系钢琴房一排。对牛弹琴指的是房内琴声悠扬，而草坪上的奶牛无动于衷。

孤岛天堂指的是谐和路上的三合式平房院宅，在足球场东侧，是当年的教员公寓。周围种着柚子树、马甲子和白家竹等作为绿色的篱笆，

图8-5　华西美景

园内的小花园常有喜鹊、八哥和画眉栖息啼鸣，环境宜人，最适居家。孤岛是说四周均为西式楼房，唯有这里是平房独院。天堂是说这里不仅环境优雅，而且邻里和谐。

在成都，华西坝有当年的唯一标准足球场，驻蓉美军多次在这里举行棒球和橄榄球比赛。球场西边和北边溪水环绕，场边还种植着柳树。每到暮春时节，柳絮纷飞，宛若雪飘，人们因此誉之为柳塘压雪。

在华西后坝，曾经有一块幽静的地方，是埋葬死去洋人们的墓园，被人们习惯地称为后坝洋坟。这里绿草如茵，环境雅静。春天来临时开满了各色鲜花，学生们每每来这里玩耍。

青春小岛并不在校内，而是指南面的小河塘火烧堰和附近的一些小岛。火烧堰与南河连接，是夏天的天然游泳池。小岛上翠竹丛生，遮天蔽日，曲径通幽，是学生的度假乐园。

当年，与丈夫程千帆同在坝上，有"当代李清照"美誉的沈祖棻在华西协合大学教授诗词，曾经作《鹧鸪天四首》和《虞美人五首》。其中既有"暗撒金钱盛会开，浣纱女伴约相来。繁声故乱霓裳谱，皓腕争收玉镜台"这样描述华西坝风景的，也有"东庠西序诸少年，飞毂穿驰道。广场比赛约同来，试看此回姿势最谁佳"这样反映华西坝生活的。

内迁大学的麦加

对于备受战火之苦的师生，风景优美的华西坝是非常理想的治学之地，成为大后方文化教育中心之一。吴宓教授曾为燕京大学成都复校两周年撰写了两副对联："玉砌雕阑望衡对宇，锦江翠海异地同心"和"众志成城天回玉垒，一心问道铁扣珠门。"华西坝上，各校师生团结协作，共赴国难，充满了民族复兴的勃勃生气。五大学被英国科技史家李约瑟称作"基督教五大学"，被美国史学家费正清称为"成都联合大学"。

图8-6 抗战时期的华西协合大学

当时的"坝上"，正如称上海为"海上"，称杭州为"湖上"，一度曾指代成都。经过抗日时期的发展，华西协合大学逐渐由地区性的教会大学，跃升为全国具有重要影响的综合性大学。

华西坝盛极一时，亨斯曼博士说："可以说，世界上任何地方最著名的大学教授和学术权威们都聚集在成都。"有的专家学者虽受聘于某校，其实往往是"五大学"共同拥有，相当一部分还与同在成都的国立四川大学，甚至在乐山的国立武汉

图8-7 1939年华西坝五大学联合运动会

大学等共同分享。公共卫生专家陈志潜、生化学家蓝天鹤、皮革学家张铨、生物学家刘承钊等都是五大学时期来到华西协合大学的。

中国公共卫生之父

　　1932年1月16号，刚从北京协和医学院毕业不久的陈志潜拒绝了留校任教的高薪工作，冒着凛冽的寒风登上火车，前往距离北京200多公里的河北定县。来到定县后不久，陈志潜走村串户，进行专门的卫生调查。他发现，除了少数草药铺和传统医师外，全县只有两名没有受过正规训练的开业医生。由于极端缺医少药，平均死亡率达到3.5%，小孩死亡率接近40%，其中六岁以下的儿童腹泻和痢疾是主要的死因。他计划在改良水井和改良厕所的同时，开展种痘。于是，他在四个村各选一人，培训十天后成为定县最早的保健员。每个保健员配有一个保健箱。从最基层的村保健员往上，陈志潜在区级设立保健所，由正式医学院的毕业生主持门诊治疗，同时负责本区的预防工作和对村保健员的监督。最后，在县城设立保健院，医生和护士基本都是协和医学院的毕业生。不到三年，定县消灭了天花、霍乱和黑死病，肠胃传染病也大大减少。1934年，华北霍乱大流行时，定县只发生少数几例，无一人死亡。

　　1934年底，国民政府决定在全国推广"定县模式"。

　　陈志潜创立的20世纪30年代华北定县农村三级保健网影响了中国和许多发展中国家现存卫生保健体系。抗日战争期间，他除组织领导战伤救护外，在四川省建立市县公共卫生机构80余处，还创办了重庆大学医学院。他为我国的卫生事业，尤其是农村社区保健和公共卫

图8-8　陈志潜及其聘书

生教育作出了卓越的贡献，是中国初级卫生保健的先驱、中国社区医学的创始人、中国现代健康教育的奠基者，被誉为"中国公共卫生之父"。

中西平等

同时在望江楼畔和华西坝上执教的国学大师钱穆谈到，当年他应邀到华西协合大学任教，还有一段插曲。这位爱好清静，尤其喜欢"居然二三友，读书此萧寺"的大学者，看中了华西坝南端外籍教授的小洋楼。张凌高校长同意了他的要求，钱穆认为，这是在华西"俾开中西教授平等待遇之先例。"他回忆道："忠恕来邀余，余提唯一条件，余谓闻华西各教授宿舍均在华西坝四围附近，惟校长住宅乃在华西坝校园内，华西坝内南端有洋楼四五宅，乃西籍教授所住，中西教授宿舍显有高下不同。倘适坝内南端洋楼有空，余愿住去，俾开中西教授平

图8-9　华西坝上的教师住宅

图8-10　宋氏三姐妹在华西坝（前左一宋庆龄，左四宋美龄，左五宋蔼龄）

图8-11　华西协合大学女教师和女学生

图8-12　华西协合大学校景

等待遇之先例。忠恕商之校长，意允所请。亦适华西坝内南端最左一所洋楼空出，此楼乃各楼中之最大者，而余则惟一身，遂召齐鲁研究所研究员五六人随余同居。时老友蒙文通任四川省立图书馆馆长，兼华西教授，由其移借一部分图书寄放坝南余宅，供余及同居五六人研读之用。"

教授之教授

陈寅恪受燕京大学之聘前来成都，同时受聘于华西协合大学中国文化研究所任特约研究员。不到两年中，陈寅恪写就了《长恨歌笺证》等12篇论文和30多首诗，这是他在抗战八年中为数不多的高产期。在《咏成都华西坝》中，陈寅恪在用"浅草方场广陌通，小渠高柳思无穷。雷奔乍过浮香雾，电笑微闻送远风"描写坝上风光的同时，笔锋顿转，发出了对国家和民族命运的惋叹："酒醉不妨胡舞乱，花羞翻笑汉妆红。谁知万国同欢地，却在山河破碎中。"

图8-13 陈寅恪（右二）与家人在华西坝

陈寅恪由于当时正患眼疾，他一登讲台便双目微阖，一边讲解，一边在黑板上疾书。由于他旁征博引、内容精辟、见解深邃，人们称他为"教授之教授"。而其它在华西坝上讲学的名师大家也各有神态。例如，梁漱溟则以其妙语连珠取胜。当他在赫斐院门前讲演时，他的开场白就是："我赞成独裁。"因为当时全国正在反对国民党的一党专政，要求民主和联合。其实，他是主张民主的，只是故作一句危言耸听，然后慢慢阐述他的观点。朱光潜衣着朴素，他的机趣被传为华西坝上的经典："如果大家是来看我的相貌的，现在就可以离开了。我就这个模样。"潘光旦身材魁梧，头颅大而圆。因此，他特别强调，人的智力是与他的头颅的圆度成正比的。如果头的横竖的直径的比值接近于一，那个人就一定很聪明。张恨水来华西坝讲演时，身着长衫，足穿布鞋，梳的是分分头，还拿一把折扇，俨然一说书人。

三大学联合医院

由于五大学汇集华西坝上，学科齐备且学者云集，合作办学不仅必要，而且可能。1938年5月，五大学联合管理委员会成立，五大学的校长们以最佳的方式在一起工作。每周至少各校校长举行一次例会，协商关于行政、财政、人事和有关公共事宜。每月各校教务协会，由各校教务长、注册主任会商关于授课时间安排、招生考试等问题。同样也有训导长协会，磋商关于学校训导事宜。在教学方面，各校采取了统一安排、分别开课的办法，允许各校学生自由选课，学校承认所读学分。例如，著名学者吕叔湘和闻宥开设的语言学、声韵学课，各校学生选读的就非常多。而三大学联合办医院则是各校合作的典范。

仁济男医院、仁济女医院、仁济牙症医院和存仁眼耳鼻喉专科医院属教会管理，只提供给华西协合大学的学生临床教学和实习。经过与教会协商，1938年7月1日组成了"华大、中大、齐大三大学联合医院"，由中央大学医学院院长戚寿南任总院长，对各医院统一领导，提供各校共同使用的病床380张。

三大学联合医院建立后，

图8-14　1938年7月1日华西齐鲁联合医院成立以及1944年华西齐鲁联合医院公共卫生科婴儿比赛会

请来了一批医学界知名的专家和教授，如生理学蔡翘、生物化学郑集、胚胎学童弟周、眼科学陈耀真、病理学侯宝璋等，建立了从住院医师、住院总医师、主治医师到科主任，从助理护士、护士、护士长到总护士长的一整套医院管理制度，对提高教学水平和医疗水平都起了较大作用。1941年，中央大学医学院在正府街建立成都公立医院后，齐鲁大学和华西协合大学的两个医学院继续合作，三大学联合医院改名为"华西、齐鲁大学联合医院"，由杨春普任院长。

罗忠恕与东西文化学社

1942年11月19日，由私立华西协合大学发起，联合英国的剑桥大学、牛津大学和同在成都的国立四川大学以及同在华西坝办学的燕京大学、齐鲁大学、金陵大学和金陵女子文理学院，还有在昆明的国立西南联合大学、在乐山的国立武汉大学、在重庆的国立中央大学和商务印书馆、在遵义的国立浙江大学等，东西文化学社正式宣告成立。

在社员名单中，除了孔祥熙、张岳军（张群）、张公权、孙哲生（孙科）、顾维钧、钱穆、冯友兰、吕湘（吕叔湘）、顾颉刚、萧公权、牟宗三、王云五、杭立武、于斌、刘国钧、叶叶琴、梅贻宝、汤吉禾、陈裕光、张伯苓、蒋梦麟、黄季陆、朱经农、郭泰祺等中国名流之外，英国著名科学史家李约瑟、美国著名实用主义哲学家杜威、英国著名柏拉图主义哲学家泰勒、印度著

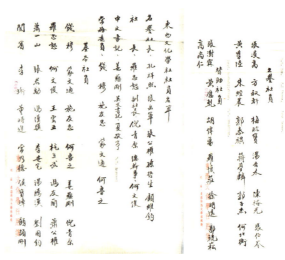

图8-15 东西文化学社社员名单

名哲学家和印度第二任总统拉达克里希南、澳大利亚首任驻华公使艾格斯顿爵士、英国牛津大学文学家兼希腊文教授陶德斯、著名学者杨绛在《我们仨》中提到的牛津富翁斯伯丁也名列其中。在先后登上东西文化学社开办的东西方文化讲座的中外名流中，包括美国文学家和诺贝尔文学奖获得者海明威、斯坦贝克以及苏联著名外交官、文学家、汉学家费德林等。据说海明威在演讲时如同吼叫，长满汗毛的手臂不断挥舞，像个杀猪的黑汉。

在华西坝发表演讲最多的当属艾格斯顿和李约瑟等。据说，艾格斯顿先后在华西坝发表了《二十世纪的思想冲突》等6次演讲。1943年5月3日至24日，李约瑟曾在华西坝作了12场专门讲演，内容涉及生物学、胚胎学、中西方科学史和战时世界科学状况等方面。在第一次讲演前，中国学者发现李约瑟的讲稿竟然是用中文写的，且封面上赫然写着"演讲谟"三字。这"谟"该作何解？李约瑟解释为计谋、谋略。大家莞尔一笑，劝他还是用英文讲课。李约瑟哪肯放过难得的学习中文的机会，坚持用中文讲演，并要大家随时纠正他的错误。

数年后，钱穆不无感慨地回忆："民国32年秋，齐鲁国学研究所停办，华西大学文学院院长罗忠恕邀余转去华西大学任教。忠恕留学英国，闻其终年御长袍不穿西装。漫游欧美归后，仍穿长袍。设立一东西文化协会，提倡中国文化。英人李约瑟亦常与会。他年李约瑟之撰写《中国科技史》，亦不得不谓受有当时之影响。"因此，"东西文化学社"发展的首功自然当推华西协合大学文学院院长、"东西文化学社"创始人和社长罗忠恕。

罗忠恕是四川武胜人，1922年考入华西协合大学医科，三年级时组织"真真学会"并自办刊物以宣扬新思潮。与鲁迅、郭沫若等由医转文相似，还差两年从医科毕业的罗忠恕转入文科。后来，他考入燕京大学，师从张东荪等攻读哲学与心理学，以硕士毕业论文《柏拉图的逻辑思想》获得全校文科生唯一的金钥匙奖。在回到母校三年后，罗忠恕被委以文学院院长之职。1934年，在提交学校的教改意见中，他说："中国文化实具有足以维持世界和平之因素，如文学、美术及政治思想等，确可贡献于人类。今天学校之教育方针不仅当尽量吸收西洋文化之优点，尤应发扬中国文化之特殊精神。"这可以说是他后来致力于创办"东西文化学社"的本原。

图8-16 罗忠恕（左图右，右图右一）分别与爱因斯坦（左图左）、李约瑟（右图右二）等合影

为促进中西文化交流，在罗忠恕先后两次的欧美之行中，他不断与世界名流巨擘往还讲习。1937年9月，在罗马拜访意大利前教育部长、哲学家晋提立；同月，往捷克拜访捷克国父马沙利克之女亚利丝博士；月底在柏林大学拜访汉学家韩立奇和史坦。1939年底，在剑桥大学与李约瑟博士进行历史性会面。1947年1月10日面晤丘吉尔首相科学顾问、物理学家林德曼；2月，结识1945年诺贝尔奖获得者福列明教授；12月16日，在美国拜访爱因斯坦，而此前与爱因斯坦已有通信……

直到晚年，罗忠恕仍继续协助李约瑟撰写中国科技史。非常有意思的是，今天的四川大学是由原四川大学、原成都科技大学和原华西医科大学合并组建而成，而罗忠恕是少有的先后在三个学校任教的知名教授，也可以说是四川大学文理工医多学科文化融合的身体力行者。积极促进中西文化的交流是罗忠恕毕生的追求。1985年，弥留之际的他不忘初衷："要勉励外国学生学好汉语，中国学生学好外语，以加强东西方

图8-17 美国副总统华莱士1944年访问华西坝（左图前排左一，中图左三，右图前排左一）

文化的交流"。远隔重洋的李约瑟惊悉罗忠恕病故，特致唁电寄托他的
哀思。

War Baby

虽然华西坝贵为"天堂"，这也是相对而言的。师生们也有着平常
人同样的艰辛。一次讲话时，张凌高说："无论时局是何等艰苦，能开
学就开学，多上一节课，就多上一节课。这都是学校上所以报效国家，
下所以成全学生。"他常年身着一件补丁西装，常用"十年不制衣，穿
破衣教学""前方有啥吃啥，后方吃啥有啥"激励师生。

抗战中的华西坝，数千名师生职工同仇敌忾，投身到全民族抗日
救亡运动之中。校园中，忙碌着为前方将士捐募寒衣的学子的身影。
高亢的从军歌从操场飘来："放下书本背上枪炮""消灭敌人再回学
校""一寸山河一寸血，十万青年十万军"。抗战中的这批学生，曾被
启真道院长称为"War Baby"。

华西坝五大学师生组成宣传队、歌咏队、演剧队，举办工人夜校
和民众识字班，开辟救亡图书室，积极宣传抗战。他们还开展义卖献

图8-18 米玉士（左图右）与参军学生合影及其职业资格证

图8-19　五大学学生参加抗日救亡运动

金，募集寒衣等活动。五大学先后建立了抗敌后援分会、华西学生救亡剧团、学生战时服务团等组织。出于对中国抗战的同情，一些外籍教师义无反顾地投身到抗日洪流之中，包括文幼章、云从龙、魏露丝、费尔朴、徐维理等人。

1939年1月13日，五大学学生战时服务团邀请冯玉祥将军来校讲演。当冯玉祥将军讲到与日寇血战到底时，他问："天上的乌鸦多，还是日寇的飞机多？"同学答："乌鸦多。"他紧接着问："乌鸦拉屎拉到谁的头上啦？"同学们彼此看了看，边笑边摇头，"没有！"于是冯将军坚定地说："那么日本飞机扔炸弹就不用怕了！"接着，他提高嗓门号召："我们要与日寇拼个死活！枪弹炮弹打光了怎么办？用刺刀！刺刀断了怎办？用枪托打！枪托断了怎办？就拳打脚踢！拳脚都受伤了怎办？就下口咬！咬他的哪儿？咬他的命根子！"冯将军誓死抗战的决心鼓舞着年轻学子，师生中掀起了为抗战将士捐献的热潮。

在参军的同学中，除了后来成为中国工程院院士的翁心植之外，曹

图8-20　曹振家以及他（右图左三）和1945年日本芷江受降仪式部分工作人员合影

振家是一位传奇人物。1939年，曹振家在大学期间被派到安徽，在英国军事代表团开设的爆破学校担任翻译，训练中国士兵使用炸药打击日寇；1943年，曹振家在华西协合大学继续学业；次年，在抗战最关键的时刻，他再次中断学业，参加抗日，入远征军203师，后任王耀武部队的上校联络官。1945年日本投降，曹振家在芷江日军投降仪式中担任翻译。之后，他返校完成学业并一直执教于学校。抗美援朝时期，他主动报名参加学校医疗服务队前往朝鲜。

十字花行草亦红

在抗日救亡运动中，华西坝上涌现出了像黄孝逴这样的女英雄。黄孝逴是四川永川人，1937年秋考入华西协合大学制药系。黄孝逴参加了"华西学生救亡剧团"，积极参加抗日宣传。1937年冬，她和同学们一起，买来棉布、棉花，唱起歌，兴致勃勃地为战士制作冬装。1939年2月，五大学成立了空袭救护队，黄孝逴被编入第2中队，参加了各种训练，做好救护的准备。

同年5月，"五大学战时服务团"发起成立了防护大队，师生参加者300多人。国立中央大学解剖学教授张查理任防护大队长，由医学院教师讲授防毒、包扎等急救知识并进行了演习。6月11日傍晚7时20分，日本轰炸机群突然飞临成都上空。此时，黄孝逴正与齐鲁大学同学崔之华在一家餐馆用餐，便立即奔向救护队指定的集合地点，在赶到距校门不远处，一颗炸弹呼啸袭来，四散的弹片击中了她的后脑，猛烈的气浪又将她卷到路边的刺篱笆上，当场牺牲。崔之华左腿也受了伤。在这次轰炸中，日军出动飞机3批27架次，投炸弹111枚，伤432人，亡226人，损房4709幢。此次救护完成后，五大学师生在事务所礼堂为她举行了隆重的追悼会。四川大学文学院院长兼四川省教育厅长向楚有诗赞扬这位英勇的烈士："一往当仁与难逢，明褒烈烈见碑丰。自从

图8-21　五大学战时防护大队以及牺牲的救护队员黄孝逴

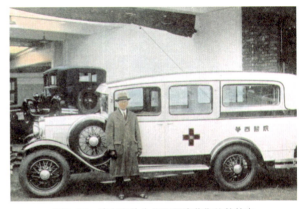

图8-22　毕启和他为华西医院募集的救护车

血染黄泥地，十字花行草亦红。"

BIG 5

　　1945年夏天的五大学联合毕业典礼是历年来最隆重的一次。也许预感到第二次世界大战快要结束，曙光初露带来的乐观情绪驱使人们要把这次典礼办得有声有色。各校议定扩大规模举行，地点仍然在肃穆宽敞的赫斐院。由于毕业生人数太多，学士衣袍难以准备齐整，因此，改为男生着西服，女生穿旗袍。五大学校长和教授一袭博士服加身，以黄、蓝等颜色的缎条显示其学衔和学位。来宾中，军政要人的穿戴也相映成趣。四川省主席张群是蓝袍黑马褂，邓锡侯将军是全副戎装，教育厅长郭有守则西服笔挺，军、政、学三种类型着装不同。郭有守应邀讲话，他将坝上五大学比喻为"Big 5"。他说，二战势将结束，中、美、英、苏、法五个强国对轴心国的战事已是胜利在望了。各校从敌占区千里迢迢内迁复校，历尽艰苦，聚合而成坝上五大学，造就不少人才，为国献力。五大学府就好比五大强国，团结一致，才能不断取得胜利。

　　1945年8月15日，张群与各位校长正在华西坝款待教育部副部长杭立武。有人问："战争会在中秋节之前结束吗？"旁边接话者回答说："不，战争还会延续半年或一年。"正在他们对话之际，张群突然接到一封信，只听张群大声喊道："唉呀！战争结束了。"八年的艰难岁月以中国人的胜利而告终，华西坝五大学也即将拉上历史的帷幕。

　　1946年，各校复员前，齐鲁大学、金陵大学、金陵女子文理学院和燕京大学联合撰写了《五大学联合办学纪念碑文》。其中，人们看到的不仅仅是"华西协合大

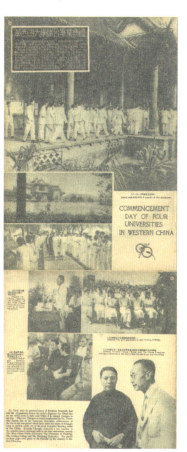

图8-23　1941年华西坝联合毕业典礼

图8-24　1946年齐鲁大学、金陵大学、金陵女子文理学院和燕京大学联合撰写《五大学联合办学纪念碑文》

学之校舍、图书馆及一切科学设备亦无不与四大学共之，甚至事无大小，均由五大学会议公决，而不以主客悬殊，强人就我。即学术研究，亦公诸同人，而不以自秘，此尤人所难

图8-25　战后华西坝各校复员

能。若持之以恒，八年如一日，则难之又难者也"这样的感怀文字，更深刻地体会到齐鲁大学、金陵大学、金陵女子文理学院和燕京大学等对华西协合大学一片深厚的感激之情。

战后华西

抗战期间，华西坝五大学的教学和科研工作更加强调战时服务，更加注重民生和实用性。如华西协合大学与四川省糖业实验站改进制糖方法的研究，金陵大学培训纺织女工，五大学联合在温江举行夏季培训，葛维汉发现大量的动植物新种，包冉和李明良开展农业环境研究，莫尔

思进行人种学研究，韦廉士进行寄生虫与健康的研究等。华西边疆研究会作为考古学、人类学和宗教学等领域的跨文化研究机构，形成了具有世界影响的《华西边疆研究》等系列研究成果。五大学甚至专门成立了研究部，协调各类研究项目。

"昔我来时，雨雪霏霏；今我去矣，杨柳依依。"随着战后内迁高校陆续复员。华西协合大学各学院继续得以充实和扩大，恢复和新办了一些专业，加强文理医牙各学科的渗透，努力提高教学质量。1947年8月，学校成立了以方叔轩为主席，蓝天鹤教授为总干事的"华西大学募集基金委员会"。在尽力延揽知名教授的同时，学校有计划地派遣教师出国留学或讲学，以培养和储备高水平的教师。1949年在国外进修、讲学的人数有90多名，当他们学成后大都毅然返回国内。

1945年，农艺系设立。1946年，教育系恢复招生，自然历史博物馆成立，护士系招生。1947年，医学技术专修科向教育部正式立案，创办专供在职人员专科进修的夜大学——成都市公教人员进修班。1948年，蓝天鹤创办的我国第一个生化研究所成立。1949年，女子师范学校恢复为教育系特种师范科，音乐系招生。在抗战时期，华西协合大学已用X光机进行诊断，用镭治疗癌症。

新的华西协合大学医院1944年秋季投入使用。这所医院占地80亩，设病床500张，首任院长杨春普。在筹建结核病疗养院的同时，学校还正式接收成都麻风病院，并且与成都市政府合作筹办精神病院。1949年，医学院共设24个系，其中医科16个系、牙科8个系，在校学生

图8-26　20世纪40年代著名画家兼解剖学家许士骐在华西协合大学

301人，医学院所属教学医院6个。

在这个时期培养的华西协合大学学生中，不仅有大量的医学人才，也有不少其他学科领域的重要人士。例如，孙孚凌1945年华西协合大学经济系毕业，曾任北京市副市长，中华全国工商业联合会副主席、常务副主席、名誉副主席。1998年至2003年，他担任第九届全国政协副主席。内科学专家翁心植1945年毕业于华西协合大学。他获得了博士学位，由于在普通内科、寄生虫病、心血管病和呼吸系统病诸领域的创造性贡献，1997年他当选为中国工程院院士。这是华西协合大学历史上培养的第二位院士。

第一位华西院士则是曾经与校友朱德、吴玉章、郭沫若和杨达等参加八一南昌起义的陈文贵。1923年，他进入湖南湘雅医学院学习。在1927年南昌起义后，他转入华西协合大学学习，1929年7月毕业。抗战期间，

图8-27　陈文贵及其工作照

陈文贵曾任国民政府第一防疫大队队长和世界卫生组织公共卫生视察员。他实地考察后撰写的《常德鼠疫调查报告书》严厉地揭露了日寇暴行。1950年，陈文贵任西南军政委员会卫生部副部长。后来，他担任了四川医学院副院长。

华人校长方叔轩

1919年毕业于本校教育系的方叔轩是第二任华人校长。这位成都世家子弟，从1927年起辅助同窗好友张凌高主持校务。他任大学教务长直至1947年继任校长。他不负重望，使华西协合大学拥有纯粹的学风、优良的教授、高标准的学科程度、完备的图书设备。方叔轩长校之际，事业扩充，开支日趋庞大，而物价暴涨，外国经费受汇率降低影响，渐感

不足。他向海外托事部呼吁，同时策划动员各方募集办学基金，请求政府增加补助。同时，他节约开支，使华西协合大学初步度过经费难关。由于内迁各校相继复员，师资缺乏，他继续延聘国内外知名学者，同时选聘深造归国的本校毕业生。

他继承了前任张凌高校长的办学风格，提出："研究工作，在现时各国大学教育中，地位至为重要，我国政府，亦大力提倡。本校边疆研究工作，历史最久。近来生物化学，及儿童营养两部门，亦日渐发展，其他如中国文学、哲学、历史、农业各方面，亦已从事工作。此后各科系，皆希望能做研究工作，教授于讲课之外，皆兼任研究员，以期于高

图8-28　方叔轩和他给严谷荪的信函

等学术，多有贡献，并使毕业生有志深造者，获得指导"。

方叔轩十分注重与社会各界和校友的联络与沟通。从1915年首批毕业生，到1950年第35届毕业生，华西协合大学毕业生计有2077人。其中，医科、牙科、药学为各专业之首，共808人。华西协合大学毕业同学和中西教员遍布海内外。因此，他指出："本校将来之发展，亟有待于校友之扶助"，要加强校友与学校的联系，"精神相通，则群力合作之功，得以表现"。

钻坚研微

长期以来，华西协合大学的教学和科研工作强调联系实际、注重实践和突出实用。不仅在理科和医科是这样，人文社会科学同样如此。例如，在社会学领域的本科毕业论文中，有许多在现今某些人看来是小得不能再小的题目，包括《华西坝百个劳工家庭生活之研究》《成都茶店子农村社会概况调查》《成都市34年度离婚的研究》《四川华阳县涂家堰之农村家庭》《成都市100个人力车夫生活调查》《成都市青羊场集市研究》《成都市第二保婴事务所37年度住院产妇生育情形与婴儿存亡关系》《成都家庭之禁忌》《96个中学女生家庭人口与生活费用调查》《四川省华阳县客家民族之研究》等等。

以"杨家十二钗"闻名的四川军阀杨森最爱最恨的蔡文娜是他的第九个老婆，两人生有两子。蔡文娜1944年毕业于华西协合大学，其毕业论文《一个过渡时代的家庭》写的就是关系错综复杂的杨森家庭。她的指导教师是著名的社会学家、文学家姜蕴刚教授，姜教授对论文评价道："该文取材弥足珍贵，自是不凡之作。再加剪裁修补，绝非捕风捉影、徒劳无功者所可同日而语也。"曾有人在网络上说，《烟雨濛濛》里的陆振华原型就是四川军阀杨森，王雪琴则是蔡文娜。为什么琼瑶知道这个故事呢？因为琼瑶（陈诗喆）就是四川人，与孪生兄弟陈诗珏就出生在成都仁济医院啊。后来蔡文娜因为出轨而被杨森枪毙，只能让人一声叹息。

铅球美女

铅球美女李元春，1927年2月出生于成都，1946年考入华西协合大学理学院家政系。当时的家政系有儿童保育和营养两大组，她被分配在儿童保育组。儿童保育课是著名的儿童保育专家刘永和负责，她讲课既生动又深刻，所讲的儿童生理和心理、女性生理卫生等给同学们留下深

图8-29　掷铅球美女

刻的印象。营养课则是由营养专家郑元英挂帅，常常讲完课总要给同学们出些练习题。二年级下学期，学校幼儿园的老师走了，班上的同学推荐李元春去接替。在这里几个月，她和孩子们接触多，常常给大家讲故事，什么《白雪公主》《鱼美人》等等，这可能是她后来以儿童故事为主题写出自己的大学毕业论文的原因。

她的课外兴趣是体育和音乐，从小学到大学都是运动员，班级间的篮球和排球赛总有她的身影。1948年5月，因为她的铅球达到上届全运会的成绩，被选送到上海参加了第七届全国运动会。因为第一次穿田径鞋不习惯，在公园练习时扭伤了腰，比赛时成绩下降。尽管如此，她并不因此而消极，准备好好参加400米的接力赛。可惜她们一组4个中有两人因故无法参加比赛，因而400米也没赛成。然而，李元春的川妹子气质还是征服了记者。当时《大公报》等媒体纷纷刊载了她在上海江湾体育场田径场上的照片。年轻的李元春身穿白色T恤和短裤，一头波浪卷发，圆润的脸微微右侧，作掷铅球状，矫健秀美的青春气息扑面而来。

华西之爱

瑞典人马悦然是著名的汉学家和瑞典学院院士，是诺贝尔文学奖评选委员会成员。1948年至1950年，马悦然在四川调查方言并在华西协合大学拜师。1948年，马悦然获得美国洛克菲勒基金会的奖学金，到四川来进行方言调查。他从成都出发，坐了五天的公共汽车到达峨眉，开始他的工作。在2004年出版的中文散文集《另一种乡愁》中，他有好几篇文章都谈到难忘的峨眉时光。其中的文字让人忍俊不禁："我的本来很说得来的（四川话又来了）方言助手立刻变成哑巴了""这个没有水的水池莫得啥子看头得（对不起，四川土话又来了）"。

在成都，马悦然收获的不仅仅是大大的学问和巴适的四川话，而且还有爱情。他在这里与住在华西后坝"可园"的成都妹儿陈宁祖相识相恋，缔结了一段长达48年的"华西之爱"。1996年，马悦然写下一首中文诗祭悼亡妻："真正的爱情，爱人之笑属于我，泪也属于我。天空的星星，是死者的眼睛么？爱人！你在哪儿？天色渐暗，让我拉着你的手：我们快到了。"

然而，马悦然的华西之爱不仅是他与陈宁祖的人生之爱，也是他与闻宥的师生之爱。当年为做好方言调查工作，马悦然很自然地找到著名语言学家闻宥求助，任教国立四川大学的闻宥同时担任华西协合大学中文系主任兼中国文化研究所所长，其学术成就已经在国内外产生很大影响，正处在其学术巅峰。闻宥正是在华西坝的广益大学舍收下了这位洋学生。

曾经任台湾"中央研究院"院士的李亦园之女李康龄回忆："Goran Malmqvist是马教授的瑞典名字。Goran的Go发yu的音，读起来与中文'悦然'音很相似。马教授说家父与他初次见面因为不熟悉而将名字读成Goran那就变成'高然'了。'马悦然'三个字是早年四川大学著名学者闻宥取的，再次印证了汉学家都有漂亮的中文名字。"

拜师不久，马悦然就写出了他的第一篇方言学论文，发表在《华西协合大学中国文化研究所集刊》上。在马悦然的日记里，他留下了

图8-30　马悦然以及为闻宥拍摄的照片

图8-31 参加活动的华西协合大学教师

向闻宥问学的记录："12月21日：今天跟闻宥教授学宋词。他自己的词填得非常好。从南方传来炮声。红军（解放军）已经过了离成都只有四十公里远的新津。彭德怀的军队也离得越来越近了。" 1950年冬天，马悦然回到瑞典。1952年，他因为研究四川方言资料的成果而获得博士学位，正式走上大学讲坛和学术研究的道路。多年以后，马悦然回忆闻宥道："他当时的年龄足以做我的父亲，而从我们友谊的最初开始，他对于当时在学术道路上艰难探索的我来说也确像一个父亲。他对我在研究四川方言语音、音韵上给予的耐心帮助和智慧启迪让我永远感念。""真正的友谊是珍贵的礼物，跨越年龄、地域障碍的友谊更是稀世之珍。从第一次见到我亲爱的朋友闻宥教授至今已有40年过去了。""我将永远珍藏关于这位老友的记忆，他是一个伟大的学者和最好的人。"

第九章

满座风生三校立，文理工医川大兴

图9-1　国立四川大学和华西协合大学师生欢迎解放军进入成都

　　中华人民共和国成立后，历史揭开了崭新的一页。四川大学实现了由半封建半殖民地旧大学到社会主义新大学的转变，华西协合大学从教会大学成为人民的大学。院系调整结束后，四川大学、四川医学院和成都工学院共同开启了学校新的三大学并存的发展时期。20世纪末，四川大学、成都科技大学和华西医科大学三校璧合，新四川大学走进高歌前行的新时代。"

人民新大学

　　1950年1月，人民政府对华西协合大学实行军管监督。9月，按照教育部指示，国立四川大学正式改称四川大学。1951年10月16日，人民政府接办私立华西协合大学，接办后校名改为华西大学。当刘承钊校长从西南文化教育部长楚图南手中接过校印，宣布以人民政府的名义管理学校时，数千面旗帜、横幅和三角小旗不停地飘扬。在教职员、学生和医院工作人员的胸前，人人都佩戴上了一枚写着"人民华大1951"的纪念徽章。

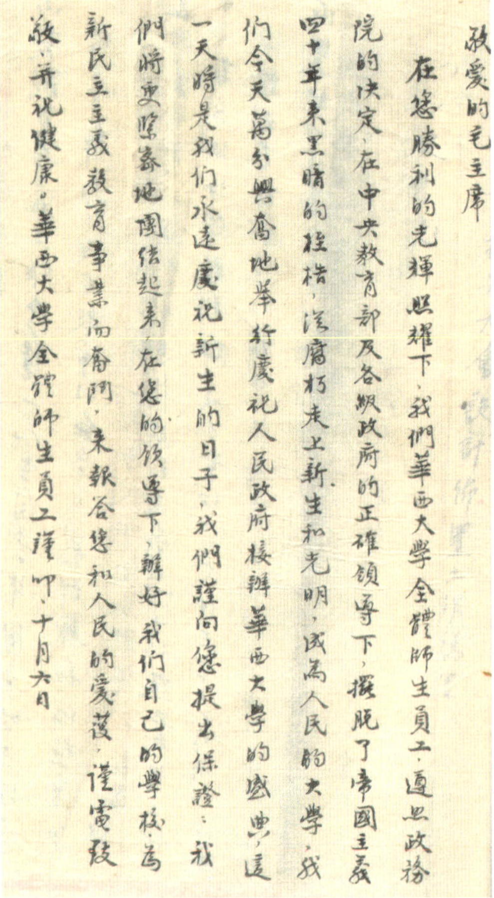

敬爱的毛主席

在您胜利的光辉照耀下，我们华西大学全体师生员工，遵照政务院的决定，在中央教育部及各级政府的正确领导下，摆脱了帝国主义四十年来黑暗的桎梏，洗腐朽走上新生和光明，成为人民的大学，我们今天万分兴奋地举行庆祝人民政府接办华西大学的盛典，这一天将是我们永远庆祝新生的日子，我们谨向您提出保证：我们将更紧密地团结起来，在您的领导下，办好我们自己的学校，高举新民主主义教育事业而奋斗，来报答您的爱护，谨电发。

敬祝健康。华西大学全体师生员工谨叩，十月六日

图9-2 1951年10月华西大学庆祝接办盛典和全校师生写给毛主席的信

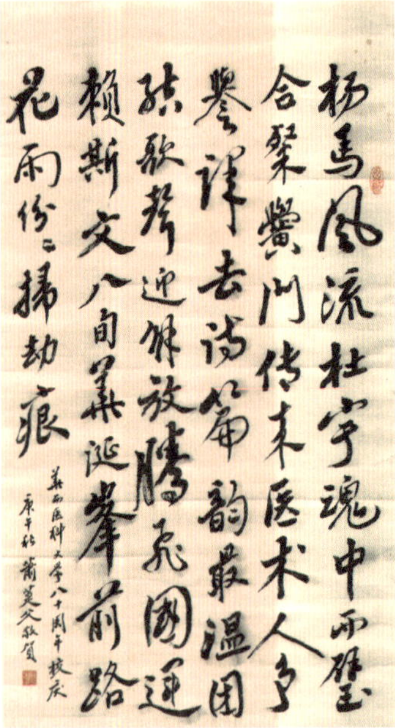

图9-3 萧萐父赠诗

刻意加上的"人民"二字宣告了学校的新生。接办后的华西大学仍然是一所综合性大学，设有文、理、医、牙4个学院，在校学生1326名。人民华大曾挽留一批外籍教师留校工作，如启真道等在学校接办后还继续工作了一段时间。著名哲学家萧萐父作为军管会成员参与接管华西协合大学，留在学校担任了马列主义教研室主任。1990年，他作诗一首回忆华西岁月。其中，"扬马风流杜宇魂，

中西合璧粲黉门"意指"扬雄、司马相如等乃吾蜀文化传统精魂，华西建校虽经西方教会，实亦继此流风"。"传来医术人争誉，译去诗篇韵最温"则强调的是"华西医科流誉东正，尔后文科亦不弱"。1947年冬，萧萐父"曾邀与费尔朴博士合作英译陶渊明诗赋若干篇，其中闲情赋一篇，尤为着力；后闻费尔朴返国，该译稿已在美出版"。

生物学家新校长

或许只是一种巧合，人民政府正式任命的四川大学和华西大学的首位校长周太玄和刘承钊都是生物学家，而且曾经是国立四川大学和华西花协合大学的同事。

生物学家、教育家、翻译家、政论家、社会活动家和诗人周太玄被公认为中国肠腔动物研究鼻祖。他是少年中国学会创始人之一，1952年任四川大学校务委员会主任委员。他撰写和翻译多部著作，被誉为学贯中西、博古通今的一代通才。他的一首《过印度洋》抒发了远离故乡时对美丽祖国的思念之情，比他的许多学术著作影响还大："圆天盖着大海，黑水托着孤舟。远看不见山，那天边只有云头。也看不见树，那水上只有海鸥。哪里是非洲，哪里是欧洲！我美丽的故乡，却在脑后！怕回头，怕回头，一阵大风，雪浪上船头。飕飕，吹散一天云雾一天愁。"这首诗由清华大学著名教授赵元任谱成曲，一时家喻户晓。

动物学家和教育家刘承钊院士是我国两栖爬行动物学的主要奠基人之一，任华西大

图9-4 1936年周太玄（左五）和他同在四川大学任教的哥哥周晓和（右三）一家

图9-5 新校长刘承钊接受华西大学校印

图9-6　华西大学校庆和大学生写给毛主席的喜报

学校长、四川医学院院长达20年。自1938年入川，他几乎每年亲到川西山区去采集蛙蟾蜥蛇。其所采集的地域多是鲜为人知的地方，生态环境的多样性给种类众多的两栖动物提供了条件，如俗称"胡子蛙"的峨嵋髭蟾就是他发现的新属种。当时的川西山区传染病流行，盗贼经常出没，要想获得两栖动物的第一手资料，就必须以大无畏的精神去战胜这一切，甚至需要以生命为代价。"种类繁多，千姿百态的两栖爬行动物，使我忘掉所有的艰难与险阻。"1938年到1944年，这位"才华横溢的两栖爬行动物学家"共进行了11次野外调查，行程8000余公里，其中半数靠的是双腿步行。1942年，他到西康昭觉燕窝塘野外采集，染上了斑疹伤寒。由于当地缺医少药，他差一点丧命。1946年至1947年，他完成了长达400多页的英文专著《华西两栖类》。此书于1950年出版后，在国际两栖爬行学界引起极大反响，至今仍被视为研究中国两栖动物的经典著作。

抗美援朝

　　新中国成立后，四川大学和华西大学许多远在国外留学和应聘去讲学的教师千方百计返回祖国参加新中国的建设。抗美援朝战争爆发后，一大批学生毅然投笔从戎，慷慨高歌上战场。其中，四川大学外语系学

图9-7 归国学子1950年在克利夫兰总统号客轮上合影（《人民画报》1980年第10期，其中的华西学子有杨振华、何伟发、罗宗赛、谢成科、刘正纲、胡定、江靖芬、陈钦才等）

生林学逎、袁守诚和华西大学医科学生詹振声在战场英勇牺牲，以身殉国。1951年和1953年，华西

图9-8 抗美援朝的华西大学医疗队

大学先后派出赴朝矫形手术队和医疗队，直接开赴前线，救治治伤员，培训部队医务人员。

洋人归国

在许多留学在外的教师不断返回中国的同时，从1950年初开始，华西协合大学的外籍教员开始因为各种原因陆续离开中国。启真道这样描述过他的内心："当看见向华大新校长颁发新校印时，我们带着一种复杂的感情"，因为"华西协合大学不复存在了"。当人们向曾经给蒋

News Round-up

L. EARLE WILLMOTT, formerly of the Chengtu West China Union University, one of the last six United Church of Canada missionaries to leave Red China, smiles at newspapermen on the Hongkong side of the Sino-British frontier. He praised the Peking regime and said he had heard nothing about the "persecution of the Chinese people." With him is his American wife.

加拿大籍教授
雲從龍談新中國
（上）
李振記者

WESTERN MANNERS

by

Earl and Katharine
Willmott

Canadian Mission Press
Chengtu

WHAT ARE GOOD MANNERS?

Why Have Good Manners A college professor in a university in China once asked his students, "What is the purpose of good manners?"One student immediately replied, "To show that you are a gentleman." Another said 'To make people around you feel comfortable.' Which of these two would you rather have for a friend?

The Essence of Good Manners Good manners have, indeed, two aspects: an inner care for other people's needs feelings, and an outer expression in certain kind of acts, by which our home training is often judged. If we have only the outer expressions it is like having the shell without the nut. The "nut" of good manners is thoughtfulness for others, and that just means applying the Golden Rule: treating others in the way that you would like to be treated.

One aspect of this thoughtfulness is to dress and conduct oneself in as pleasing a manner as possible. The sight of tastefully dressed people with gracious manners adds a considerable amount of pleasure to every-day life. Whereas the absence of it is felt as a distinct lack and a source of discomfort and annoyance. What beauty-lover has not sometimes sat in an audience behind some person whose lack of attention to her hair positively gave him a pain ! What sensitive-nosed one has not occasionally sat in front of a garlic-breathing monster and wished that the fumes had power enough to poison him on the spot!

There are few polite customs that have not an origin in thoughtfulness for others, though their original meaning may be lost through changing modes of living through the years and centuries. It used, for instance, to be very plain why a gentleman walking with a lady should take the outside of the side-walk, as the safety of the lady's clothes and person was in danger from a run-away horse, a stray pig, or a splashing wagon. There is perhaps little reason left for it on a modern street except the pleasure such little attentions from a man give to a woman ! In the writer's opinion this is considerable enough to be worth the trouble.

There are some forms of politeness, like helping an old lady carrying parcels off a bus, which are the same the world over. There are others which are merely custom, such as whether the fork should be used in the left or the right hand when

图9-9　1950年云从龙在华西协合大学演讲、1952年回国途中接受香港记者采访以及云从龙夫妇《西方礼仪》书影

介石离开大陆安装最后一副假牙的吉士道询问回国原因时，这位加拿大人用地道的四川话简单地回答："你晓得的嘛""你晓得的嗻"。

1952年初，最后一批洋人，包括医学院院长启真道夫妇、文科教师孟克明夫妇、大学会计兼体育教师苏维廉和教育系教授云从龙夫妇等乘车前往重庆。他们将在这里转乘轮船至汉口，再由汉口乘火车到广东出境。

其中的加拿大人云从龙曾经当过飞行员，为自己取的中文名气派非凡。他与徐维理、费尔朴和文幼章与进步学生过从甚密，常被称为"红色教授"。他的家是学生们经常秘密聚合的场所，也是一个红色图书馆。一位学生回忆说："越过象绿色地毯的大草坪，再穿过一条小巷，往右拐便隐约可见一幢被树木簇拥的小洋楼。围墙把它与四周隔离，大门经常是敞开的，"客人"可以自由出入……在一间大约15平方米的房子里，陈列的全是被禁阅的革命书籍，总数近千册"。在人民华大，云从龙曾被任命为学校的副教务长。他在1950年第二期校刊上以《我们华大要站在学习的最前列》为题目写道："现在，我们是在一个崭新的制度中，这个新制度把人民的利益看作最重要的事情，因此他不畏惧人民，只信赖人民"。

天宝之乱

"安史之乱"因爆发于唐玄宗天宝年间，又称"天宝之乱"。四川大学历史上也有过所谓"天宝之乱"，事情就发生在华西大学时期。当事人白天宝是美国人，1951年因偷运学校文物出境而被中国政府判刑，后被驱逐出境。当年5月30日的《人民日报》专门报道此事。根据《成都外事志》："白天宝，在1949年2月至1950年7月任华西大学古物博物馆馆长期间，借口重新登记、整理馆内古物，将大批古物移至住宅进行盗窃。又多次涂改古物清册，将馆内部分物品重行编号，加以混淆。白天宝与前任博物馆馆长美国人戴谦和串通，将馆内所存新石器时代彩陶、清代精工雕花图屏、羌人古瓶、汶川特产熊猫头骨、清代古墓石碑、若干张气象图表、铜炉、刺绣等珍贵古物偷运至美国。又为前任博物馆馆长美国人葛维汉搜集水盂、苗族照片。白天宝还多次盗窃破坏博物馆内的很多古代名贵雕像、绣品、清代水晶、玛瑙、象牙、瑚玉鼻烟壶及各种拓片，并违反馆内规则，把馆中物件拍成照片。为了掩盖事实，白天宝于1950年10月在住宅烧毁了馆内大批文件、函卷及帐目、清册、笔记等。由白天宝盗卖、盗买、盗赠、盗运、破坏的古文物，仅有证可查者，即达数百件。"

著名学者姜蕴刚曾经回忆："他任馆长后把馆内的陈列品上下楼乱搬，弄得零乱不堪。一夜大风雨，因玻窗未关好，风雨侵入，壁画等物遭到空间浩劫，人谓之曰'天宝之乱'。"因此，岁月留下的并不一定都是美好的回忆。

院系调整中

1950年10月，四川大学开始了校内专业调整，先后设立森林、教育、数学、土木水利、农业5个专修科，接收了成都理学院。1951年9月，云南大学航空系、西南工专航空科调入四川大学。1952年9月，四川大学航空系教师24人和学生159人以及4架教学用飞机在内的主要仪器设备调入北京，与清华大学航空学院、北京工业学院航空系共同组建了北京航空学院（即今天的北京航空航天大学），成为全国院系调整的先声。

1952年，国家教育部根据"以培养工业建设人才和师资为重点，发展

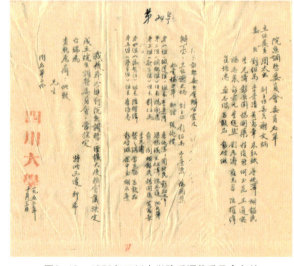

图9-10　1952年四川大学院系调整委员会名单

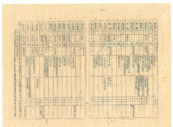

图9-11 1952年四川大学师生调入和调离学校情况表

专门学院，整顿和加强综合性大学"的方针，正式开始全国高等院校院系调整工作。四川大学原有的文、理、法、工、农、师范六大学院的设置被撤消。华西大学的中文、历史、数学、物理、化学等系和重庆大学的数学、物理、化学、中文、外文等系调入。如果说以前的两校由于人员流动、师资互聘和合作研究等联系紧密，经过院系调整，此时的四川大学和华西大学已经血脉相融。

同时，四川大学专业调出规模也不小。园艺、植物病虫害、蚕桑、农业化学、农业经济等系调往西南农学院。法学院的法律系、政治系调

图9-12 华西大学更名四川医学院

往西南人民革命大学，后扩建为西南政法学院。化学工程系和农业化学系农产品制造专业调入四川化工学院。土木系铁路建筑专业调往中南土木建筑学院，农业经济系部分调往北京农学院、东北农学院。地学系地质组调往重庆大学，地理组、气象组大部调往南京大学，小部调往西南师范学院和山东大学。1954年，工学院独立建为成都工学院，后来又与四川化工学院合并，沿用成都工学院校名。农学院调往雅安，于1955年8月经高教部批准，成立四川农学院（今四川农业大学，其中森林系后又独立建校为四川林学院，1973年回归四川农学院）。教育系调往重庆，成为西南师范学院的一部分。同时，学校附中、附小移交地方教育部门管理，分别改名为成都十二中和望江楼小学，2003年和1995年分别恢复附中和附小校名。

对于华西大学来说，专业的调整相对比较单纯。学校保留了医学专业，非医学专业几乎全部调出到其他学校。1953年10月，华西大学更名为四川医学院。重庆大学医学院、山东医学院和浙江医学院的药学系和卫生系部分师生来到四川医学院。

工院新成

在泸州川南工业专科学校及川南行署原址，西南军政委员会设立四川化学工业学院。1952年11月17日，四川化学工业学院正式成立，郑方为副院长和院党总支书记。

作为西南地区新建的高等工科专门学院，四川化学工业学院由原四川大学、重庆大学、西南工专、川南工专、乐山技专、西昌技专、川北大学、西南农学院的化工系科和华西大学的制革组合并组建。学院有机械工程、电机工程、土木工程、水利工程4个系，5个本科专业和1个专科。在四川化工学院建院前，各调入学校都已开始全面向苏联学习先进教学经验，改革旧的教育。

1953年，在全国高等工业学校行政会议上，教育部决定将四川大

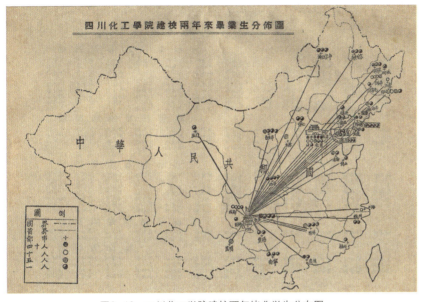

图9-13　四川化工学院建校两年毕业学生分布图

学工学院和四川化学工业学院合并建立四川工学院。同年12月，西南高教局成立四川工学院建院筹备委员会，由四川大学校长彭迪先任主任委员，四川化学工业学院副院长郑方、四川大学党总支书记谢文炳任副主任委员。新建学院的院址选定在四川大学以西和工农速成中学以南的新桂乡地区。这里位于四川大学与四川医学院、四川音乐学院和正在修建中的西南民族学院之间，属于成都市城市建设计划的文化区中心地带。

中央人民政府高等教育部西南高等教育管理局（通知）

事由：通知政务院批准你校工学院独立建校

受文者：四川大学

抄致：重庆建筑工程学院 成都工学院院长许琦之同志

收文 川教 字第 927 號　1954年8月12日

中华人民共和国高等教育部

函复同意四川大学农学院独立后定名为四川农学院

56农旧字第958号

四川省高等教育局：

9月24日56高秘字第198号函悉。为考虑到四川大学农学院过去历史情况与学校对外联系工作的便利，同意你局意见，将该院独立后的院名定为"四川农学院"。原定"雅安农学院"院名取销。院章另行刊发。

1956年10月 日

抄致：中共中央宣传部、国务院第二办公室、农业部、林业部、四川省人民委员会、中共四川省委会、四川大学、四川农学院

图9-14　1954年四川大学工学院独立建院和四川大学农学院独立建院定名四川农学院文件

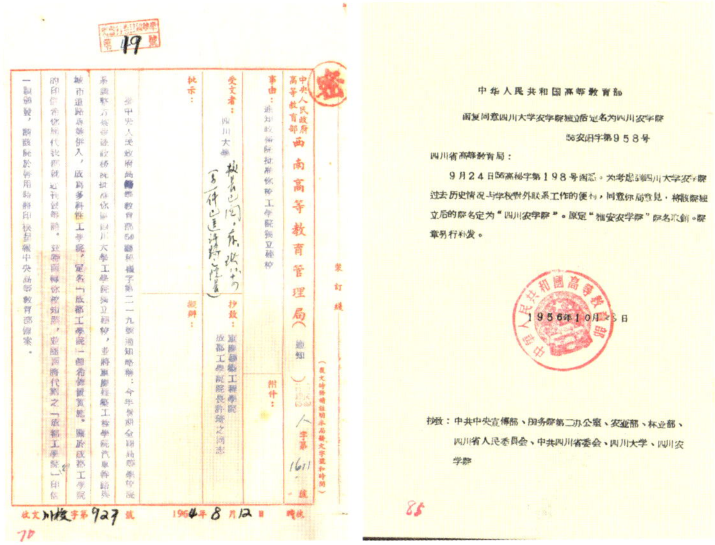

1954年8月27日，四川大学工学院独立建校，重庆建筑工程学院汽车公路与城市道路专业并入，成都工学院举行了隆重的建校典礼，由许琦之院长宣布正式成立。成都工学院成立时，除独立前已有的机械、电机、土木、水

图9-15　四川化学工业学院旧貌新颜（今四川警察学院和四川化工职业技术学院）

利四个系的5个本科专业外，在河川结构及水电站水工建筑专业内分设了水能利用和水工结构两个专门化，设有1个水利技术建筑专修科，在校学生共1273人，有教职员工375人。

1954年12月，高教部再次决定，四川化工学院迁至成都与成都工学院合并。学校名称仍为成都工学院。

1955年8月27日，成都工学院和四川化工学院举行了隆重的合校庆典。经中央批准，由许琦之、郑方任副院长。合校后，成都工学院有机械、电机、土木、水利、化工五个系，机械制造工程、发电厂配电网及输电系统、公路与城市道路、道路桥梁与隧道、河川结构与水电站水工建筑、无机物工学、塑料工学、皮革毛皮与鞣皮剂工学、化学生产机械及装备、糖品物工学及植物纤维造纸工学11个本科专业，以及1个水利技术建筑专科专业。糖品物工学及植物纤维造纸工学两专业后调整至华南工学院。1955年开学后，包括泸州分校在内，成都工学院有在校学生2458人，教职工共720人。

"飞机楼"无关梁思成

成都工学院成立后，基本建设成为重中之重的工作。除了四川大学速成中学迁到桂溪乡后空出的房屋外，学校的大部分建筑需要开工新建。成都工学院一直到成立后的第二年，仍然没有专门的学生运动场地。成都市城市建设委员会计划从四川大学现有体育场中划拨一部分篮、排球场交给工学院暂用，足球场和田径场则是与四川大学共用。

成都工学院大规模的基础建设可以说是从第一教学楼开始的。工学院是在1953年计划独立建校的。在此之前的1951年，第一教学楼就开始修建了，终于赶在1954年成都工学院成立典礼前基本落成，共有建筑面积近15000平方米，造价为160万元。原来城市建设委员会批准的大楼不是东西走向的，由于西南和四川省文教机关以及学校的反对才改建在现在的位置上。这栋建筑最后成为成都工学院的标志性建筑，长期作为教学楼使用，所以通常被称为一大楼。最初准备建成一栋9层的高大建筑，由于抗美援朝的开展，加之国家经济较为困难，最后只修成了今天的中部6层、左右4层的建筑。许多专家都认为，一大楼的基础部分是非常坚实的。

一大楼是具有中国特色的仿古式建筑，飞檐雕花而高雅气派，红柱和青砖交相辉映，是外来文化与本土文化的交汇融合。一大楼采用了纵横三段西方古典主义构图模式构建建筑中部，大量运用了中国传统建筑重檐歇山式屋顶、中国古代吉祥图案以及中国传统的红色梁柱等中国古典元素。整体建筑造型浑厚凝重，构图错落有致，台基式的坚实外观形成了庄重大方的格调。从外观来看，一大楼与当时颇为流行的苏联式建筑，例如差不多同时修建的四川大学理科楼，可以说是风格迥异。除了从正面看去如同宫阙外，倒是与华西协合大学的中国式新建筑有异曲同工之妙。从高处俯瞰，整个大楼宛若一架大型飞机，于是，有人称之为飞机楼。这与人们寄予这所新型工科大学的厚望很是契合。

一大楼由成都市地方国营建筑公司承担了建设任务。很多人都曾经传说，它的设计师是著名建筑大师梁思成。但是，这一说法只见于时任成都市地方国营建筑公司总经理，后来担任成都钢铁公司党委书记、成都市人大常委会副主任的金星（王锐）的回忆文字，并无官方的确切文字记载。从轩昂恢弘的整体建筑气派和彰显外露的中国传统元素来看，确有些梁式建筑的味道。

其实，根据四川大学馆藏档案以及成都市有关方面的调查和曾经担任四川省建设厅厅长的四川大学校友马识途的回忆，一大楼的设计师是著名建筑设计师古平南（1914-1997）。古平南是四川长宁人，重庆大学毕业。在他担任四川省建设厅建筑设计院总工程师时，负责了一大楼的设计，以及原华西协合大学钟楼的改建工作。由于他采用了梁氏建筑的大屋顶格局，在后来批判梁思成时也一度受到了牵连，1958年还被错误地划为"右派"，直到1978年才得以纠正。古平南曾经师从著名建筑

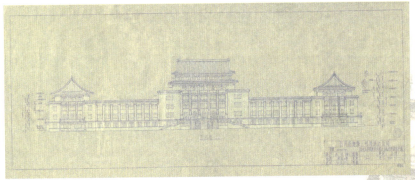

图9-16　成都工学院一大楼和设计图

成都工學院一九五四學年度第一學期在校学生人數統計表

系科專業班別 \ 人數 \ 年級		總計			一年級			二年級			三年級			四年級		
		計	男	女	計	男	女	計	男	女	計	男	女	計	男	女
總計		1272	993	279	389	292	97	353	267	86	305	238	67	225	196	29
機械系	機械製造工藝專業	288	251	37	92	79	13	90	75	15	56	50	6	50	47	3
	甲班	114	102	12	31	26	5	30	25	5	28	28	0	25	23	2
	乙班	114	98	16	31	27	4	30	25	5	28	22	6	25	24	1
	丙班	60	51	9	30	26	4	30	25	5						
電機系	發电廠配电網及联合输电系統專業	221	175	46	64	55	9	57	41	16	58	44	14	42	35	7
	甲班	133	106	27	32	26	6	29	21	8	30	24	6	42	35	7
	乙班	88	69	19	32	29	3	28	20	8	28	20	8			
土木系	公路与城市道路、道路橋樑与隧道專業	264	207	57	96	70	26	48	39	9	74	59	15	46	39	7
	公路 甲班	103	85	18	32	24	8	23	19	4	26	21	5	22	21	1
	公路 乙班	85	66	19	34	25	9	25	20	5	26	21	5			
	橋隧 丙班	76	56	20	30	21	9				22	17	5	24	18	6
水利系	河川結構及水电站的水工建築專業	336	249	87	66	45	21	66	44	22	117	85	32	87	75	12
	甲班	121	87	34	33	22	11	34	22	12	25	19	6	29	24	5
	乙班	117	84	33	33	23	10	32	22	10	23	14	9	29	25	4
	丙班	53	43	10							24	17	7	29	26	3
	丁班	23	18	5							23	18	5			
	戊班	22	17	5							22	17	5			
	水利技術建築專修科	163	111	52	71	43	28	92	68	24						
	甲班	68	47	21	37	23	14	31	24	7						
	乙班	64	42	22	34	20	14	30	22	8						
	丙班	31	22	9				31	22	9						

備註：
1、本期在我校的進修生有二名，旁聽生有七名，未列入上列數字之內。
2、本表是改正前次名冊上统计表的數字，自9月20日以後的休学生另行通知有関單位。
3、本日又增加公路一孫忠灵一名，已列入上列数字之内，只是休学生数未剔除。

图9-17　1954年成都工学院学生统计表

学家和建筑教育学家杨廷宝院士（1901—1982）。杨廷宝当年作为基泰工程司的首席专家，是国立四川大学校长任鸿隽的“御用设计师”，是四川大学望江校区规划设计和望江三馆（图书馆、化学馆和数理馆）建筑设计的负责人。

1998年，四川大学行政楼从望江校区东区滨江楼和新滨江楼迁到这里。从此，它成为学校的行政管理中心，更是四川大学文、理、工、医渗透结合的标志。当年的罗楚礼在规划华西协合大学的校园建设时，曾经参考国立四川大学的皇城建筑。1937年，任鸿隽校长将国立四川大学校址迁到望江楼侧，也请建筑师考察了华西坝建筑群，建成了图书馆、化学馆和数理馆。1951年四川大学以及后来的成都工学院兴建一大楼，同样借鉴了华西坝建筑群的古朴精巧和望江三馆的大气实用。校舍建设上的彼此参照和融合，在某种意义上堪称四川大学、成都科技大学和华西医科大学合校的前奏。

人才大流动

在院系调整中，四川大学和华西大学一批在国内有重要影响的专家学者前往兄弟高校。例如，在四川大学，土壤学家侯光炯院士来到西南农学院工作。农艺系主任、水稻专家杨开渠担任了四川农学院院长，作物遗传育种学家杨允奎先后任四川省农业厅厅长、四川省农业科学院院长和四川农学院院长，红学专家周汝昌和新月派诗人饶孟侃等分别前往北京大学和北京外交学院。在华西大学，曾参与接管华西大学的哲学家萧萐父来到武汉大学，天文学家、数学家李晓舫调任上海天文台台长，其夫人、文学家罗玉君任华东师范大学教授，农学专家何文俊、管相桓分别任西南农学院副院长和教务长，哲学家罗忠恕和教育学家刘之介调到四川师范学院，化学系制革专家张铨先调到四川化学工业学院、后并入成都工学院，经济学家杨佑之教授调整到四川财经学院，著名歌唱家

图9-18　院系调整中的四川大学和华西大学师生奔赴外地

图9-19　在学校的苏联专家

郎毓秀调到四川省艺术专科学校（现四川音乐学院）任声乐系主任，历史学家闻宥调到中央民族学院、化学家何伟发教授调到中国科学院四川分院。

同时，一批卓有建树的学者壮大了学校的师资队伍。其中，蒙文通、蒙思明、缪钺、蒲保民、冯汉骥、赵卫邦、甄尚灵等文史领域的知名教授从华西大学来到四川大学，数学家柯召重回四川大学，公共卫生学家陈志潜重回华西大学，神经病理学家黄克维任华西大学副教务长。不仅教师在流动，在校学生也与专业一起调整到新的学校。作物遗传育种专家周开达院士、玉米遗传育种学专家荣廷昭院士从四川大学来到四川农学院，自然地理与地貌学家李吉均院士随专业调整从四川大学到南京大学地理系。此时的四川大学还培养了化学家高世扬和鱼类生物学家曹文宣等院士。华西大学则培养了动物学家赵尔宓等院士。

新的三大学

院系调整后，四川大学成为一所文理科综合性大学，成都工学院则是多科性的新型高等工业学校，华西大学由综合性大学成为新型的多专业医药院校四川医学院。三校并立而成为积极探索中国高等教育发展道路的重要中坚力量，虽然遭受了"文化大革命"十年浩劫的严重破坏，仍然在曲折中不断前进。

1960年四川大学被确定为四川地区首批全国重点大学。1978年，四川大学恢复了研究生的招生和教育培养工作。1981年，四川大学成为

图9-20　四川大学、成都工学院和四川医学院校门

我国第一批被正式批准的有权授予博士学位和硕士学位的学校，同时还被批准为对香港地区招收研究生的院校之一。

1978年，成都工学院更名成都科技大学，由中国科学院领导并确定为全国重点大学。1980年，成都科技大学成为教育部直属全国重点大学。

1978年，四川医学院确定为卫生部直属全国重点大学。1985年5月，四川医学院更名为华西医科大学。1988年，华西医科大学开始试办临床医学、口腔医学7年制教育。1996年6月，卫生部和四川省政府签署了共同建设华西医科大学的协议，并将华西医科大学列为卫生部3所"211工程"建设的医科大学之一。

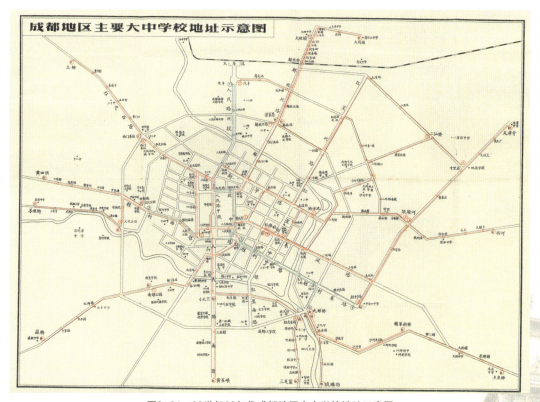

图9-21　20世纪60年代成都地区大中学校地址示意图

尤其是改革开放和党的十一届三中全会以来，四川大学、成都科技大学和华西医科大学不断适应经济、科技和社会发展的需要，始终坚持党的基本路线，全面贯彻党的教育方针，按照教育要"面向现代化，面向世界，面向未来"的要求，努力探索建设有中国特色的社会主义大学的新路子，进入了一个新的历史发展时期。

图9-22　四川大学图书馆和改造设计图

自院系调整以来，三校为国家培养了包括国务委员戴秉国、全国人大副委员长陈昌智、放射化学家王方定、皮革及皮革化工材料专家段镇基、高分子化工专家毛炳权、人工晶体专家沈德忠、核化学与化工专家傅依备、口腔颌面外科专家邱蔚六、肝胆外科专家郑树森、光学专家彭堃墀、肿瘤治疗及肿瘤免疫学家魏于全、材料科学与工程学家张兴栋、皮革化学与工程专家石碧、数学家陈永川、轻工机械工程专家瞿金平、有机高分子材料专家王玉忠、应用数学专家江松、精细化工制药专家陈芬儿、工程管理专家向巧等中国科学院和中国工程院院士，以及英国皇家科学院院士宋永华等在内的一大批杰出人才。

优秀学生的成长离不开高水平的师资。在三校的师资队伍中，有许多文理工医各领域中久负盛名的著名学者和专家。20世纪五、六十年代，除院系调整调离的部分学者之外，在三校执教的一级教授有四川大学的数学家柯召院士、历史学家徐中舒、植物分类学家方文培、考古学家冯汉骥，成都工学院的皮革化学家张铨、化学工程学家张洪沅，四川医学院的生物学家刘承钊院士、生物学家陈文贵院士、传染病学曹钟樑、神经病理学黄克维、妇产科学家乐以成、外科学家吴和光；二级教授有四川大学的数学家蒲保明、历史学家蒙文通、化学家刘为涛、细胞学家雍克昌、数学家张鼎铭、文史学家缪钺、数学家胡坤陞，成都工学院的材料科学家徐僖院士、化工学家谢秉仁、化工学家徐日新、水利科学家王景贤、水利科学家彭荣阁、水利专家邱勤宝，四川医学院的解剖学家陆振山、外科学家杨嘉良、儿科学家杜顺德、公共卫生学家陈志潜、口腔外科学家夏良才、有机化学家何伟发、生物化学家蓝天鹤、口腔内科学家肖卓然等。在他们的身上，我们可以学习到优秀的品质、高尚的品德和精湛的水准。

我是一颗螺丝钉

2015年10月，屠呦呦获得诺贝尔生理学或医学奖，理由是她发现了青蒿素，这种药品可以有效降低疟疾患者的死亡率。在诺贝尔奖背后，有一位成都科学家名叫钟裕蓉，她是四川大学生物系1965级学生。1967年，国家启动"523项目"，屠呦呦担任组长的课题组投入了这项研究之中。来自成都的钟裕蓉在屠呦呦的亲点下加入了课题组，一同研制抗击疟疾的新药，并分离提取到了青蒿素的晶体，对确定分子式、晶体结构起到重要作用。根据对青蒿素发现历史的分析，屠呦呦提出了乙醚提取的方法，钟裕蓉具体分离纯化青蒿素。作为屠呦呦研究小组成员，钟裕蓉回忆道："我在里面起到的就是一颗'螺丝钉'的作用。""我很年轻，能够参加这个项目已经非常荣幸。"

柯召就是质量

数学家、教育家和社会活动家柯召院士在国立四川大学时期就是学校的教务长，后来担任了四川大学副校长和校长。他关于不定方程卡特兰问题的研究结果，在国际上被誉为柯氏定理。他被称为中国近代数论的创始人、二次型研究的开拓者和"一代数学宗师"。

柯召对四川大学数学专业的发展贡献尤为突出。他不仅科研突出，教学工作也很有特点。他在研究生教学中倡导研讨式教学，在本科生教学中注重基础课，多次给学生上《高等数学》课程。他在学生上基础课时，要

图9-23　被誉为"柯召就是质量"的柯召教授

求学生必须事先预习。同时，自己虽然对教学内容烂熟于胸，每次上课前也要认真备课一番。他还有一个专门的工作笔记，用来记录上课学生的学习状态和学习特点。1962年，他被任命为四川大学副校长。一次，时任校长温建平在审阅校报清样时，发现一篇署名柯召的关于改进教学方法和提供教学质量的短文被删掉。于是，他询问原因。编辑回答说："他这篇文章质量不高。"温建平立即回答："什么是质量？柯召就是质量。"他的本意不仅是对柯召教学方法的肯定，也希望通过对他的经验介绍在全校掀起教学改革的热潮。

寡然无味

在四川大学文科教授中，自来就有不少大师级人物。毕业于清华大学国学院的国学大师徐中舒就是其中的一位。徐中舒是安徽怀宁人，是著名的历史学家和古文字学家，1937年之后在四川大学历史系担任教授。他对先秦史和古文字学的研究成就卓著，继承王国维的"二重证据法"更有所拓展，善于把田野考古、民族学、人类学、社会学、工艺学等知识结合论证，强调研究古文字学应和古史研究相结合。其著述宏

富，主持编纂大型辞书《汉语大字典》和《甲骨文字典》等多种工具书，可谓划时代巨著。与老友蒙文通等相比，徐中舒缺乏幽默。非常难得的一次，他和友人在校园里散步，路过东风楼和铮楼这几栋红砖修的楼房，脱口而出："这不就是又红又'砖'吗？"多数时候，包括他和朋友下棋，都可以一两个小时不说一句话。

虽然生活中"寡然无味"，但是对学生和他人，徐中舒先生却是非常热心。四川大学校史展览馆收藏有两份珍贵的资料。一份是著名西夏史专家吴天墀教授听徐中舒先生讲授《殷周史料研究》的课堂笔记，首页顶处书有说明文字："1938年，徐中舒在川大历史系讲《殷周史料研究》一课，这是吴天墀在课堂听讲的笔记。此笔记曾经徐中舒调阅，间有增改，就是徐中舒的亲笔。"另一份则是被誉为"汉字守护人"、享年101岁的四川师范大学杜道生教授为1957和1958级学生上《古文字学》的教案。在这份发黄的教案上，也有他请教时徐中舒先生用毛笔认真增改的文字。

图9-24 徐中舒先生

四川南充有一位小学教师考徐中舒先生的研究生没考上，还生病住院了。徐中舒先生专门托人带钱给他并转告："考不上没关系，照样可以做学问嘛。"后来，这位小学教师专程来家致谢，徐中舒先生当真在饭桌上给他一句一句地讲讲起了《左传》。对年轻后学，不管水平怎样，只要说是对学问感兴趣，徐中舒先生就来了劲儿，高兴得不得了。常有很多青年人写信来问学，徐中舒因身体原因无法一一回复，就嘱咐孙子代替他回复。他孙子不以为然："这些信还要回吗？不理就完了！"徐中舒却总是说："唉唉，还是要回的，要回的。"对一些具体问题，他会告诉去查哪本书，就可以回答了；对泛泛而谈的，则让孙儿写些鼓励的话。

魏晋风骨

与徐中舒先生宽厚朴茂、略显木纳不同，文史大家缪钺则是谨严雅致、口笔俱佳。缪钺先生，字彦威，江苏溧阳人，生于河北迁安，居家保定，是著名历史学家、文学家、教育家，诗词、书法同样堪称大家。在其治学生涯中，缪钺主要从事中国古代史、中国古典文学、历史文献学的教学与科研工作，早期以先秦诸子及古典文学为主，20世纪40年代中期以后转而钻研魏晋南北朝史，80年代以后再次致力于词学研究。

图9-25　缪钺先生

红学家周汝昌上世纪50年代初任教于四川大学，将他的专著《红楼梦新证》赠送一本给缪钺先生。不久，时值大年初二，周汝昌先生要进城，在汽车站遇见缪钺。缪钺老远就打招呼，过年过节的话一概不说，开口便是："你的书，我接到后很'贪'地一下子读完了，甚至耽误了吃饭和入睡。我已作了两首七律咏它。"说着，缪钺先生将诗逐句地高声念给周汝昌听。当时，在站台候车的人们都惊讶地望着他们。周汝昌回忆："先生当时的那种兴奋的神情，旁若无人的风度，至今历历如在目前。"在缪钺先生去世后，周一良教授特撰联祭奠："文史回翔，绛帐春风三千弟子。诗词并美，灵谿妙谛一代宗师。"这是对他颇具魏晋风骨的一生最为精当的评价。

四大美髯公

在四川大学有着一副飘飘长须的或许不少，但是真正算得上美髯公的当数蒙文通、张鼎铭、杨秀夫和杨明照等，他们一把道骨仙风的长髯

图9-26　四大美髯公（蒙文通，张鼎铭，杨秀夫，杨明照）

让学子们高山仰止。

蒙文通"身材不高，体态丰盈，美髯垂胸，两眼炯炯有神。常着中山服或中式长袍，持一根二尺来长的叶子烟杆，满面笑容，从容潇洒地走上讲台，大有学者、长者、尊者三位一体之风。"据说他的长烟杆还在华西坝荷花池救了落水的罗忠恕的小女儿，后来也是四川大学教授的罗义蕴的妹妹。

这位国学大师在少年时就异常勤奋，"常常是除睡觉、上厕所外，数月不出书房门，每日三餐均系由师母送到里面去吃"。由于少时经常随侍经学大师廖平坐茶铺，所以，他也会带领学生们到望江楼去，在品茗赋诗的同时传习讲授。有一次，他还一边饮茶，一边让学生出题考老师，根据学生出题的难度和应对程度来评分。据说，牛津的学生经常在老师的烟雾缭绕中听课。或许，牛津的学生是大烟斗喷出来的，川大的学生是小酒和花茶喝出来的……

在程天放当校长时，蒙文通一度被解聘。他却照常替学生上课，他对自己行为的解释霸道得很，他说"聘不聘我是你学校的事，上不上课是我自己的事，但我是四川人，不能不教四川子弟"。有一次，他对在高等学堂的同学郭沫若大加批评："郭先生没搞清楚'庶几'二字之义，将动员报告说成了总结报告。"他接着说："我讲这些是为了求真理，至于与郭先生本人，我们是毛根朋友，他回成都必请他到望江楼吃茶。"

《越史丛考》是蒙文通的绝笔。他一有空闲便埋头疾书，还经常向别人滔滔不绝的讲述他的新作。1983年3月，蒙文通辞世已15年，《越史丛考》由北京人民出版社出版。李一氓评价说："这本书没有自命为爱国主义的著作，在叙述中也没有侈谈爱国主义，而前后十二节却始终贯串着爱国主义的精神"。

图9-27 蒙文通参加民主选举

作为英国剑桥大学博士，不拘小节的大数学家、著名的美髯公张鼎铭在这里也有故事发生。某星期天，他从盐市口买布鞋回家，突然想起刚才少找二分钱。于是，他花一毛钱乘人力三轮车，去要回这二分钱。有人说他"瓜"。他说：数学家居然被"烧"，不找回来才是笑话。据国立四川大学最早的硕士研究生导师杨秀夫教授之子说，这可能是人家编排的段子。有一次，家乡四川阆中县志办请教自然科学领域入志人物，他提笔就写："古有落下闳，今为张鼎铭"，完全是当仁不让的架势。

而作为抗战时期国立四川大学理科顶梁柱之一的杨秀夫严于律己，一生正气，令人感动。国立四川大学刚从峨眉迁回成都时，学校有美援麦棉借款，可以请求补助。他说："方今国难当头，全国都很困难，比较起来我们还算比较好的，暂时还无须补助，让给他人好了。"

在上世纪80年代，人们经常看到一位白须翩然的老人带着孙儿出现在四川大学校园里。他就是著有《文心雕龙》校注四书——《文心雕龙校注》《文心雕龙校注拾遗》《增订文心雕龙校注》《文心雕龙校注拾遗补正》的"龙学泰斗"杨明照。据说当时年近八旬的他有自己的养生之道，就是每天一

图9-28 健康老人杨明照

斤肥肉，一包白芙蓉香烟，一把枸杞，从家里到文科楼拿一次报纸。当年杨明照教授给中文系77级同学上选修课，几位同学迟到，杨先生大怒，训话一番，拂袖而去。同学们惶恐，推班长和几位同学登门道歉，请杨先生息怒，承诺再不迟到，终于息事宁人。第二周，杨先生本人不慎迟到。同学们嗤嗤偷笑，杨先生如小孩子一样地不好意思，脸涨得绯红。

在重庆大学读书时，在吴芳吉开设的《文学概论》上，杨明照与南北朝时期刘勰的《文心雕龙》结下不解之缘，《文心雕龙》成为终身的研究课题。后来，随着重庆大学文科转入四川大学后，他的毕业论文《文心雕龙校注拾遗》博得指导教师庞石帚的好评，被给了不可思议的满分。

在燕京大学，在导师郭绍虞教授指导下，他完成了硕士学位论文《文心雕龙研究》，后来以《文心雕龙校注》的书名由上海古典文学出版社出版。这本书除在上海再版五次外，香港龙门书局、台北世界书局和河洛书局都相继翻印或影印。日本著名汉学家户田浩晓认为，这本书堪称"自民国以来一直到战后《文心雕龙》研究的名著"。他曾被扣上了"反动学术权威"的帽子，却坚持开展学术研究，完成了60万字的《文心雕龙校注拾遗》。这本书1982年由上海古籍出版社出版，被誉为"研究《文心雕龙》的小百科全书"。此后，他老当益壮，又发表了一系列的龙学论述，对《文心雕龙》的酷爱历久而弥深，堪为后学楷模。

工学双子座

在成都科技大学，有两位姓张的大名鼎鼎的化学家，堪称"工学双子座"。他们是新中国皮革教育事业的一代宗师、皮革化学家张铨和以"侯碱张酸"行世的化学工程学家张洪沅。

张铨曾先后任教于燕京大学、华西协合大学、四川大学、四川化工学院和成都工学院。1927年，燕京大学外籍教师纷纷离校回国，制革系的专职教师只剩下张铨。当时燕京大学制革系是国内唯一有关制革专业的系科，校方打算停办。在张铨的据理力争下，制革系终于得以保留，张铨成为代理系主任。1937年，38岁的张铨赴美国俄亥俄州辛辛那提大学制革研究系深造。他一年就取得了理科硕士学位，两年获得哲学博士学位。他的博士论文研究中国五棓子鞣质、鞣酸与胶原结合，提出植物鞣质与胶原相结合系物理化学吸着作用的假设，为国际辛辛那提学派植物鞣革机理吸着学的创立奠定了基础。

回国后，正值抗日战争时期，他受聘于华西协合大学和乐山国立中央技艺专科学校。张铨结合实际，指导学生进行开发植物鞣料等研究，以及用工业盐或硫酸钠处理山羊皮的制革技术，质量很好。他带领助手和学生撰写了六篇研究论文。其中，《中国橡椀鞣质与皮粉结合的研究》与辛辛那提大学罗拉博士等用鞣酸、坚木鞣质与胶原结合的继续研究得出的结论相同。

在四川化学工业学院，张铨以极大的热情建成了新中国高校第一个制革学专业，完成了一整套基础建设。长期以来，张铨提出"术德兼修，手脑并用"。为了取得第一手资料，他常常到山区考察，开发各种资源和特产。为了提高祖国制革技术水平，他深入皮革厂和毛皮厂，开展科学实验，导学生实地观察，帮助技术人员解决技术难题。他为国家培养了一批科技骨干，包括在皮革界乃至整个化工界都卓有成效，在国内外享有盛誉。

毕生致力于化工科学领域的研究和化工教育发展的张洪沅在业界与我国制碱大

图9-29　在研究植物丹宁提取的张铨和他的学习笔记

图9-30　张洪沅博士论文等档案资料

师侯德榜齐名，素有"侯碱张酸"之称，是当时化工界"四大金刚"之一。

张洪沅14岁考入清华学堂，先后在加州理工学院和麻省理工大学学习化学工程，获得麻省理工学院博士学位并被晋升为副研究员。抗战爆发，张洪沅受聘为四川大学中英庚款董事会讲座教授兼化学系主任和理学院院长。1941年，张洪沅任重庆大学整理委员会主任。一年后，他被正式任命为校长。1952年院系调整后，张洪沅历任四川化工学院、成都工学院、成都科技大学教授。

20世纪30年代，张洪沅的博士论文《接触法硫酸反应速度的研究》为接触法硫酸生产设备的合理化奠定了理论基础，国外学者的《化学工业手册》将其主要成果称之为"张氏公式"。

张洪沅深知："国家要富强，人才是关键。"在任重庆大学校长时，他资助学生进步社团，还为他们出版的《重大概况》一书题写书名。他每学年都要安排主持教学研讨会，指导教材中重点难点内容的讲授。他还组织开展青年教师试讲活动，举办青年教师教学成果展，给青年教师以极大的鼓励。1977年，年事已高的张洪沅还亲自担当青年教师的外语指导任务。

1934年，张洪沅与谢明山合著了第一本《化学工程机械》教材。1954年，他主编了我国第一本《化工原理》教材。1956年，他与丁绪维、顾毓珍合著了我国第一本高校统编教材《化学工业过程及设备》。张洪沅执教六十余年，桃李满天下。就在去世的前几天，他还参加了全国化工原理课程评估会议，可以说是为中国化工教育事业鞠躬尽瘁死而后已。

良医医德

教师有师德，医生有医德。对此，17岁进入华西协合大学学习，24岁毕业留校，长期担任教学、医疗和科研工作的原华西医科大学副校长曹钟樑深有体会。由于他的母亲、长姐、长嫂和二姐先后因患急性传染病和"痨病"即肺结核死去，使他从小就立志学医。在课堂上，无论哪门课程，不论主讲教师是中国人还是外国人，他都一律全神贯注，认真听讲。课后，他还及时咀嚼消化，使为己有。

1958年夏秋之际，温江发生严重瘟疫，流行广，来势猛，症状奇特：高烧、咯血、迅速死亡。省卫生部门领导临时调曹钟樑到现场负责技术指挥。虽有20余年治疗内科和传染病的临床经验，但是，他还从未遇到过同类病例，暂时也查不出这类疫病的文献资料，对病人血样检验情况，也还没有确切结果，而病人继续增加，死亡率也无法控制，因此，曹钟樑工作被动，心情沉重。

有的认为是"肺鼠疫"，有的认为是"出血性流感"，也有的提出是"稻瘟病"即钩端螺旋体病。到底如何确诊，他还在犹豫之中，而省领导希望即刻作出决断，便于迅即控制局面。作为专家和抢救医疗负责人，曹钟樑感到不能当机立断，不好向领导交待，也怕丢"面子"、失"威信"，就藉口"已有某专家在华东地区见过类似的出血性流感病例，很可能这里发生的也是。"于是，马上采取了发病地区的消毒、隔离等措施，乃至切断温江至成都的交通，严密防范。同时，他马上又下到附近各县的发病现场去，观察、取据。根据现场临床分析，越看越不像是流感。成都生物制品研究所已经查出现场病人的血清报告，有钩端螺旋体病抗体。参与医疗的四川医学院同事在病人的血样培养中也得出了同样结果。至此，真相大白，他心里悬着的一块石头才掉了下来，马上回温江宣布结果，收回原来的判断。

原来，当时在温江地区发生的"无黄疸型钩端螺旋体病肺大出血型"是过去未被发现、也是本地区所特有的。在未经确诊和误以为流感之中，幸而基于传染病学的观点，对病人采用了大量的有效抗生素，尚未造成医疗事故，但短时间采用的防治"流感"的措施，劳民伤财，叫曹钟樑不能不引咎自责。这一深切教训，他永远铭记，并时常现身说法，告诫后生学子：对于治病救人的医学上的问题，必须坚持实事求是的科学态度；决不可受惑于一时的"面子""权威"而轻下结论，这是一个良医应该具备的道德。

吃百家饭

由于原来的三个学校都有荷花池，在四川大学校史展览馆展厅陈列着取自三个荷花池的泥土，被分别命名为"川大之土""科大之土""华西之土"，成为三校携手发展的一种象征。在改革开放的洪流中，三个学校结合自身发展实际，进行了积极的探索。特别值得一提的是成都科技大学在联合办学和科研协作方面的新举措和新成绩。

1984年，国家有关部门为满足经济建设发展对人才的需求，准备筹办相应的工业院校或在其所属院校中增设某些专业。成都科技大学抓住机遇，加强与有关部门和地方政府间的联系。这些举措在全国高校引起极大反响。

1985年，成都科技大学与水利电力部合办水利电力学院，在原有的电力系统及其自动化、信息工程、水利水电工程建筑、水文

图9-31　四川医学院医疗人员在钩螺旋体病防治现场

学及水资源利用4个专业的基础上，增设了电气技术、电力系统现代管理、陆地水文、农田水利工程4个专业，将水文学及水资源利用专业改为水资源规划及利用专业。从1986年起，培养的博士、硕士、本科毕业生中的50%以上分配到水利电力部所属单位。从1986年至1993年，水电部共投入基建和设备购置经费2650万元。学校利用这项资金征地70亩，在校区内建成建筑面积21022平方米的水电学院大楼、教职工住宅6000平方米和4451平方米的学生七舍，购买价值256万元的教学设备，较大地改善了水电学院的教学、科研和师生住房条件。自学院成立以来，学生到电力部所属单位实习，都由部下达实习计划。在科研方面，岩土教研室用水电部所拨的10万元设备费，加上学校自筹经费，建成了当时全国高校规模最大的土工专用离心机。他们承担了《瀑布沟大坝离心模型试验研究》《江油火电厂贮灰渣筑坝研究》和《黄土地区公路特殊结构研究》等科研课题，为兰西铁路建设节省投资约4400万元。水工建筑结构研究室利用水电部拨给的经费，购置了万能数字测试装置等仪器设备，承担了20项科研课题，其中获国家科技进步奖1项、国家科技进步二等奖1项、电力部科技进步一等奖1项。学院与电力部成都勘测设计院和西南电力设计院合作，参加了二滩电站设计与施工的研究和论证工作，促进学校的科研、教学与生产建设的结合，部分研究成果进入了课堂教学。

1986年，成都科技大学与纺织工业部联合开办纺织工学院，设立纺织化工系、纺织工程系和纺织高分子研究所，含化学纤维、染整、纺织工程、纺织机械、服装5个专业。1993年，化学纤维专业已成为四川省的重点学科和硕、博士学位授权点。

1986年，成都科技大学与轻工部联合创办轻工学院，设立皮革工程系、塑料工程系、食品工程系、皮革研究所、塑料工程及机械教研室、食品工程研究室。1993年，学院增设了高分子材料加工机械、塑料成型加工模具和食品机械三个专业方向，建成了制革及鞣料即皮革化学与工程国家重点学科和国家专业实验室。学院毕业的博、硕士生约有40%分配到轻工部所属单位。

1988年，成都科技大学与四川省建委、成都市联合创办城建环保学院。到1993年，在办好7个专业的基础上，学院增设了给水排水工程专业。结构工程、环境工程、固体力学、实验力学、生物力学均具有硕士学位授予权。学院除为省建系统培养全日制本科、专科和成人专科生外，作为建设部监理工程师定点培训单位，为四川培训了大量的监理工程技术人员。

1986年，成都科技大学首先对国家教委切块下拨的科研费用的管理进行了改革。在改革之前，这笔经费主要是用来无偿支持自拟课题。因"粥少僧多"，加之有的课题闭门造车，收效甚微。为此，学校将下拨经费设立科研发展基金，有选择地支持面向经济建设以及结合学科建设培养研究生的课题，实行有偿使用。通过有偿使用返回的经费逐年积累成科研发展基金，继续支持出国返校人员开展科研工作，或为科技人员申请国家的自然科学基金和重点项目的前期工作创造条件，大大地增强了科研工作的活力。

同时，学校对国家教委划定成都科技大学科研编制的分配办法进行改革。改革前，科研编制主要是分给国家教委批准的研究所和为全校科技服务的中心实验室。当全校实行人员定编和教师、专业技术人员评聘工作时，由科研处把全校的科研项目按不同课题的来源、性质和得到的经费数进行分类，分别定出可占用的人员编制数，再通过实际核算确定系、所、组的科研编制，克服了改革前虚占科研编制的弊端，促进教师及其它专业技术人员间的合理流动。通过这两项改革，教师们更加重视面向经济建设开展科技工作，还充分意识到：要在竞争中提高科技工作，不能单等主管部门增拨科研经费，必须积极争取项目和经费，"吃百家饭"才更有希望。

经过全校师生的共同努力，成都科技大学1987年科技总经费从上一年的715万元增加到1070万元，其中国家教委下拨的经费仅占14%。《中国科学报》在"四川高校争取科研经费的启示"一文中评述说：

图9-32　四川大学校景

图9-33　成都科技大学校景

图9-34　华西医科大学校景

图9-35　成都科技大学开展多渠道联合办学

"要吃百家饭，才能壮身骨。这是成都科技大学由'贫困户'变成'千万户'的绝窍"。

考古小说

　　童恩正是四川大学考古学教授，也是著名的小说家和电影剧本作家。1978年，全国科学大会重新提出了"向科学进军"的口号，童恩

图9-36　童恩正（中图前排右一）毕业照及部分作品书影

正的科幻小说《珊瑚岛上的死光》荣获1978年度的"中国优秀短篇小说奖"，这是中国科幻小说在国内获得的最高文学奖项。两年后，上海电影制片厂拍摄的由他亲自改编的同名电影成为中国内地的首部科幻影片。童恩正的"考古小说"大多以作者亲历的田野考古工作为背景，将教学实践融入文学创作之中。据说，四川大学的第一台计算机是童恩正在美国做访问学者带回的。1975年，他就和张升楷、陈景春在《四川大学学报》上发表《关于使用电子计算机缀合商代卜甲碎片的初步报告》。童先生最早发表的作品《古峡迷雾》（上海少年儿童出版社，1960年，后多次再版并有改编的电影剧本）围绕巴人起源这一重要的学术课题而展开。故事从几千年前的一场战争开始，当时居于夷水流域的虎族为了躲避楚国的进攻退入三峡地区的崇山峻岭，从此从历史上消失。自20世纪30年代以来，两代中国学者为了证明巴人起源于消失的虎族而与日本、美国和前苏联的学者所持的各种"巴人外来说"展开了激烈的学术争锋。一直到1949年以后，考古学家在瞿塘峡赤甲山的黄金洞里找到了虎族的下落，最终证实了中国学者对巴人起源的假说。童恩正将教学实践融入文学创作之中，堪称考古学家的文学人生，也是教育创新的优秀范例。1959年，他曾参加巫山大溪遗址的发掘，考察过瞿塘峡盔甲洞中的巴人遗物，显然对三峡考古十分熟悉。

布什在川大

1985年10月16日，时任美国副总统的乔治·布什在四川大学望江校区三教演播厅发表演讲，高度赞扬四川大学的发展成就和在促进中美关系中的作用。他认为："第二次世界大战时期，四川大学确实起了保持中国高等教育传统的作用。"他引用了《道德经》中的"心善渊，与善仁，言善信，政善治，事善能，动善时（In quality of mind it is depth that matters. In the frind it is benevolence that matters. In speech it is good faith that matters. In government it is law that matters. In affairs it is ability that matters. In action it is timeliness that matters.）"作为其演讲的结束语，别有一番意味。

图9-37　1985年和2010年美国副总统布什和拜登分别在四川大学演讲

2010年8月21日上午，美国副总统约瑟夫·拜登来到四川大学华西校区与上百大学生见面互动，并就中美关系发表演讲。在演讲中，他特别提到四川大学的两位校友，中国近代史上最杰出的人物——共和国的开国元老朱德和文学巨匠巴金。

改革先锋

发展总是给予敢于抓住机遇的人们。二十世纪末，面对中国教育改革发展大潮，四川大学迎来了发展的新契机，成功实现了学校历史上的第三次三强合并。

1994年3月，经国家教委、四川省政府批准，四川大学、成都科技大学合并组建为四川联合大学（四川大学、成都科技大学），开中国高等学校强强合并的先河。1998年12月，四川联合大学更名为四川大学。

2000年9月，原四川大学与原华西医科大学再次实现了强强合并，定名为四川大学，成为中国第二次高等教育体制改革的重头戏。2001年9月，教育部与四川省人民政府签署第二次部省共建协议，标志着四川大学正式进入以"创建若干所具有世界先进水平的一流大学和一批一流学科"为目标的国家985工程。

图9-38　1994年和2000年四川大学、成都科技大学和华西医科大学合并组建四川大学

在第一次并校改革时，中共中央总书记、国家主席江泽民为学校题词"努力把四川联大办成社会主义新型综合大学。"曾经以李远芃的名字在国立四川大学附小学习的国务院总理李鹏为学校题词："文理渗透，理工结合，建立新型综合大学。"李岚清在四川大学视察时指出："四川大学是我国高教改革最早的大学，为高校改革做出了历史性贡献，可以说是高校体制改革的先锋。"这是对学校师生勇于改革，敢于挑战，善于创新的发展精神的充分肯定。

从文化路到文华大道

在原来的四川大学和成都科技大学之间，有一条在成都非常有名的文化路。在九眼桥以南，有一条大路直通三瓦窑，旧时是无名的郊区道路。1943年，四川大学迁回成都后，在这条路的东边新开了一道门，附近开始逐渐有了民居和店铺。于是，这条路被命名为新太平南街，1950年后又向南延伸建成了文化路。成都工学院建成后，文化路在地理上将它与四川大学一分为二，但始终无法割舍千丝万缕的联系。

在师生的心目中，文化路从九眼桥就开始了，甚至包括了九眼桥与四川大学之间的培根路。这里不仅是文化休闲地和日常生活区，而且是大学生活的一种象征。实际上，培根路与著名哲学家培根无关，因1904年创办的培根火柴厂得名。抗日战争后期，张澜任慈惠堂董事长，曾住厂内直至1946年秋季。慈惠堂总干事兼火柴厂厂长王干青是四川大学校友，也是著名的十二桥烈士之一。

在上个世纪80年代的四川大学，除了文化路，人们总是回忆起大礼堂的"川大之春"文艺汇演，还有大礼堂四周只有深夜才想起的吉他声。而在当时的成都科技大学，电影广场周末的露天电影和团员之家的校园舞会几乎是每一个同学的甜蜜回忆。在华西医科大学的二广场，同学们一边看电影《青春之歌》，一边为林道静们的热血澎湃所感动。这同样是难忘的记忆。

图9-39 培根路和文化路

1994年，四川大学和成都科技大学合并后，文化路上原来两校大门依然相对而开，被戏称为"接轨门"。1998年，恰逢第八届全国大学生运动会在四川大学举行。随着"接轨门"退出历史舞

图9-40 "团员之家"

台，在高大的树木映衬下，学校东区和西区地理上的分界线——文化路成为了宽敞的校内道路——文华大道。其时，学校师生正好经历了并校改革初期的短暂阵痛，开始快步前进。从文化路到文华大道，这是学校由合而分、由分而合的历史见证，也并校改革纵深发展的标志，更是全校师生文化深度融合的交汇点。

年轻的梦想

在合校之前，原四川大学新生报到的地方曾长期设在大礼堂前。大礼堂是黄季陆长校时修建的，由于比较简陋，1947年进行了改建。解放初期，川西人民代表会议第一、二届就在大礼堂召开，因为这几乎是当

时成都最好的礼堂。

多少年来，四川大学师生对现在商学院所在的大礼堂，以及现在基础教学楼所在的电影广场，还有现在的北苑餐厅附近的团员之家，都有着深刻的印象和深厚的感情。在网上，有一首来自1993级校友张毅的四川大学校园民谣非常流行，吟唱的就是《大礼堂》。

图9-41　快活林

"空荡的四壁，凌乱的琴声，昏暗的烛光，一群听歌的人。有时也有掌声，有时也会沉寂，来了又去的人，已记不清。一样的歌声，一样的人，只是人都走了，谁来听？多少的故事，在这里发生，不必曾经相识，陌生的朋友。曾有多少个夜晚不倦的歌唱，年轻就是我们的梦想。小小的礼堂，班驳的墙，欢笑泪水其实都一样。也许会有那么一天会将你遗忘，我们曾经魂牵梦萦的地方。小小的礼堂，班驳的墙，欢笑泪水其实都一样，欢笑泪水其实都一样。"

其实，四川大学并不缺乏校园民谣。"明远湖温柔的波浪，还有那闪烁的浮光，沉醉了嬉戏玩耍的鸳鸯，我想看你笑的模样，担心你在忧伤，不想打扰你的梦，让鸳鸯醉在浮光。""缓冲溶液"乐队主唱叶晓波是2011级劳动与社会保障专业的学生，他的《明远湖》和四川大学第一支全妹子乐队"短尾鱼"乐队的《无章》更是专属于四川大学。"文华路的银杏都铺了满地，明远湖折皱了倒影。热闹的小剧场，我初次见你，忽然就忘记了呼吸。不高山的绿色都已经老去，沫溪河冬眠了风景。白石桥旁网球场再见到你，哒哒的马蹄声落在心底。"带着婉转悦耳的旋律、动人心扉的歌词，川大民谣唱出了川大学子的美好和憧憬，也唤起人们对于青春最珍贵的回忆。

今日川大

从1896年建校到第三次三强合并，四川大学已经走过了多少风风雨雨。作为中国西部第一所综合性高等学府，四川大学是20世纪初全国六大高师和十三所国立大学之一，抗日战争时期“全国仅存之完整的最高学府”，解放初全国在校生规模最大的学校，1958年“由教育部直接领导、指导全国”七所高校京外唯一一所，中国西南现代医学和中国现代口腔医学高等教育的发源地，中国最早实行学位制度和最早培养研究生的大学之一，国内最早与国外著名大学合作办学的高校之一，成为国家布局在中国西部的高水平大学。

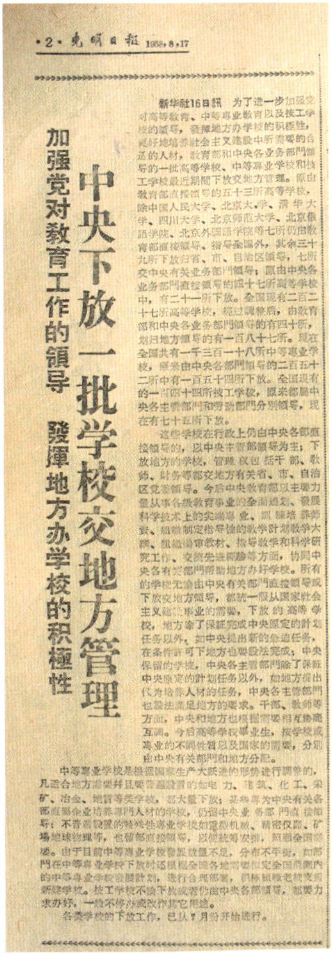

·2·光明日报 1958，8，17

中央下放一批学校交地方管理

加强党对教育工作的领导 發揮地方办学校的积極性

新华社16日訊 为了进一步加强党对高等教育、中等專业教育以及技工学校的領导，發揮地方办学校的积極性，更好地培养社会主义建設中所需要的合适的人材，教育部和中央各业务部門領导的一批高等学校、中等專业学校和技工学校最近期間下放交地方管理。原由教育部直接領导的五十三所高等学校，除中国人民大学、北京大学、清华大学、四川大学、北京师范大学、北京俄語学院、北京外国語学院等七所仍由教育部直接領导、指导全国外，其余三十九所下放归省、市、自治区領导，七所交中央有关业务部門領导；原由中央各业务部門直接領导的四十七所高等学校中，有二十一所下放。全国現有二百二十七所高等学校，經过調整后，由教育部和中央各业务部門領导的有四十所，划归地方領导的有一百八十七所。現在全国共有一千三百一十八所中等專业学校，原来由中央各部門領导的二百五十二所中有一百五十四所下放。全国現有的一百四十四所技工学校，原来都属中央各主管部門和劳动部門分別領导，現在有七十五所下放。

这些学校在行政上仍由中央各部直接領导的，以中央主管部領导为主；下放地方的学校，管理权包括干部、教师、財务等都交地方有关省、市、自治区党委領导。今后中央教育部以主要力量从事各級教育事业的全面規划、發展科学技术上的尖端專业、訓練培养师資、組織制定指导性的教学計划教学大綱、組織編审教材、指导教学和科学研究工作、交流先进經驗等方面，协同中央各有关部門帮助地方办好学校。所有的学校无論由中央有关部門直接領导或下放交地方領导，都統一服从国家社会主义建設事业的需要，下放的高等学校，地方除了保証完成中央原定的計划任务以外，如中央提出新的急迫任务，在条件許可下地方也要設法完成；中央保留的学校，中央各主管部門除了保証中央原定的計划任务以外，如地方提出代为培养人材的任务，中央各主管部門也設法滿足地方的要求。干部、教师等方面，中央和地方也根据需要相互协商互調。今后高等学校畢业生，按学校或專业的不同性質以及国家的需要，分別由中央有关部門和地方分配。

中等專业学校是根据国家生产大跃进的形势进行調整的，凡适合地方需要并且要普遍設置的如电力、建筑、化工、采矿、冶金、地質等类学校，都大量下放；某些專为中央有关各部直屬企业培养專門人材的学校，仍留中央业务部門直接領导；不普遍設置的特殊性專业学校如農業机械、精密仪器、矿場地球物理等，也留部直接領导，以便統筹安排，照顧全国需要。由于目前中等專业学校發展数量不足，分布不平衡，如部門在中等專业学校下放时还根据全国各地需要拟定全国范围内的中等專业学校發展計划，进行合理部署，积極組織老校支援新建学校。技工学校不論下放或者仍由中央各部領导，都要力求办好，一般不停办或改作其它用途。

各类学校的下放工作，已从7月份开始进行。

图9-42 1958年《光明日报》报道《中央下放一批学校交地方管理》

其中，四川大学的人文社会科学源于1896年四川中西学堂的英文科和法文科，有世界上收录楷书汉字最多的《汉语大字典》、全国最大断代文章总集的《全宋文》、世界上第一部正规的《甲骨文字典》和堪称两千年儒学第一藏的《儒藏》等研究成果，敦煌学研究改变了“敦煌在中国，敦煌学在日本”的状况。

四川大学的自然科学源于1897年四川中西学堂的算学科，在数论、拓扑学、泛函分析、原子分子物理、辐射技术、植物育种、大熊猫生殖理论、植物病虫害防治等领域的科学研究成果具有国际国内重要影响。

四川大学的工程技术源于1908年的四川工业学堂，在高分子材料、水力学、制革及鞣料、材料成型加工、多维图像融合处理、磷铵化工、航管雷达等领域的人才培养、科学研究和科技服务处于国内先进行列。

四川大学的医学源于华西协合大学1914年的医科和1917年的牙科，是中国现代高等口腔医学教育、西南地区现代医学和药学教育和中国眼耳鼻喉科学的重要发源地，在内科学、外科学、口腔临床医学、肿瘤生物治疗学和生物医学工程等领域保持国内领先水平。

　　天地氤氲，万物化醇。奇瑰磊落，于斯为盛。历经百年沧桑，荟萃文理工医，在中国西部，在国家的建设发展史、科技教育史和文化艺术史上，四川大学勇立潮头，敢为人先，书写了辉煌的历史篇章。

江安新校区

　　被誉为"生态的校园，诗意的空间"的四川大学新校区位于四川省成都市天府新区的航空港经济开发区，距离望江校区约12.5公里，距成都双流国际机场大约3公里，校区总占地3000余亩，2003年开始正式投入使用。因为源起岷江的江安河穿越校区而过，得名江安校区。江安河，又名江安堰，原名牛饮水。根据梁朝李膺《益州记》："牛饮水之末流也，水名客舍，昔程郑家于此，每群牛饮，江为之竭，故名。"宋淳熙二年（1175年）冬天，应范成大之约来成都的著名诗人陆游曾在双流江安河畔与友朋同道在集市小店中，畅饮当地名酒"醉春风"，留下诗作一首《牛饮市中小饮呈坐客》。全诗云："牛饮桥头小市东，店门系马一樽同。已能自置功名外，尚欲相期意气中。褐拥紫茸迎晓日，酒翻红浪醉春风。从今共约无疏索，竹外梅花欲恼公"。800多年前的放翁为人们勾勒了身着粗布短衣的文士骚客们，置功名富贵于度外，相聚

图9-43　正在建设的江安校区

甚欢却也澹然的豪放场景。难怪在四川大学江安校区，有以诸葛亮《诫子书》的"淡泊明志，宁静致远"命名的"明远湖"和"明远大道"，以刘禹锡《陋室铭》的"山不在高，有仙则灵"命名的"不高山"，其意趣兴味与当年的陆游颇有几分相似之处。

长桥故事

有418米的江安长桥号称"中国高校第一桥"。围绕着江安长桥，在今天的四川大学江安校区，流传着关于"建环小哥"和"文新妹纸"的故事。据说故事发生在上个世纪80年代初。当时的四川大学，还没有和成都科技大学，更没有和华西医科大学合并。男主角在成都科技大学，学的是土木工程。女主角在四川大学，学的是中国文学。用今天的话来说，这是一个"理工男"和"文科女"的故事。故事的开始很简单，虽然两个学校还没有合并，但是，一路之隔阻不断学生之间的交往。在一次偶然的相识后，男主角疯狂地喜欢上了女主角，他决定转到另一个学校的中文系。转学加上转专业，男主角经历了何等的艰辛，最终得偿所愿。"精诚所至，玉石为开。"两人终于走到了一起。女主角喜欢徐志摩，喜欢英国文学。她最大的心愿是带着一本徐志摩的诗集徜徉在剑桥大学的校园里。而男主角喜欢的还是原来的建筑设计，没有什么充满浪漫主义的梦想。两人在一起之后，他甚至想过重新转回原来的专业，但是没有把这个想法和盘托出。他害怕被她看成是一场欺骗，于是开始尝试去读之前闻所未闻的华兹华斯、拜伦、济慈等诗人的作品……就这样到了大学四年级，女主最后还是决定去英国留学，而男主并没有强留。送走女主角后，他选择了留级，转回原来的成都科技大学继续学习土木工程。毕业后，他留校工作。当年的女主离开以后，音信杳无。时间转瞬即逝，四川大学、成都科技大学和华西医科大学先后合并，学校决定在成都双流的西航港建设新校区。于是，跨越明远湖和江安河，修建一座桥梁的任务交给了当年的男主。半年之后，长为418米的长桥正式竣工。除了桥面深色大方块里面镶嵌字母的方砖，整座长桥似乎没有什么特别之处。细心的人们在方砖上发现了神奇。公元2003年，江安长桥建造完成。2003，在四进制中是第134个数字，而长桥深色大方块一共有134个，上面的字母一共有2003个。原来，长桥的设计者在这座桥里寄托的是自己难以忘怀的情思。当年女主临走前，男主送了她一本爱尔兰神秘主义诗人叶芝的《苇间风（The Wind Among The Reeds）》，把想和她说的话都寄托在这本诗集中。多少年后，他把其中的一首诗，他们曾经一起念过的情诗《当你老了（When you are old）》，刻在了母校的长桥上。但是，长桥太长，而诗只有短短100个单词。这首诗刻在每天人流攒动的长桥上。从第18个方块开始，到第117个，就是100个单词的首字母。

　　然而，这个典型的"川大之爱"的故事并未真实发生，只是一个"美丽的传说"。当年《当你老了》的作者、男主威廉·巴特勒·叶芝这样描写第一次见到女主茅德·冈的情形："她伫立窗畔，身旁盛开着一大团苹果花；她光彩夺目，仿佛自身就是洒满了阳光的花瓣。"或许，这正好可以用来表达我们对绝美的江安河畔的"一见钟情"，对绝美的四川大学的"相知相许"。而"江安长桥"故事的男主"建环小哥"纯真的爱情一如他的执着和坚守，将永远地成为关于四川大学，关于江安校区"美丽的谈资"。

　　其实，与"江安长桥"故事中的男主相类，或许大家都知道四川大学校友、著名诗人卞之琳对民国时代著名"张家四姐

图9-44　四川大学江安长桥

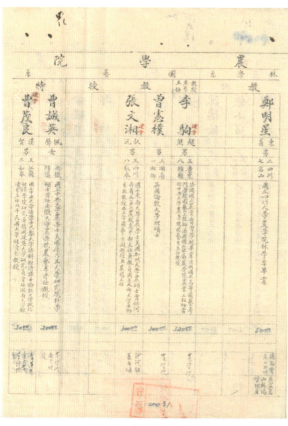

图9-45　曹诚英在校档案

妹"之一的张充和的苦辛之恋，都记得下之琳"你站在桥上看风景，看风景人在楼上看你"的动人词章。但是，大家不一定知道国立四川大学农学院教授曹诚英对著名文化名人胡适的长情之憾，更没有读过他们"朱颜青鬓都消改，唯剩痴情在。年年辛苦月华知，一似霞栖楼外数星时"以及"山风吹乱了窗纸上的松痕，吹不散我心头上的人影"的唱酬之作。

曹诚英（1902-1973），字佩声，胡适一生中重要的红颜知己，四川大学农学院园艺系、森林学系特约教授。1938年8月，她担任四川大学招生委员会监试人员，1938年12月在四川大学教师《拒程宣言》上签名。1939年3月，曹诚英列名《国立四川大学二八年度各学院教员一览》和《国立四川大学农学院教员姓名住址表》。1948年，胡适到上海看望执教复旦大学的曹佩声，留下一句"等我"，从此两人天各一方。

海纳百川

四川大学历史上有过多种校训。1916年北洋政府确定"诚"为国立师范学校统一校训。1938年国民政府确定"礼义廉耻"为大学统一校训。1940年全国大学统一入学考试《国文》作文题就是《试释全国统一校训》，另外两题是文言文译为白话文和白话文译为文言文。1938年，国民政府教育部要求各校根据各自的特点，确立校训。为此，宋代张载的《横渠四句》"为天地立心，为生民立命，为往圣继绝学，为万世开太平"被确定为国立四川大学校训。今天看来，国立四川大学校训的立意颇为深远。正如习近平总书记指出的那样："自古以来，我国知识分子就有'为天地立心，为生民立命，为往圣继绝学，为万世开太平'的志向和传统。一切有理想、有抱负的哲学社会科学工作者都应该立时代之潮头、通古今之变化、发思想之先声。"

"精韧不怠，日进有功"则是四川大学、成都科技大学和华西医科大学合并后2002年确定的四川大学校训。其中，"精韧不怠"源自韩愈《劝学篇》；"日进有功"源自1950年12月毛泽东主席给黄侃的儿子、四川大学中文系副教授黄念田写的信，也是四川大学毛体校名的来源。据说，四川医学院毛体校名则源于毛泽东主席给川医校友的一封信。1933年，华西协合大学向中国政府立案后更名华西协合大学，其校训为"仁智忠勇，清慎勤和"。20世纪80年代，四川大学、成都科技大学和华西医科大学的校训分别为"博学奋进，求实创新""团结勤奋，求实创新""严谨勤奋，团

图9-46　四川大学望江校区北大门

图9-47　四川大学历史文化长廊

结奉献"。1994年，四川大学与成都科技大学合并后，校训采用了"提取公因式"的方法定为"求实创新"，还在听荷池旁建有校训碑。

2003年，学校重新确定了校训，采用了民族英雄林则徐的一副自勉联"海纳百川，有容乃大；壁立千仞，无欲则刚"的上联。由于其中暗嵌"川大"二字，这一校训被认为是"天赐良训"。2013年，一项针对国内256所大学的调查显示，其中192所学校的校训都是"四词八字"的口号式。校训中分别带有"勤奋""求实""创新""团结""严谨"字样的有68所、65所、59所、49所和25所。还有个别大学的校训甚至完全相同。四川大学"海纳百川，有容乃大"的校训真正摆脱了"多校一训"的尴尬局面，准确体现了学校的文化传统和精神风貌。

再上新程

2016年9月30日，四川省、成都市和四川大学共建世界一流大学启动暨建校120周年庆祝大会隆重举行。在2017年第八次党代会和双代会上，四川大学明确提出全面推进学校党的建设新的伟大工程和建设世界一流大学新的伟大事业。按照习近平总书记提出的"扎根中国大地办大学"的根本要求，四川大学以入选世界一流大学建设为契机，坚持"扎根西部、强化特色、创新引领、世界一流"的理念，重点打造一流师资队伍建设、一流拔尖人才培养、一流学科平台建设、一流科研创新体系、一流成果转化机制、一流华西医疗服务、一流校地合作体制、一流国际合作交流、一流文化传承创新和一流环境条件保障等"十个一流"，努力将四川大学办成培养具有全球竞争力人才、胜任未来发展挑战的大学，产生新思想、新知识、新理论、新技术、新

图9-48　四川省、成都市、四川大学共建世界一流大学启动

方法，促进世界和人类进步的大学，协同引领战略新兴产业关键核心技术、提供经济社会发展高端智库智力支持的大学，引领社会先进文化发展方向、守护人类精神家园和社会文明灯塔的大学，全面建设具有"中国特色、川大风格"的世界一流大学，为实现中华民族伟大复兴的"中国梦"贡献川大力量。

今天，拥有望江、华西和江安三个校区的四川大学朝着世界一流大学的更高目标高歌迈进。当我们穿过江安校区矗立的老校门，来到历史文化长廊前，一定会感叹于前贤师长的洋洋风范，感怀于百年名校的深厚底蕴，感触于绵绵不绝的文化薪火。镌刻在大理石上的隽永文字，让我们更深刻地体会到校训"海纳百川，有容乃大"和校风"严谨勤奋，求是创新"为核心的川大精神，沉浸在跨越三个世纪的文化之思中……

"地当天府，星映苍穹。肇基上世，禹甸尧封。普敷教泽，石室文翁。岷峨雄秀，不让泰嵩。季世陵夷，麟沮道穷。书院爰立，振铎鸣钟。更兴新学，中西铸熔。大学协合，业有专攻。众流汇归，上庠和同。恢宏气象，宾雁来鸿。振废起滞，俊彦登庸。人文炳蔚，郁郁芄芄。遭时不造，如婴疲癃。华夏鼎革，光捬天东。工院新立，始获岁丰。文运转盛，渐近芳丛。尚怯阴晴，风雨迷蒙。迤遭行路，水复山重。纪纲俄绝，杼轴其空。弥纶天地，终奏肤公。尊师重教，于变时雍。学苑逢春，好风相从。耆硕新秀，行气如虹。彬彬彧彧，勃勃蓬蓬。三校璧合，文理医工。莘莘学子，志立体充。进德修业，开拓心胸。惟精惟一，允执厥中。明辨笃行，桓桓熊熊。报国利民，竭智尽忠。发扬蹈厉，立言立功。猗与盛哉，皦日光风。"

图9-49　四川大学第八次党代会胜利召开

附　录

四川大学历史沿革

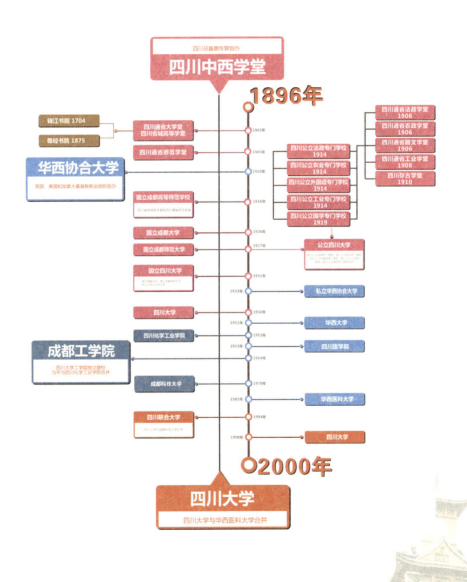

四川大学校歌

四川大学校歌

张澜等　词
佚名　曲

Andante

5̣ 1-5̣3 | 3 3 1.23 3.4 | 5-06 | 5 4 3- |
岷　山　峨峨　开　天　府　江水泱泱

2 4 3 2 | 1-5̣ 5̣ | 1 1 3 -3 -1 2 |
流　今　古　聚精会神生　　大

3-2 1 6̣ | 2-1 6̣ | 5̣ 5.5 1 | 1.23 -2 |
禹　近揆文　教　远奋武　桓桓熊罴起

12345 - 0 | 6 5 - 4 | 3 - 2.3 | 1-5.5 1 |
西　土　　　锵锵　鸣凤　叶东鲁　和神人

rit.

0 1.230 | 1.3 6 5- | 2 3-2 | 1-0 ‖
歌且舞　领袖群英　吾与　汝

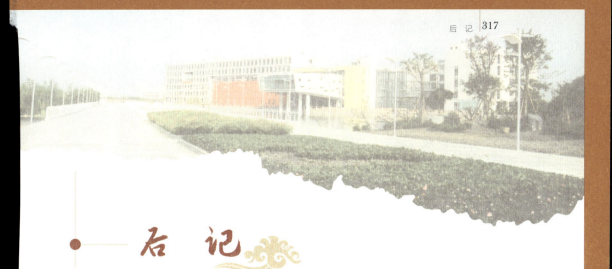

后 记

　　为深入挖掘校史资源、不断增强文化自信、大力弘扬川大精神、全面服务学校发展，四川大学积极实施了"校史文化工程"。在正式出版近两百万字的校史专著《四川大学史稿（第一至第五卷）》的基础上，四川大学档案馆（校史办公室）组织编写了《四川大学校史文献选辑》《四川大学校长传略》《四川大学校史普及读物》等系列校史图书。其中，《四川大学校史普及读物》系列图书主要包括校史课程教材《四川大学：历史·精神·使命》、素质教育读本《川大名言》、入校教育读本《四川大学校史读本》、校园导览读本《凤鸣锵锵：四川大学游览笔记》等。本书作为《四川大学校史普及读物》系列图书的人文故事读本，以社会发展的时间为序，用历历如画的语言文字、精彩纷呈的历史图片和引人入胜的逸闻旧事，在饶有兴致的娓娓道来中，让四川大学120年辉煌发展中的重要人物、重大事件和主要成果跃然纸上。

　　本书在雷文景、谭红、刘乔、张丽萍等提供素材和资料并撰写部分初稿的基础上，由四川大学档案馆馆长兼校史办公室主任党跃武教授执笔完成。在正式出版前，为纪念四川大学建校120周年，本书初稿曾在《四川大学报》连载发表。本书是2016年度四川省社会科学普及规划项目成果，也是四川大学"大学精神与大学文化教育社科普及基地"建设成果。在编写和出版过程中，本书得到四川省社会科学界联合会科普处杨德志处长、四川大学社会科学研究处处长姚乐野教授、四川大学党委宣传部部长高中伟教授、四川大学原新闻学院院长邱沛篁教授、四川大学原图书馆馆长刘元奎教授、四川大学原科研处处长姚昌瑞教授以及四川大学档案馆（校史办公室）李金中、王金玉、李锦清、沈军、高霏、曾雪梅、严忠等同仁的大力支持，同时还参考和借鉴了大量与四川大学、成都科技大学、华西医科大学及其前身各校有关的校史文献，在此一并致以最诚挚的谢意。

习近平总书记明确指出："努力用中华民族创造的一切精神财富来以文化人、以文育人。"始终坚持文化育人，深入开发校史资源，切实服务于全面推进党的建设新的伟大工程和全面建设世界一流大学伟大事业，这是我们义不容辞的责任。在新的形势下，编写可读性与严肃性互补、普及性与教育性兼得的校史普及读物是本书的一次有益尝试。在材料取舍和具体撰写中，本书一定还存在许多不足之处，恳请广大读者和社会各界不吝赐教。

编　者
2017年元月